震災と地域再生

石巻市北上町に生きる人びと

西城戸誠・宮内泰介・黒田 暁 編

法政大学出版局

本書は公益財団法人日本生命財団の助成を得て刊行された。

震災と地域再生／石巻市北上町に生きる人びと◉目　次

第5章　コミュニティを再生する

平成23（2011）年東北地方太平洋沖地震対策用図（登米）および（大須）を使用して作成

宮城県
北上町
仙台
N
0km
40km
南三陸町
橋浦地区
追分温泉
にっこりサンパーク団地
北上中学校
にっこり団地
地区
吉浜
女川
追波
WE ARE ONE 北上
二丁谷地
旧橋浦小学校
(現・北上小学校)
釜谷崎
行人前
長尾
本地
皿貝川
大須
旧大川小学校
北上川
石巻市

はじめに——私たちの視点

西城戸誠
宮内泰介

1　宮城県石巻市北上町の被害概要と地域社会

　二〇一一年三月十一日の東日本大震災により、宮城県石巻市北上町は甚大な津波被害を受けた。二〇一二年二月時点で、石巻市の被害状況は死者・行方不明者数三七四五名であった（二〇一五年十一月末現在）。そのうち北上町は死者・行方不明者数二七六名だった。また北上町の家屋被害は、全壊が五三五棟、大規模半壊が九一棟、半壊および一部損壊が三八三棟に及び、被害がまったくなかったのは一四二棟にすぎなかった（二〇一五年三月現在）。本書は、このように大きな津波被害を受けた北上町を舞台とし、町の復興と再生の過程について、現状の確認と今後の可能性を探ることを目的とする。

　さて、北上町は、一九五五年に橋浦（はしうら）村と十三浜（じゅうさんはま）村が合併してできた自治体だったが、二〇〇五年に近隣の五町とともに石巻市と合併した（旧北上町役場は石巻市北上総合支所となった）。北上町の震災前の人口は、三九〇四人（二〇一一年二月末・住民基本台帳調査）だったが、二〇一五年十二月末段階では二六八八

人（二〇一五年十二月末・住民基本台帳調査）となっている。北上町の二〇一一年以降の対前年の人口減少率（各年九月末・住民基本台帳調査）を見ると、震災以前はマイナス一〜二％以内の減少であったが、震災があった二〇一一年は、マイナス一四・一％、二〇一二年と二〇一三年はマイナス五・〇〜五・五％の減少であった。そして、二〇一四年に入り、マイナス七・三％と人口減少に歯止めがかからない。もとより過疎化が進む町であったものの、津波による直接的な被害に加え、集団高台移転が思うように進まず、長引く仮設住宅による暮らしを避けるために、他の地域に移住した人びとも多い。北上町に限ったことではないが、東日本大震災は、過疎地域の問題点を露出させ、さらなる過疎化の進行をもたらした。北上町の復興も、この文脈を前提にする必要がある。

一方、北上町の主な産業は、漁業・農業・建築業・サービス業であり、石巻市市街地への通勤者も多い。北上町は、北上川河口から内陸部に広がる橋浦地区と、北上川河口から海側部分に位置する十三浜地区に大きく分けることができる。橋浦地区は、石巻市市街地への通勤者もいるが、農業（おもに米作）によって収入を得たり、自家消費用の野菜を栽培したりと、山や海や川のさまざまな自然資源を利用することによって生計を立ててきた。一方、十三浜地区は、ワカメ・コンブ・ホタテの養殖を中心にした漁業の営みがあり、集落や家によっては後継者もいて比較的安定した漁業経営となっていた。

北上町の津波被害は橋浦地区の東部地域と十三浜地区全体で甚大だった。しかし、十三浜地区は明治以降二度の三陸地震（一八九六年、一九三三年）による津波被害の経験があって、とくにその東部地域は、人的被害が比較的少なかった。さらに一部の地区は一九三三年の津波後に集団移転を行っていたため、その地区は今回の津波被害からは免れた。逆に被災経験がなかった橋浦地区や、十三浜地区でも西部の、三陸地震の被害を受けていなかった地域は、想定をはるかに超える津波のために、より大きな人的被害があった。

被害は人的被害だけにとどまらない。橋浦地区も十三浜地区も、九割方の世帯が被災し、家屋半壊もしくは大規模半壊の被害を受けた。また、農器具や農業機械、ビニールハウス、船舶や漁業の作業小屋、ブイや網やロープといった生業にかんする施設・道具類も失った。橋浦地区ではもともとくに高齢化が進んでいた経緯もあり、家屋を失った高齢者世帯が耕作放棄をしたり仙台市内の市街地等、子どもの世帯に移り住んだりする傾向が出てくるなど、地域社会そのものの解体も危惧されている。それに対し十三浜地区では「まず漁業の復興を」という共通認識の下、いち早く養殖ワカメの回復に努めようとするなど、積極的な取り組みが見られ、高台の山林地を切り拓き集団移転を図る「防災集団移転促進事業」に向けて集落ごとに合意形成が図られている。だが、漁業の復興の進め方や制度のあり方をめぐってさまざまな緊張や葛藤も生じている。

一方、震災以降、地域住民によるさまざまな主体的活動が見られることは注目される。たとえば、地域の伝統的な芸能の復興（大室（おおむろ）南部神楽）や、白浜（しらはま）海岸の限定的な海開き実施に向けた活動は、若い世代が中心となって行われ、「地元に住めない」元住民が集まるきっかけを与えた。この動きは、現在「きたかみインボルブ」というまちづくりの活動に発展している。さらに、若い母親たちが育児サークルを作り、そこに集った女性たちが、独自の活動を展開するようになった例もある（第5章参照）。

2 北上町への私たちのかかわり

次に、執筆者と北上町とのかかわりについて述べておきたい。本書は、二〇一二年秋からニッセイ財団からの研究助成を受けて行われた実践的調査研究の成果の一つである。しかし、北上町とのかかわりは、本書の執筆者のうち宮内・平川・黒田・武中らが二〇〇四年から始めていた、自然環境の利用と地域組織、制度に関する環境社会学的研究が出発点である。私たちは、北上川岸のヨシ原の利用・管理と地域社会組織の関係や、ヨシ原以外の自然資源とその利用に関する重層的なルールと生業複合のありようについての調査研究を進めていた（その成果については末尾の参考文献を参照）。

この継続的な調査の過程で東日本大震災が発生した。未曾有の被災状況の中では、さまざまな手段を使って、調査でお世話になった方々の安否確認に努めたが、初期段階で北上町に行くことはできなかった。これまで北上町の調査を行っていた四名に、西城戸が加わって震災後の北上町を訪問したのは、二〇一一年六月二日のことであった（宮内、平川、黒田、武中以外の本書の執筆者は、震災後の北上町しか知らない）。

私たちは、震災前の調査でお世話になった方や、北上総合支所を訪問し、今の北上町に対して何ができるのかという点を自問自答し、その当時石巻市でボランティア活動を行っていたＮＰＯ法人パルシックと協働して、学生のボランティア派遣を行った（北海道大学、法政大学人間環境学部）。さらに、北上総合支所からの依頼もあり、集団高台移転の合意形成への支援活動（北海道大学、法政大学人間環境学部、ＮＰＯ法人パルシック、日本建築家協会東北支部宮城地域会）として、住民ワークショップを開催した。こうした現場での復興への取り組みの中で、私たちは現地の方々や支援者と話しあいを続け、できる範囲の活動を行った。それは、調査のための観察という側面を薄くした「参与観察的なかかわり」といってもよいかもしれない。

その一方で、震災翌年からは、北上総合支所からの依頼もあり、それぞれの集落の被災者たちからさまざまな話（とくに集団移転にかかわることを中心に）を伺った。この北上町復興集中調査では、二〇一二年は五九名、二〇一三年は二九名、二〇一四年は三五名、二〇一五年は二二名の聞き取りを行い、震災前、震災後の生活、今後の自身、家族、地域社会に関することを聞いた。この調査報告の概要は、復興応援隊（詳細は第6章）が発行している「かわらばん」に掲載してもらって地域への情報提供を行い、まちづくり委員会や、集団移転のワークショップに利用してもらうこととした。さらに、地域の記憶を可視化する作業として、聞き書き集（女性編、農業編）を冊子として刊行した（震災前には自然編を出していた）。

このように私たちは、ワークショップのコーディネーターや、調査から得られた知見を合意形成のために還元するなど、社会調査の経験を生かした形で実践的に関わるということを心がけた。さらに、北上町で復興活動に従事する方々と、別の被災地（旧山古志村）を訪問し、そこでの支援活動（中越における復興支援員）について見識を深めつつ、相互に議論をしていった。

以上のように、随時変化する現地の諸課題に対して、調査という実践を軸に、地域の人びととともに解決の糸口を探ってきたのである。

3　本書の狙いと「聞き書き」という手法

北上町やその住民が津波によって失ったものは数多く、その復旧・復興は震災から約五年を経た現在も、まだ道半ばである。震災復興においては、巨大防潮堤の建設、被災市街地や幹線道路のかさ上げ、集団高台移転など基盤整備を中心とした復興が進んでいる。しかし、こうした「上からの復興」と、被災者や被災地の自治体が思い描く「下からの復興」が、さまざまな制度の間でせめぎあうなかで、地域社会で相対的に弱い立場の人びとの生活が困難な状態のままになっている現状がある。この問題は未曾有の震災に起因しているものと、震災によって従来までの地域問題（過疎化など）が加速的に深刻化した結果に起因しているものと二つの側面があるが、本書では、住まいの再建と暮らし（生業）の復興、地域社会のアクターとその再編の複雑な関連を、個別具体的な事例から紐解くことによって、震災後四年半の時点における北上町の「復興」とその後の方向性を議論していきたい。

本書では、上記のテーマに関して、学術的な解説を中心に据えるよりも、さまざまなテーマに沿って、地域住民の声を「聞き書き」という手法で表現する試みを行うこととした。聞き書きとは、語り手の言葉を丹念に聞き取り、それを一つの文章にまとめ上げる手法である。語り手の人柄や、さまざまな思いを、語り手自らが発した言葉を紡いで表現する手法によって、アンケート調査で表される数字や、表層的な語りからは読み取ることができない、語り手の内面を理解することができる。私たちは震災前から今に至るまで、この地域で膨大な数の聞き取りを行っているのだが、本書ではその中から、地域の復興について鍵となるだろう語りをピックアップすることにした。もちろん本書に登場していただいた方々が、北上町のすべてを代表するわけではないが、私たちが頻繁にコミュニケーションをとっている方々でもあり、また復興の鍵となる方々でもある。こうした語りを通じて、私たちは、復興を考える上での多面的な論点を提示することを試みた。本書の聞き書きのほとんどには震災前のできごとも含まれているが、それは、少し長い時間軸で震災や復興を考えたいという思いでもあり、また、一人ひとりのライフヒストリーの中で復興を考えたいという思いがあるためである。

社会調査を専門とする私たちが、自らの専門性が復興に資するような活動に寄与するためにはどうしたらよいのか、ということを考えた一つの帰結が、この「聞き書き」だった。聞き書きとして記録された内容は、語り手の言葉であるが、正確に言えば、語り手が聞き手（本書の執筆者）との相互作用の中で表出した言葉である。つまり、本書の聞き書きは、被災し、復興途中にある北上の人びとのさまざまな思いや考え方と、実践的な調査として支援活動と調査研究の二つの側面を同時に実施しようとした私たち研究者の思いや考え方が綴られたものであり、語り手と聞き手が共同して作り上げた認識（共同認識）の現れである。

さて、本書は大きく分けて七つのパートからなる。第1章は、北上町復興の概論・概史として、地域概況、北上の自然環境と地域社会、東日本大震災の概要と北上町の被害について整理する。

また、北上川のヨシ原が地域住民に利用され維持されてきたことや、ワカメ・コンブ・ホタテなどの養殖の他に磯物（ノリ・フノリ・ヒジキなど）の採取などの海洋資源が集落や漁協による管理を基本としてきたことを示し、北上の多様な自然の恵みは、集落組織で維持管理され、人びとの生活の持続に寄与していたことが示される。

第2章では、住まいの再生と住民の動きに関して、集団高台移転をめぐる北上町住民の思惑、制度の狭間で揺れ動く住民の姿をとらえる。具体的には、高台移転をめぐる制度をめぐって、地域住民、地域社会がどのような問題に直面し、それが時間とともにどのように変化をしているのか、その経過を詳細に追いながら、住宅再建の複数の制度、家族のライフコース、地域社会の再編が複雑に絡み合い、時間と共に変化していくことを示した上で、現時点での北上町の住宅再建に向けた論点提示を行うことにしたい。

第3章と第4章は生業の再生について扱う。第3章は、十三浜地区の漁業の復興に関する内容である。特に十三浜地区の漁業における「協業化」に着目し、多様な協業化のパターンを析出した上で、制度と制約の下で漁業者が主体的な選択を行ったことと、その背景にある地域の社会的な基盤を見ていきたい。それによって、産業ではない生業としての漁業の今後のあり方が問われる。

第4章は、橋浦地区における農業の復興に関して、震災以降、耕作地の集約、農業生産法人設立による協業経営化が進んでいるが、それが全国的に進む農地集積に適応するかどうか、そして震災による既存の社会組織の再編を伴いながら、地域農業を支え合う「まとまり」「集まり」がどのように形成されるのか、その萌芽を分析しようとしている。

第5章は、地域コミュニティの再生に関わる聞き書きと論考である。震災後、北上町でも、地域住民による主体的な活動が見られた。地域の伝統的な祭りの復興（大室南部神楽）や、白浜海岸の限定的な海開きを行う活動や、まちづくり活動の展開、母親による育児サークルなどの実践が語られる。これらの聞き書きを元に、震災復興のなかで女性が果たす役割や、津波被災地でのコミュニティの再生を考えるための論点を提示する。

第6章では、震災復興とは何かという点を考えるために、支援活動を担ってきた行政職員と、NGOおよび復興応援隊の当事者の聞き書きを示す。そして、東日本大震災における復興支援員（宮城県では復興応援隊）の役割について、中越地震の際との比較も交えて、制度と個人をつなぐ「しくみ」としての復興応援隊の可能性と課題について論じる。

最後に、本書の知見を整理し、現時点での石巻市北上町の「復興」と、被災地全体の復興の方向性について、未来に向けた議論をしていきたい。

《参考文献》

北上川河口地域研究グループ編［二〇一四］『聞き書き　北上川河口地域の人と暮らし2　宮城県石巻市北上町の女性たち』北上川河口地域研究グループ

北上川河口地域研究グループ編［二〇一四］『聞き書き　北上川河口地域の人と暮らし3　宮城県石巻市北上町の農をはぐくむ』北上川河口地域研究グループ

黒田暁［二〇〇九］「生業と半栽培」、宮内泰介編『半栽培の環境社会学』昭和堂、七一―九三頁

――［二〇一〇］「半栽培から引き出される資源管理の持続性――宮城県北上川河口地域における人々とヨシ原のかかわりから」『サステイナビリティ研究』創刊号、一六三―一七七頁

武中桂［二〇〇七］「自然環境の変化と場所の記憶――宮城県北上町大沼の干拓に関する環境社会学的考察」『北海道大学大学院文学研究科研究論集』七、二九九―三二〇頁

北海道大学大学院文学研究科宮内泰介研究室編［二〇〇七］『聞き書き　北上川河口地域の人と暮らし　宮城県石巻市北上町に生きる』北海道大学大学院文学研究科宮内泰介研究室

第1章
北上町復興の概論・概史

1　北上町の地域概況

平川全機

1　北上町というところ

本書で扱う宮城県石巻市北上町は、まずどこにあり、どのような歴史があり、どのような人びとの生活が送られてきたのだろうか。当然のことながら、人びとの暮らしは東日本大震災以前から脈々と営まれてきた。東日本大震災からの復興を考える際でも、二〇一一年三月十一日を起点とするのではなく、それ以前からの人びとの生活の積み重ねの上に現在と未来を考えることが大切である。第1章では、北上町の自然、生業などを中心に、この地域の概況を知ることから始めたい。

石巻市は宮城県の北部にあって、人口が一四万八八三三人（二〇一五年十一月末・住民基本台帳調査）、主な産業は漁業とその加工のほか、製紙業を中心とする工業地帯も有する、宮城県内でも有数の都市である。北上町は、その石巻市のなかにある一地域である。北上町は、現在は石巻市の一部となっているが、以前は北上町という一つの自治体であった。二〇〇五年の平成の大合併の際に、石巻市とその周辺六町（北上町のほか、河北（かほく）町・雄勝（おがつ）町・河南（かなん）町・桃生（ものう）町・牡鹿（おしか）町）が合併し、現在の石巻市が誕生した。いまでも北上

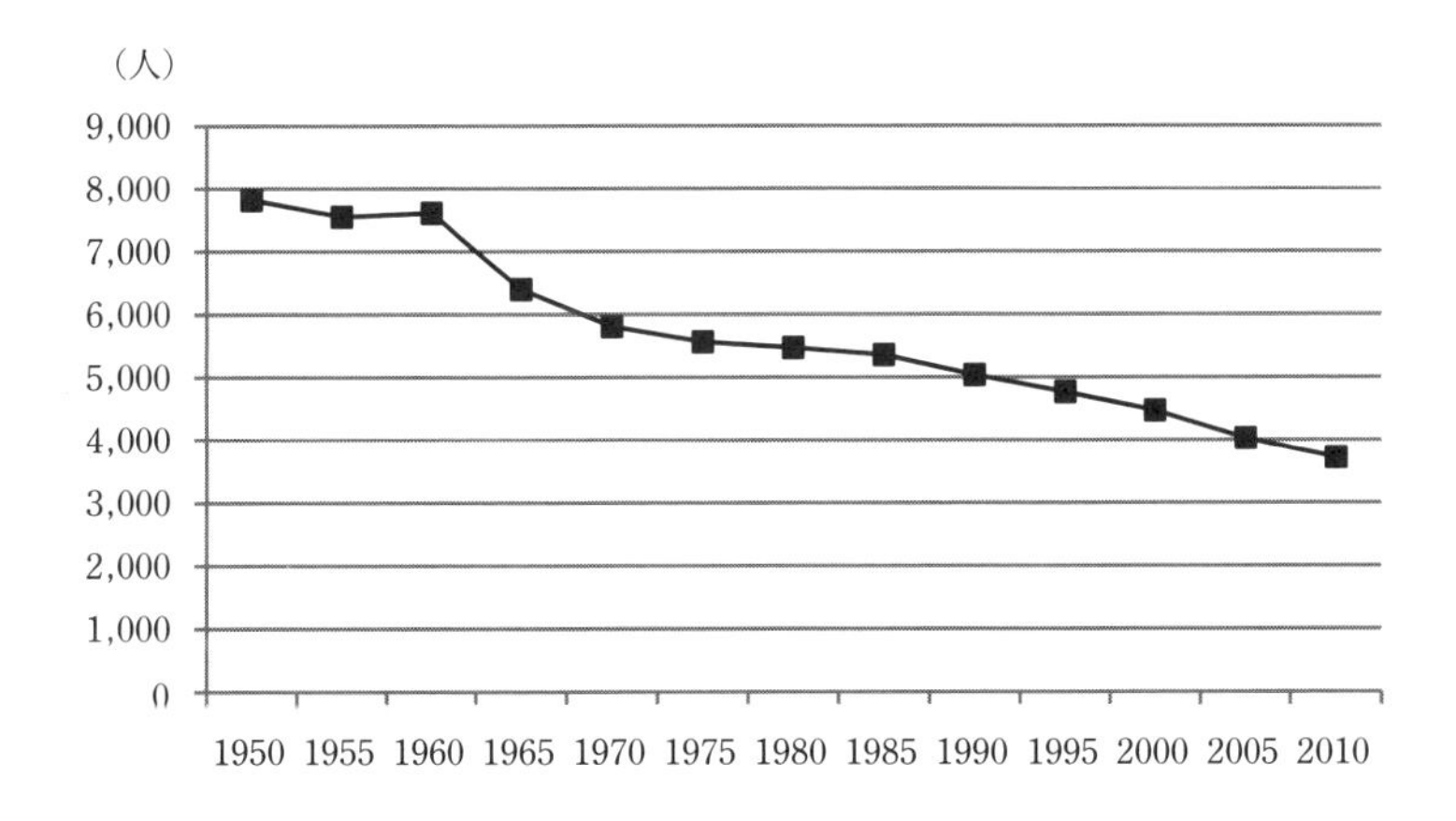

図１　1950年からの人口の変動

出典：国勢調査（1950年は橋浦村と十三浜村の合計）

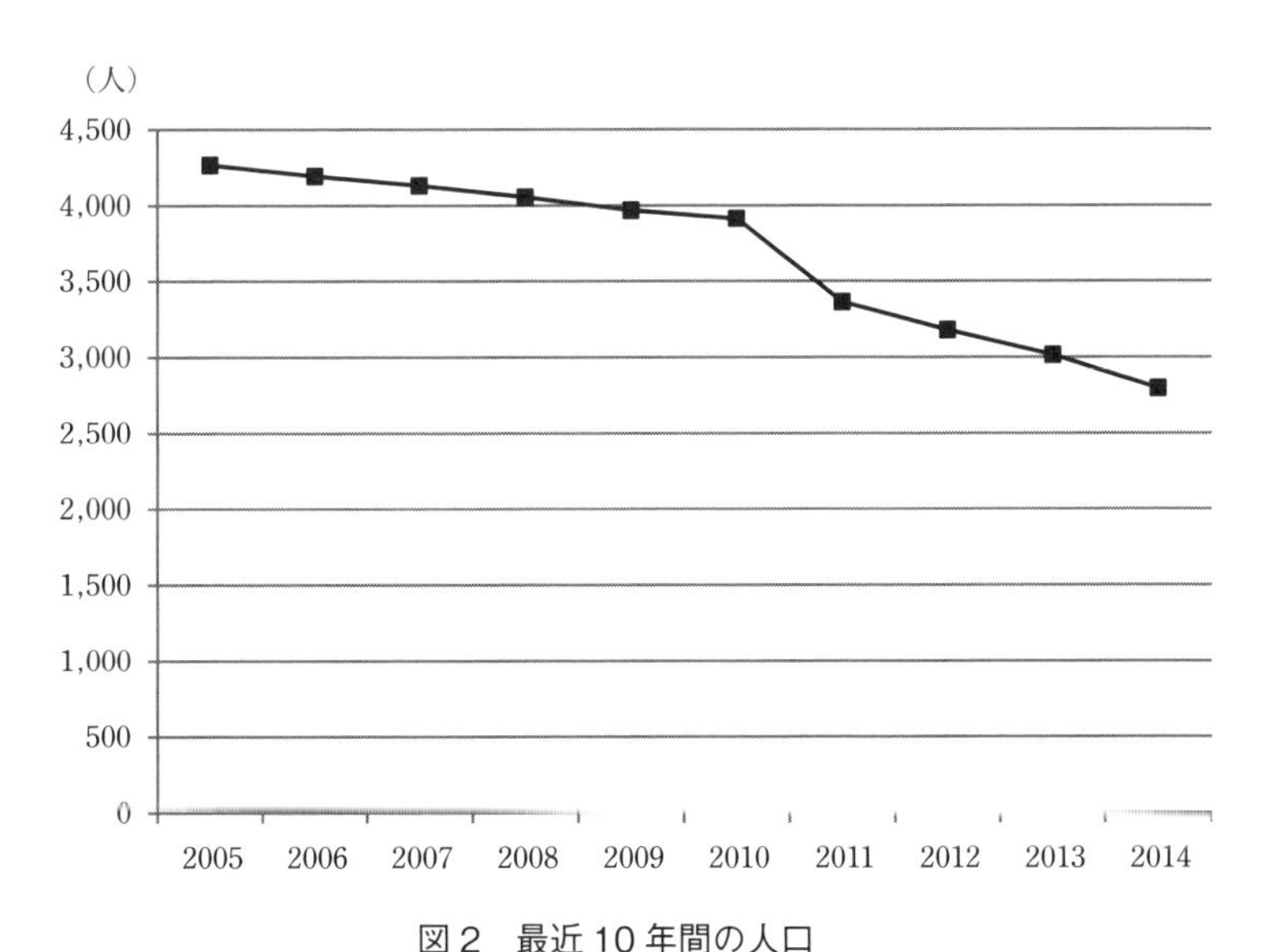

図２　最近10年間の人口

出典：住民基本台帳（各年9月末の数値）

町に住む人びとが語る際には、地元は「北上」であり、旧石巻市のことを「石巻」と呼ぶことも多い。

石巻市の中でも、北上町を含む合併前の旧石巻市以外の地域は「半島部」と呼ばれ、工業地帯、商業地帯や大きな市街地は存在せず、水田と小さな漁村が点在する。北上町の人口は、一九五〇年代には七〇〇〇人台に達していたが、一九六〇年以降減少に転じ、その後は緩やかに減り続けている。一九九五年には五〇〇〇人、二〇一〇年には四〇〇〇人を割り込んだ。震災後にそのスピードが加速しており、北上町の人口は現在（二〇一五年十二月末・住民基本台帳調査）二六八八人、一〇〇八世帯と三〇〇〇人を割り込むまで減少している。この人口のうち三六パーセントが六五歳以上の高齢者である。この高齢化率も年々上昇しており、人口減と高齢化が同時に進んでいる。過疎地域自立促進特別措置法によって、過疎地域にも指定されている。

北上町は、橋浦地区と十三浜地区と大きく二つに分けられる。この二つの地区は、それぞれもとは本吉郡十三浜村と桃生郡橋浦村という、郡も違う別の村であった。昭和の大合併の際に両村が合併して桃生郡北上村が一九五五年に誕生した。その際に、両村の中間点に近い月浜（つきはま）集落に町役場が置かれた。この二つの地区はそれぞれ、橋浦は北上川沿岸の農業中心の地区、十三浜は海に面した漁業中心の地区という特徴がある。

2　橋浦地区の地理と歴史

橋浦地区の地理を特徴づけているのは、北上川の流れである。対岸まで三〇〇メートルもある一級河川で、岸辺にはヨシが風にそよいでいる。この北上川と山の間の平地には田んぼが広がっている。日本の原風景のような光景ではあるが、このような景観が生まれたのは明治時代になってからのことである。それまでは、いま北上川が流れているところに追波川という小さな川が流れているだけであった。北上川は石巻市街地へ流れていた。石巻市街地は川岸まで家屋が立ち並び、堤防の整備が進んでいなかった。一九一〇年の洪水をきっかけに、大規模な改修計画が立てられる。その内容は、石巻市街地へ流れていた北上川の流れを柳津（宮城県登米市津山町柳津）から分流し、飯野川（石巻市飯野川）まで新しい河道を掘削し、追波川につなぎ、さらに追波湾に注ぐまでの追波川を拡幅して北上川の新しい河口とするものであった。改修工事は、一九三四年に完了した。

震災前の追波集落を高台から望む（2005 年 8 月，平川撮影）

　この改修工事によって小さな追波川の流れが現在の雄大な北上川の流れへと変化したのである。これにともなって、追波川沿いにあった農地や集落が川の中へ沈むこととなった。橋浦地区にある大須と釜谷崎の二集落は、もともとは追波川沿いにあり、河川改修にともなって内陸側へ集落ごと移転している。川筋の中には、「モトヤシキ（元屋敷）」と呼ばれた移転前の集落跡が、しばらくの間中州のような形で残されていたという。この改修工事によって、北上川上流や石巻市街地は洪水被害が減り恩恵を受けたが、移転を余儀なくされた北上町では苦労が続いた。住宅と農地という生活の中心であった場が河川敷に取り込まれ、残されたのは周辺の低湿地帯であった。田んぼの改良は戦後まで待つことになる。

3　十三浜地区の地理と歴史

十三浜地区には、その名の通りリアス式海岸に北上川河口から追波、吉浜、月浜、立神、長塩谷、白浜、小室、大室、小泊、相川、小指、大指、小滝と十三の集落が並んでいる。小滝の先には、神割崎という景勝地があり、南三陸町との境となっている。集落と集落の間には山があり、各集落を結ぶ交通には苦労をしていた。相川集落から北上川を通り、石巻市街地がある旧北上川河口までを結ぶ舟運も行われていた。現在では国道三九八号線が地域の主要な交通経路となっているが、現在の形に整備されたのは一九九〇年代に入ってからである。

震災前の釜谷崎集落のようす（2005年8月，平川撮影）

十三浜地区は、東日本大震災以前から津波に繰り返し襲われた地域でもある。記録の残る大きな津波には、一八九六年の明治三陸地震津波、一九三三年の昭和三陸地震津波、一九六〇年のチリ地震津波の三つがある。一八九六年には、相川集落の住民の半数近くが亡くなるなど北上町内で二一一名の死者を出す甚大な被害を受けている。一九三三年の津波では、死者は一三名であったが、十三浜地区の住宅の三分の一が被害を受けている（北上町史編纂委員会編［一九七五］）。これを期に相川集落では、集落内の高台に一部の住宅が移転した。ここは、「集団地」と呼ばれている。これらの津波によって大きな被害を受けた集落がある一方で、十三浜地区でも北上川河口に近い追波から白浜の各集落や橋浦地区では、大きな被害は発生してこなかった。

4　北上町の生業――橋浦地区と十三浜地区

北上町の生業は、十三浜地区の漁業と橋浦地区の農業とに特徴づけられるが、かつては両地区とも漁業・農業だけでは生活を維持できなかった。低湿地で水はけが悪いため水田の生産性が低く、冷害にもよくさらされた。山や川など周辺にある多様な資源を利用して生活を組み立ててきた。特に炭焼きは、戦後盛んに行われ、一部の集落では収入源の中心の一つになっていた時期もある。作られた炭は、主に石巻市街地などに売られていた。炭焼きはガスが普及する一九七〇年代までこの地域の生活を支えていた。

また農業面でも田んぼに依存するだけではなく、イチジクなどの果樹栽培を試してみたり、ミョウガの導入を図ったりと、さまざまな作物が試されてきた。同時に、牛や豚などの家畜もよく飼われていた。橋浦地区では、北上川沿いの堤防に牛を連れて行き、草を食べさせることが広く行われていた。一九六六年には、山間に大盤平（おおばんだいら）放牧場という、二二一ヘクタールの草地を有する町営の放牧場（現在は石巻市営）が開設された。

いま私たちが目にしている肥沃な田んぼが誕生したのは、北上川を大規模に浚渫した際に生じた土砂を客土した一九五五年以降のことである。東北丸という浚渫船が用いられ、その後何年にもわたって周辺の田んぼ一帯に土砂が運ばれた。この時、女川集落にあった大沼という沼地もこの土砂で干拓され、田んぼへと生まれ変わった。

一方、現在の十三浜の漁業は、ワカメを中心として、コンブ、ホタテ、ホヤなどの養殖と、人によっては定置網などを組み合わせて行われている。このような現在の漁業の形態となったのは最近のことである。それまでは、零細な沿岸漁業とフノリ・マツモ・ヒジキなどの海藻類やアワビやウニなどの採集と、陸上の炭焼きや養蚕などによって生活を組み立てていた。こうした多様な地域資源を利用するという点では、十三浜地区も橋浦地区も共通する。また、出稼ぎも多かった。現在の漁業の主力である養殖はほとんどなく、ワカメやコンブも天然ものを乾燥して出荷していた。

出稼ぎが多いところを、周年で漁業を安定してできるようにと、漁業協同組合の青年部が中心となって一九七〇年代にワカメ養殖の導入が研究された。養殖ワカメの導入当初は、天然ワカメと同じように乾燥して出荷されていたが、その後、一九八〇年代以降はボイルし、塩蔵して出荷する現在の方法が定着した。ワカメ養殖だけでは、周年の操業はできないため、次にコンブやホタテの養殖が導入されるようになった。現在では、養殖はワカメを中心にコンブやホタテを組み合わせている。このほか、ウニとアワビは採取できる日を定めていっせいに出漁する開口によって採取している。取り組んでいる漁業者の数は少ないものの、定置網も一部で行われ、秋サケやイワシなどが獲られている。それぞれの漁業者がどの魚種に重点を置くのかは、養殖を行う場所やそれぞれの経営戦略によって少しずつ変わっている。

5　契約講という組織

この地域を語る上で欠かせない組織に「契約講」（契約会）が存在する。契約講というのは、仙台藩領内を中心に存在するムラごとの自治組織である。家から男性の戸主にあたる人間が参加して組織されている。その役割としては、古くは祭祀、冠婚葬祭、地域資源の管理などムラの共同生活に必要なことの多くを引き受けていた。また、共有の財産を持っている場合も多い。

北上町でも、神社のお祭り、冠婚葬祭の相互扶助、地域資源の管理など多様な役割を果たしてきた。北上町での地域資源の管理で特徴的なのは、橋浦地区では北上川に生えるヨシ原の管理がある。北上川の改修によって一部の集落が移転を余儀なくされたという歴史的な経緯によって、各集落の契約講が北上川のヨシの採取を地域ごとに分割して「権利」として所持してきた。十三浜地区では磯場に生える海藻類の採取については、集落ごとに契約講がそのルールを決めている。また、多くの集落では共有の山林を持って、薪炭材を切り出したり、材木として利用したりしていた。

契約講には、講長、書記、会計などの役員がおかれ、一年から二年で改選される。契約講に入ることができるのは、家の長男だけである。集落外からきた家は、共有財産を希薄化させないために入ることができなかった集落もある。そのため、同じ集落内に契約講に入っている家といない家がある場合がある。共同作業のあり方などを定めた契約講の規約も存在し、厳しいものであったという。

かつては集落ごとの相互扶助、自治的な組織としての役割を果たしてきたが、現在では解散して、自治会に移行した集落も多い。というのは、一家から男性一名だけしか参加できないという決まりが働き盛りの年代にとっては負担となるほか、自治的な機能を果たしているのに集落内に契約講に入っている家といない家があることが問題になっていたからである。

6 暮らし

最後に教育や医療など暮らしにかかわる東日本大震災前の状況を描いておきたい。震災前、小学校は相川集落に相川小学校、月浜集落に吉浜小学校（かつては吉浜集落にあった）、長尾(ながお)集落に橋浦小学校の三校があった。中学校は、二〇〇八年までは相川集落に相川中学校があったが、現在はにっこり団地にある北上中学校だけである。高校は北上町内にはないので、高校からは町外へ通うことが必須となる。通学が問題になるため、保護者が共同で石巻市街地にある高校へのスクールバスを運行している。保育所は、大須集落に橋浦保育所、吉浜集落に吉浜保育所、相川集落に相川保育所があった。

公共交通の面では、震災前から民間の公共交通機関は存在しなかった。かつては、民間のバス会社が路線バスを運行していたが、二〇〇八年に廃止された。それ以降は、行政の補助と各集落の負担により北上住民バスが一日に三往復運行されている。北上町の最東端の神割崎から石巻市街地の総合病院を経由しショッピングセンターまで週三日、週二日は路線バス網と接続できる途中の道の駅までの運行となっている。便数と運行時間による制約から通学や通勤に使われることはなく、主に買い物や通院といった用途に用いられている。

その買い物であるが、北上町内にいくつかの商店は存在するがスーパーはない。また、商店が集まった商店街も存在しない。日用品や食品を購入するには、町内の商店のほかには、移動販売や町外のスーパーやショッピングセンターが利用されている。医療機関は、二〇〇八年に相川集落にあった石巻市立の相川診療所が廃止され、大須集落に石巻市橋浦診療所と北上歯科診療所がある。

このように震災前から人口が減少していくなかで学校教育、公共交通、医療、買い物など生活のさまざまな側面で課題を有していた。一方で、これまで見てきたように北上川や追波湾、周辺の林野など多様な自然環境とそこで積み重ねられてきた歴史があり、さまざまな恵みを受けていたという側面もある。

〈文献〉

北上町史編纂委員会編［一九七五］『北上町史（北上百年の概要）』北上町
北上町史編さん委員会編［二〇〇四］『北上町史　通史編』北上町

2　北上町の自然環境と地域社会

宮内泰介

1　北上川のヨシ原と人のかかわり

震災後仮設住宅に住んでいる長塩谷集落のある男性（一九六六年生まれ）がこんな話をしてくれた。

僕が高校生のころ、北上川のヨシは瀕死の状態でした。ゴミだらけで、もうヨシはなくなるんだろうなあ、と思っていました。高校を出てから東京に出たのですが、お盆で東京から戻ってくるたびにそのヨシがきれいになっているのにびっくりしました。なんでだろうと思っていました。（ＳＫさん、二〇一二年八月）

この男性はその後三四歳のときに長塩谷に戻ってくる。

震災前、北上川のヨシはその広さ約一〇〇ヘクタールに及び、北上町を象徴する景観だった。震災で地盤沈下し、水につかる部分が増え、ヨシ原の面積は減少したが（田中ら［二〇一四］によると約三三ヘクタールに減少。その後若干回復）、北上町のみならず宮城県を代表する景観の一つであることに変わりない。

北上川のヨシ原は、実は、一〇〇年前にはなかった。そもそもここに「北上川」もなかった。あったのは、今よりも川幅の小さい追波川だった。

一九一〇（明治四十三）年の八・九月、全国的に台風や大雨が続き、宮城県下でも被害が相次いだ。とくにもともと洪水が多かった北上川中流域での被害が大きかった。これを機に、明治政府は北上川の大工事を決断する。旧石巻市へ流れ注いでいた北上川の流れを途中で変え、それを現在の北上町を流れていた追波川に流すという工事である。現在の登米（とめ）市柳津（やないづ）付近で二股に分岐させ、そこから追波川までの陸地を掘削して川をつけ、そちらに多くの水量を回す。そのことによって北上川の洪水を防ごうという工事だった。いきなり大量の水量が回されることになった追波川は、そのままでは許容量を超えてしまうので、浚渫・掘削して川幅を広げた。これにより、こちらを北上川本流とし、もとの北上川は旧北上川となった。

北上川沿いに生えるヨシを刈る
（2004年2月，宮内撮影）

国家によるこの大工事は一九一一（明治四十四）年から一九三四（昭和九）年の長きにわたって行われた。そして工事が終わる昭和初期、新しく改修された新北上川（旧追波川）の川岸にヨシが生えてきた。もともとは集落の田んぼや住居があったところだ。それが川幅を広げる際に河川区域に組み入れられ、田んぼは買収され、住居は近くに移転させられた。その跡にヨシが生えてきた。次第に立派なヨシ原になり、住民たちはそれを刈って海苔簀（ノリの乾燥に使う簀の子）を作って売った。

その後、茅葺き屋根用、あるいは壁の材としてヨシを刈り取る商売が成立した。それは、浮き沈みがありつつも、現在まで続いている。

一九八〇年代、冒頭の男性が高校生のころ、ヨシ刈りは衰えかけ、ヨシ原は荒れた。しかし、一九九〇年代、地元ヨシ業者、熊谷産業がヨシの六次産業化を進め、ヨシはまた復活した。この男性の帰省するたびにヨシ原が「きれいに」なっていたのはそういうことだったのだ。そして二〇一一年の震災でその面積は減少する。

北上町を代表する景観のヨシ原は、このように、歴史とともに登場し、さまざまに利用されながら、維持されてきた。今日これだけの面積のヨシ原が残っているところは、日本の中でも、青森県岩木川河口地域、栃木県渡良瀬遊水地、それに琵琶湖ぐらいである。

このヨシ原が維持されてきた背景の一つに、ヨシ原の権利を地域社会が有していることがある。ヨシが生えているエリアは、法的には国有地であるが、もともと買収された土地だという歴史的経緯もあって、地域住民の慣習法的な権利が及んでいる。その権利主体は各集落の地域組織である契約講である。

昭和初期にヨシ原が生えてきたとき、集落間でヨシ刈りの権利をめぐって争いが起こった。しかしその後、各集落の権利が及ぶ範囲に線引きをする合意が集落間で行われ、今に至っている。このように地域が権利をもっていることが、ヨシ原が利用されながら維持されてきた背景になっている。

2 多様な自然と地域による管理

北上町は、海、川、そして山の白然に囲まれている。北上町の東部は、リアス式海岸で、海際まで山が迫り、平地が少ない。磯浜（岩石海岸）がほとんどである。入り組んだ海岸部の湾部に、東から、小滝、大指、小指、相川、小泊、大室、小室、白浜といった集落が形成されていて、その多くは漁業を生業とする。

北上町西部は北上川下流部の右岸側に集落が点在する。その多くは、川岸ではなく、山際に存在している。唯一の「山の集落」女川は、大沢川沿いに集落が形成されている。集落と北上川との間の平地には、現在田んぼが広がっている。そのほとんどが津波で塩害に遭ったが、復旧事業（土の入れ替え）のおかげで現在は回復している。

このエリアの田んぼは、もともと生産性の低い湿田が多かった。水はけが悪く、川に水が流れ出ないどころか、増水のときには川からの水が付くような田が多かった。中でも女川集落と二丁谷地（にちょうやち）集落の間に存在していた大沼周辺の土地は、水があふれると田んぼが浮き上がって流されてしまう始末だった。戦後の土地改良事業、用排水設備の整備、さらには大沼の干拓によって、これらの田は生産性の高い田になっていった（『北上町史　自然生活編』、武中［二〇〇七］）。

東西に細長く広がる北上町の北側には、翁倉山（おきなくら）（標高五三二メートル）を中心に山が連なっている。この山地の植生は、自然林であるブナやイヌブナ、二次林であるアカマツやコナラ、そして人工林であるスギなどが混生している（『北上町史　自然生活編』）。スギ林のあるところは、もともとススキなどの草原植生であったところも多い（とくに女川の裏山である「谷多丸（やたまる）」とよばれるエリアは「茅場」、つまりはススキ植生が多かったという）。

こうした山は、人間が深く関わってきた山でもあった。女川集落と相川集落でとくにこの山の利用が盛んで、その利用は、炭焼き、薪採集、ススキ採集（屋根材としての利用）、栗採集（食料）などに及ぶ。たとえば炭焼きは、国有林、共有林（集落で持っている）、個人の山のいずれでも行われていた。国有林の場合、営林署との協議のもと、毎年認められるエリアが決められ、そのエリアの中で、集落メンバーが協議して各世帯の利用範囲を決める。なるべくメンバー間で平等になるように「くじびき」が行われることが多かった。

かつて多く植わっていたススキは、刈り取られて、屋根材、あるいは、炭を囲う「炭すご」などに使われた。ススキの刈り取りは、比較的自由に行っていた集落もあれば、相川集落のように、解禁日（開口）を設定していたところもある。同集落の遠藤誠一さんがこんな話をしてくれた。

> 秋が深まってススキが枯れてきたころが、ちょうど炭焼きの季節ですので、炭すご用のカヤを刈りに行きました。契約講が口開けをします。「カヤ刈り焼きめし」と言って、大きな焼きめしをもって刈りに行ったものです。カヤ場は以前は結構あったのですが、今はほとんど杉になりました。（遠藤誠一さん、二〇〇八年八月）

北上町の自然の特徴は、このように、多様で豊かであると同時に、それが地域住民との深いかかわりの歴史をもっていることにある。集落を単位とした集団的な管理を基本としていることも大きな特徴だ。

海側の集落が利用している資源に「磯物」がある。北上町の磯物とは、ノリ、フノリ、ヒジキ、マツモ、ツノマタなど、岩礁につく海藻類のことだ（ツノマタは糊用で、あとは食用）。これらの海藻についても、集落ごとに管理が行われている。契約講で、その解禁日を決める。場合によっては、その採集を集落の共同作業で行うこともある。この場合は、その海藻類の売り上げが集落の財産になる（多くの集落ではヒジキがその対象だった。他の海藻は個人採りが中心だった）。この集落での共同採集は通常一～二日で終わり、翌日からは各世帯が自由に採ることができる。各世帯ではそれを遠方まで売りに行った。現在ワカメやコンブの養殖・販売を手広く手がける相川の佐々木昭一さん（一九四三年生まれ）は、子供のころ、母親が売りに行っていた姿を覚えている（第3章「3　佐々木昭一さん聞き書き」参照）。

岩のりを収穫する（2010年3月，宮内撮影）

冬場にはフノリやマツモなどの磯物を採って、乾燥させ、母が今の桃生町へ売りに行っていました。当時ここにはお店なんかありませんでしたから、向こうの駄菓子屋でアメ玉なんか買ってきてもらえるのが楽しみでした。母は朝方早く出て歩いて行き、夜中に帰ってきていました。（佐々木昭一さん、二〇一五年三月）

磯物採集のルールは、集落によって違い、ある集落ではノリ、ある集落ではヒジキが共同採集の対象になっている、ある集落では共同採集は一日かぎり、ある集落では二日間、といったバリエーションがある。そしてそれは時代によって変化している。その集落においてその資源がどういう状態で、どういう価値があるかや、その時代の経済状況などに応じて、柔軟な管理ルールが適用されてきた。それも契約講での話し合いだった。

もっとも海洋資源がすべて集落（契約講）管理になるわけではない。通常の魚、ワカメ、コンブ、それにアワビなどは、漁協の管理になる。宮城県漁協北上町十三浜支所（旧十三浜漁協）が管理主体である。コンブは漁協管理だと言ったが、実はこれは根付きのコンブの場合で、これが漂着コンブになると漁協ではなく集落（契約講）の管理になる。先ほどの遠藤誠一さんによると、コンブ拾いによる集落の収入は大きかったという。

昆布を拾うのが契約講の収入としては大きかったですね。昆布が上がったときは、今日は集落の中のこの地区の役割、明日は別の地区、と順番を決めて拾ったのです。さらに当番の地区の中で誰々は拾う役目、誰々は干す役目、と役割分担をそのつど決めました。この拾い昆布の収入は契約講の収入になりました。東京オリンピックが終わったあとだったから昭和四十年くらいかな、この拾い昆布の収入で公民館を建てたのです。

（遠藤誠一さん、二〇〇八年八月）

現在北上町の漁業は、ワカメ・コンブ・ホタテの養殖が主力である。磯物採集は、収入としてはたいへん小さいが、現在も続けられている。

このように、ヨシや山の資源同様、海洋資源についても、北上町では集落（契約講）や漁協による管理

自然資源の種類	管轄する社会組織	受益者
アワビ	漁協	世帯
魚	漁協	世帯
養殖（ワカメ，コンブ，ホタテ）	漁協	世帯
ウニ	契約講	世帯
天然ワカメ・天然コンブ	契約講・漁協	契約講および世帯
磯物採集	契約講	契約講および世帯
森林（国有林）	国と村落組織	世帯
森林（集落の共有林）	契約講	契約講および世帯
ススキ	契約講	世帯

表１　北上町における自然資源と管理主体・受益者

を基本としてきた。そして、時代の状況や集落の状況に合わせて管理ルールを変化させてきた。それによって、集落の財源を確保したり、個人の生計確保に役立ててきた。

すべての集落に契約講があった。契約講はいろいろな役割を担っているが、自然資源の管理はその中心の一つだ。もちろん契約講の機能は、自然資源管理だけでなく、祭りなど住民の生活全般にかかわっている。北上町のいくつかの集落では、震災前、時代にそぐわなくなったと契約講を解散した。しかし、その場合も、自治会や部落会といったものを作り、集落の自治は維持してきた。

震災が起きて、避難生活を始めたとき、こうした集落自治が機能した。北上町内のある避難所では、役割分担がすぐに決められ、秩序ある避難生活が送られた。

北上町は、山・海・川の多様で豊かな自然に囲まれている。その自然のほとんどは、長く歴史的に人とかかわってきた自然だった。その姿も時代によってずいぶん変化しつつ維持されてきた。北上町の人びとは、自然とのかかわりのなかで、ほとんどの場合、集落単位での決まりごとにのっとって行動し、その恵みを得てきた。集落組織である契約講がその中心にあり、その組織は、人びとの生活全般にかかわり、生活の安定や持続性に寄与してきたのである。

〈文献〉

北上町史編さん委員会編［二〇〇四］『北上町史　自然生活編』北上町
武中桂［二〇〇七］「自然環境の変化と場所の記憶——宮城県北上町大沼の干拓に関する環境社会学的考察」『北海道大学大学院文学研究科研究論集』七、二九九—三二〇頁
田中周平他［二〇一四］「北上川河口部ヨシ群落の植生分布および植物種構成に及ぼす地盤沈下および津波の影響」『土木学会論文集G（環境）』七〇（七）、Ⅲ、四〇三—四一一頁

3　東日本大震災の概況と北上町の被害

平川全機
黒田　暁

1　全国の概況

二〇一一年三月十一日に起きた東日本大震災では、東北地方から関東地方を中心に各地で甚大な被害が生じた。まず全国の被害状況を簡単にまとめてから、北上町での被害について見ていきたい。

地震が発生したのは、一四時四六分のことだった。震源は宮城県沖の太平洋下で、地震の規模を示すマグニチュードは九と巨大だった。最大震度は宮城県栗原市で震度七を観測したほか、日本全国で強い揺れを感じている。東京都で震度五、関西地方の大阪市でも震度三を観測している。石巻市では、地震計のある門脇で震度六弱の揺れを観測している。繰り返し強い余震にも襲われた。最大震度が五弱以上の余震がその日のうちだけでも一二回観測され、二〇一五年九月までに六八回を数えている。

この地震の揺れによっても被害は出ていたが、被害を計り知れないほど大きくしたのは、地震によって発生した津波だった。東北地方の太平洋沿岸では、地震が発生してから約一五分後に波が引き始め、約三〇分後に巨大な津波の第一波が押し寄せた。気象庁の観測施設がある石巻市鮎川では、一五時二六分に八・六メートル以上の津波が観測されている。

三陸地方と呼ばれる宮城県北部から岩手県にかけての太平洋沿岸は、これまでにもしばしば津波に見舞われた、津波の常襲地帯であった。一八九六年の明治三陸地震津波、一九三三年の昭和三陸地震津波、一九六〇年のチリ地震津波などで繰り返し被害を受けており、津波への意識と備えが比較的高い地方であった。津波の大きさを正確に伝えている資料はないが、明治三陸地震津波では津波が陸にぶつかり、駆け上がった遡上高で三八・二メートルが観測されたと言われている。しかし、今回の津波はそれらをはるかに超える規模でやってきた。東日本大震災では、八から九メートル以上の津波が東北地方太平洋沿岸に押し寄せ、岩手県大船渡市では一六メートル、宮城県女川町では一五メートルを超えていたと考えられている。また、岩手県大船渡市では遡上高が四〇メートルを超えていた。このように津波が高くなったのは、三陸地方の海岸は半島と湾が入り組んだリアス式地形であったことが原因の一つとされる。北上町の沿岸もこうした地形の一部である。ただ、今回の津波は海岸が平坦な平野部においても、内陸深く数キロメートルにも侵入している。北上川では、津波が川を通って河口部から四九キロメートルも内陸にあたる、宮城県登米市仲田町付近まで遡上したことが分かっている。津波によって浸水した面積

津波は北上川を遡上し集落を襲った
（2013年3月，髙﨑撮影）

は、五六一平方キロメートルであった。国土地理院［二〇一一］によれば、そのうち農地が二三七平方キロメートル、建物用地が一一〇平方キロメートルであった。これだけの大きさの津波は、平安時代の八六九年に発生した貞観地震による津波以来のことであると考えられている。

この津波によって多くの人命と家屋が失われ、壊滅的と言っていいほどの被害をもたらした。全国で死者一万五八九三名、行方不明者二五七二名で、合わせて一万八四六五名を数えている。津波による犠牲者が多くを占めるため、行方不明者の割合が高いことが特徴である。犠牲者のうち宮城県で死者九五四一名、行方不明者一二三九名、岩手県で死者四六七三名、行方不明者一一二九名、福島県で死者一六一二名、行方不明者二〇〇名と東北地方の三県での犠牲者が多く、三県で全体の九九パーセント以上を占めている（警察庁緊急災害警備本部［二〇一五］）。宮城県内では、石巻市が三七四五名の死者・行方不明者を出しており（二〇一五年十一月末）、自治体別でみるともっとも多くの犠牲者を出した自治体である。

家屋への被害を見ると、全国で全壊一二万四六八五戸、半壊二七万五〇八二戸となっている。家屋の場合も、犠牲者と同じく津波によってその被害の多くが引き起こされ、全壊が宮城県で八万二九九八戸、岩

集落	人数（名）
本地（ほんち）	4
大須	5
長尾	7
行人前（ぎょうにんまえ）	2
釜谷崎	23
二丁谷地	5
女川	6
追波	45
吉浜	27
月浜	53
立神	22
長塩谷	8
白浜	29
小室	2
大室	15
小泊	1
相川	15
小指	4
大指	1
小滝	2
計	276

表2
北上町内の集落別死亡・行方不明者数

出典：石巻市北上総合支所提供資料および聞き取りによる

震災後の追波集落を高台から望む（2012年12月，髙崎撮影）

手県で一万九五九四戸、福島県で一万八〇五五戸とこの三県での被害がとくに大きい。津波によって家屋をすべて流失した場合も多く、建物や家財ばかりでなく、写真などの思い出の品までを被災者は失うことになった。同時に、倒壊した家屋から発生した大量のガレキは、被災した自治体の処理能力を超えており、どのように処理するのかが課題となった。家屋を失った被災者に対しては、応急仮設住宅が建設された。その数は全国で九二一地区に五万三五三七戸建設された。宮城県内では二万二〇九五戸建設され、そのうち石巻市には、一三一地区に七二九七戸建設された。

建設の際には、多くの自治体で仮設住宅の建設用地の確保が課題となった。三陸地方は、山地が海岸まで迫っていて、平地は海岸に近い低地などに限られていた。そこに従来の集落があり被災したため、高台でさらに公有地を探すことが難しい自治体もあった。そうしたところでは、仮設住宅が従来の集落から離れてしまったり、従来の集落の区分を超えて用地を確保できるところにまとまって建設されたりしたところもある。この仮設住宅というのは、法律上では二年三か月以内の使用を想定しており、その間に被災者が自宅を再建することになるのだが、四年半を過ぎた二〇一五年八月末現在でも、宮城県内だけでも応急仮設住宅に一万三一五一戸、二万八四〇三人が生活している。

そして、最後になるが、東日本大震災を考える上で忘れてはならないのは、東京電力福島第一原子力発電所で炉心の冷却機能が失われて核燃料が融解し、放射性物質が広く拡散する原子力災害が発生したことである。放射性物質は風に乗って拡散し、原発周辺だけでなく東京都などまで広く汚染が広がった。福島第一原子力発電所と北上町は、直線距離にして一三〇キロメートル程度離れており、また風向きなどの天候もあって、大きく汚染されることはなかった。実際に北上町からの農産品、漁獲品などから放射性物質が検出されることもなかったが、汚染水が海に流れ込んだ影響によって漁業が、家畜の餌となる稲わらの移動制限によって畜産を営む人びとが、少なからず対応を迫られた。漁業では、震災の翌年に収穫されたワカメを独自に放射性物質の検査に回し、検出限界以下という結果を得ている。また、漁業者のなかからは風評被害を訴える声も聞かれた。ちなみに石巻市に隣接する宮城県女川町の東北電力女川原子力発電所では、幸いこのような過酷な事故は起きなかった。

2 震災当日の様子

それでは、北上町内ではこの日、何が起きていたのだろうか。三月十一日という日は、十三浜地区では養殖ワカメがこれから最盛期に入ろうとする収穫直前の時期であった。橋浦地区の田んぼでは、まだ農作業は始まってはいなかった。金曜日という平日の日中であったため、石巻市内の勤務先などにいた人も多

北上では1151戸のうち1009戸が被災
（2011年12月，高﨑撮影）

い。北上町の人びとは、自宅で、出先で、それぞれに揺れを感じた。

　橋浦地区のＩＫさん（六〇代・男性、二〇一二年八月）は、「震災時は、ちょうどヨシ刈りの片付け途中だった。いったん自宅の方へ逃げたが、自宅の被害が大したことなかったので、機械の片付けに北上川河川敷の現場に戻ろうとしたら、近所の人にやめろと言われ留まった。自宅付近から黒い津波が来るのが見え、堤防の上を船が走っていくのを見た。小さい時にチリ地震を経験した際、川が逆流していくのを見ているので、今回もせいぜい二メートルくらいの規模と考えていた。そのために機械を片付けにいったん戻ろうとも思った。妻は石巻にいて、娘は雄勝の方にいた。地震の後、娘が間一髪で北上大橋を車で渡ってこちらに逃げてきたので、一緒に車を走らせ内陸に逃げた」と語っている。これまで津波による被害を経験したことがなかった橋浦地区では、被害が発生するような津波が来ることなど頭になかった人が多い。

　一方、これまで繰り返し津波に襲われた十三浜地区では、地震があったら津波が来るという意識はあった。漁師のなかには船を守るために、沿岸より潮位の変化が緩やかだと言われている沖合に、津波が来る前に船を出す「沖出し」と呼ばれる行動をとった人もいる。ＳＹさん（五〇代・男性、二〇一三年八月）は、「津波は最初川のほうから来た。沖に向けて船で逃げた。沖で船に乗っているとわからないもので、スピードがなかなか進まないと感じる程度。海の上で海しか見ていないと分からない。波というより水が上がるだけ。他の船と一緒に沖で固まって一晩過ごした。湾がガレキで一杯なので、そのまま戻るとプロペラがまずくなるかもしれないと考えていた。「みんな助かっていればいいな」と思いながら、みぞれが降って風が吹いて凍えながら沖で過ごしていた」と当日のことを語っている。

北上町内での津波の高さはどうだったのだろうか。原口強・岩松暉［二〇一三］によれば、一〇メートルを超す津波が押し寄せた痕跡が多くの集落に残されている。必ずしも、海側の集落で高く、内陸側で低いというわけではなく、地形や津波が入ってきた角度などによりまちまちである。北上町内でもっとも高い浸水高は、小指集落の二三・二メートルである。内陸の釜谷崎集落でも九・九メートルの高さがあった。また集落の位置や津波への意識などにより、被害の程度も津波が高かった集落ほど被害が深刻になっているわけでもない。例えば小滝集落には、一五・五メートルの津波が押し寄せたが、もともと集落が海岸から距離のあるところにあったため、大きな被害は出していない。これほどの規模の津波は、住民たちも想像をしていなかった。本書第6章に出てくる今野照夫さんが勤めていた北上総合支所は、海岸近くにあった。そこは、想定されていた津波よりも高い六・五メートルの地面の上に建てられており、避難所に指定されていた。そのため、勤めていた職員だけではなく、周辺の住民や移動中の人など、多くの人が避難をしていた。ところがそこに津波が襲い、避難していた五七名のうち

被災した旧北上総合支所
(2011年8月，髙﨑撮影)

三名しか助からなかった。北上町内ではもっとも多くの犠牲者を出した施設となった。総合支所の建物が被災したため、震災直後は高台にある北上中学校に災害対策本部が置かれた。現在は、大須集落にプレハブの仮庁舎が建設され、今後にっこり地区の高台に新しく建設される計画となっている。

3　避難生活

人びとは震災直後、集落のなかでは高台にある、被災を免れた家や施設に避難をした。十三浜地区では大指集落の大指林業生活改善センターや、相川集落にある北上子育て支援センター、追波集落にある北上中学校などが大きな避難所となった。橋浦地区では、橋浦小学校や、女川集落にある旅館の追分温泉に多くの人が避難をした。

小中学校の体育館での避難生活は、一人あたりのスペースの少なさやプライバシーのなさなどが指摘されている。北上町でも、直後は小中学校の体育館に避難していた被災者のなかには、被害を受けていない北上町外の親戚宅などにいったん避難先を変えた人もいる。こうした北上町外への避難は住環境としては改善されたが、別の課題も生むことになった。SKさん（六〇代・男性）は、震災後、石巻市鹿又（かのまた）の娘が住むアパートへ避難をした。しかし「まわりは知らない人ばかりで、アパートは苦痛だった」と話している。TAさん（八〇代・男性、二〇一四年八月）は、矢本（やもと）（東松島市）の娘の家に一時避難したが「子どもたちはみな直して住むことに反対したけど、家に愛着があり、震災三日後には被災した家を修繕して住むことを考えていた」と話し、津波の被害を受けた自宅を修繕して約一年四か月後に自宅に戻っている。見知らない土地、特に人間関係が希薄な都市部への避難は、互いによく知る人間関係のなかで生活してきた北上町の人びとにとって、馴染むことの難しい側面があった。

4　仮設住宅での暮らし

仮設住宅は、北上町内に三か所建設された。大指集落に仮設大指団地一五戸、相川集落に仮設相川運動公園団地四一戸、もっとも大きな仮設団地として、追波集落の仮設にっこりサンパーク団地に一七八戸である。北上町内では、この三か所に建設されたが、北上町内の被災者の仮設住宅の入居先は北上町内に限られているわけではないため、石巻市街地に建設された仮設住宅へ入居した被災者もいる。さらにこうした仮設住宅に入らず、親戚などの家や独自に家を借りるなどして北上町内外に避難している人もいる。

仮設住宅での暮らしをSSさん（七〇代・女性、二〇一四年八月）は「三年も住んでいると仮設暮らしも悪くないと思うようになってきた。人が集まっているし、すぐ隣に人がいるという安心感がある。仮設住宅でできた新しい付き合いもある」と話している。仮設住宅での生活で人間関係を広げていった人がいる一方で、NTさん（六〇代・男性、二〇一五年九月）のように「仮設住宅に来てから新しい知り合いはほとんどできていない。朝早くから働きに出て、帰ってくるのは暗くなってからなのでほとんど顔を合わせない」と話す人もいる。

一部の高台移転の宅地造成が完了し、新たに住宅が建てられたことなどもあり、二〇一五年九月現在では、北上町内での仮設住宅の入居者数は一八三世帯四五八人となっている。二三四戸ある仮設住宅の一部には空きがみられるようになってきたが、なおも多くの人が仮設住宅での生活を続けている。

5 被害のまとめ

震災発生直後は私たちのように外に住む人にとってはもちろん、北上町に住む人でさえもあまりの被害の大きさにその全容を把握することはできなかった。二〇一五年時点で明らかになっている被害は以下のようにまとめられる。まず、震災直前の二〇一一年二月末時点で人口が三九〇四名だった北上町で、死者・行方不明者合わせて二七六名の犠牲者をだしている。これは、全人口の約七%にもあたる。特に犠牲者が多かったのは、釜谷崎集落、追波集落、吉浜集落、月浜集落、立神集落、白浜集落などである。これらの集落では、被災前の人口との割合で、一割を超える犠牲者を出しており、釜谷崎集落、月浜集落、立神集落では二割を超えている。特に立神集落では、震災前の人口七八名に対して二二名が犠牲となり、その割合は三割近い。津波がただ高かったというだけではなく、これまで大きな津波に襲われたことのない北上川河口に近い集落でより大きな被害を出していることがわかる。

多くの家屋も流された。北上町全体では、五三五戸が全壊、大規模半壊が九一戸、半壊が七九戸、一部損壊が三〇四戸、被災合計で一〇〇九戸であった。北上町内に当時一一五一世帯が暮らしていたことを考えるとほぼすべての家屋で被害が発生している。釜谷崎集落では、二五世帯中二三戸が全壊している。立神集落では三一世帯中二八戸、大室集落では五三世帯中四六戸など十三浜地区では集落のほぼすべての家屋が流失し全壊と判定されている。ただ、全壊と判定されている家屋のなかには、津波で完全に流失した家屋もあれば、一階部分が大きく損壊したため全壊と判定されたが二階部分は残された家屋などもあった。例えば、二丁谷地集落では二二世帯中一九戸、吉浜集落でも五八世帯中五二戸が全壊とされており、全壊した戸数も非常に多い。しかし、とくにこの二集落では、残された家屋を修繕し再び同じ土地で暮らし始めた住民もいる。

北上町内の小中学校は、月浜集落にあった吉浜小学校、相川集落にあった相川小学校には津波が襲来し、校舎の水没や体育館の流失など全壊と判定される被害を出した。津波の被害を免れたのは、橋浦地区の長尾集落にあった橋浦小学校と、追波集落の高台にあった北上中学校だけであった。震災後の二〇一一年四月に橋浦小学校の校舎を他の二校が借りる形で小学校が再開した。二〇一三年四月には三校を北上小学校として統合した。現在は旧橋浦小学校の校舎を利用して授業が行われているが、北上町内の最大の高台移転が行われ、北上総合支所などの行政機能が集積する予定のにっこり地区の高台へ移転することが計画されている（北上小学校建設基本構想検討委員会［二〇一五］）。

津波による被害は人びとの住まいだけではなく、暮らし（生活）全般にまで及んだ。北上町のおもな生業であった漁業と農業への被害と、そこからの復旧・復興については、第3章と第4章に詳述する。

6　復興に向けた動き

震災以降、これまで述べてきたように、応急仮設住宅の建設から高台移転へと住宅の再建、農業と漁業を中心とした産業の再生が行われてきた。また、いわゆるハード面での社会資本整備も進められている。

破壊された十三浜地区の各漁港の整備のほかに、防潮堤の建設、北上川の堤防の強化、国道三九八号線の落橋箇所の復旧と付け替え、環境省によるフィールドミュージアムの整備などが計画されている。

北上町内では、防潮堤は相川集落と白浜集落、長塩谷集落から立神集落にかけての三か所で工事が進んでいる。工事の進捗は、長塩谷集落前の海岸が最も早く進んでいて、八・四メートルの高さがある防潮堤が建設されている。震災前の防潮堤は四・五メートルで道路から海をうかがうことができたが、現在は見えなくなっている。現在建設中の防潮堤は、地域の孤立を防ぐために道路を防御することが目的だと説明されている。ただし想定されている津波は、明治三陸地震津波程度の大きさで、今回の東日本大震災レベルの津波を防ぐことはできない。

防潮堤の建設に対しては規模が過剰であることや、防潮堤の内側に守るべき家屋が存在しなくなっていることなどが被災地各地で指摘されている。こうした指摘は、北上町にも当てはまる部分がある。北上町内で防潮堤が建設される各集落の低地は、災害危険区域として居住のための家屋の建設が禁止されている。白浜集落の漁師のSYさん（五〇代・男性、二〇一三年八月）は、「大きな防潮堤は正直いらない。あってもなくても変わらない。行政の説明は確かに納得できるが、とにかくまずはちゃんとした仕事ができる環境がほしい」と述べている。このように巨大な防潮堤そのものの必要性や、漁港や住宅の復興より先に防潮堤の建設が進んでいくことへの疑問の声を聴くことができる。ただ、大きく反対するところには至っていない。防潮堤の整備と、漁港や後背地における漁業の作業場の整備が組み合わされていることも理由の一つである。もっとも、住居や生業の復興に取り組むなかで、防潮堤の問題にまでかかわる余裕がないのかもしれない。

国道三九八号線では、北上町に関連するところでは、北上川河口にかかる新北上大橋の一部と相川集落にある新相川橋が津波で落橋した。その復旧工事が行われている。同時に、相川集落ではトンネルと橋梁を建設して、新しい高台移転先に近いところに国道を建設することも計画されている。また、月浜集落では盛土によってかさ上げをして、三陸復興国立公園の一部としてフィールドミュージアムを建設することを環境省が計画している。このように北上町には復興を目的とする多様な事業が、石巻市、宮城県、国と多様な主体によって進められている。

〈文献〉

北上小学校建設基本構想検討委員会［二〇一五］「北上小学校建設基本構想・基本計画（案）」
警察庁緊急災害警備本部［二〇一五］「平成二三年（二〇一一年）東北地方太平洋沖地震の被害状況と警察措置」
国土地理院［二〇一一］「平成二三年東北地方太平洋沖地震市区町村別津波浸水範囲の土地利用面積」
原口強・岩松暉［二〇一三］『東日本大震災津波詳細地図改定保存版』古今書院

第2章 住まいの再生と住民たち

はじめに

平川全機

　前章で述べたように、東日本大震災により北上町でも津波によって多くの家屋が被害を受けた。北上町内の一一五一世帯のうち半数を超える五三五戸が全壊し、半壊以下の被害を受けた家屋も多く、まったく被害がなかった住宅は一四二戸しかなかった。特に十三浜地区での被害は大きく、例えば大室集落では五三戸のうち四六戸が全壊、二戸が一部損壊、被害がなかった家屋は五戸にすぎず、ほとんどの家屋を流失している。被災当初は小学校などに分かれて避難していた住民は、北上町内の三か所に分かれた仮設住宅を中心に暮らしている。二〇一五年九月現在も、一八三世帯四五八人が入居している。

　家屋の流失を受けて、住民の間からも高台への移転を求める声が上がった。国と石巻市は、津波で被災した住宅の再建にあたって防災集団移転促進事業（防集）を利用して高台へ移転させることにした。防集は、「集団」と名前にあるように、災害の危険性がある地域が集団で新たに行政の造成する宅地へ移転を行う事業である。この防集に向けた話し合いが、北上町では二〇一一年秋以降に始まった。そこでは、元の地域に住まないということ、誰が移転するのか、どこへ移転するのか、移転先をどのようなコミュニティにするのかということなどを中心に話し合いが進められた。石巻市北上総合支所の担当者による制度説明のほか、住民同士の話し合いには本書の著者の一人である宮内を中心に有志の学生も関わり、ファシリテーションを行った。土地の造成や建築にかかわることには、日本建築家協会（ＪＩＡ）東北支部がボランティアで支援に入った。

話し合いが順調に進んだ集落もあったが、どこに移転するのか、移転先の用地を地権者から取得できるのかといったことがネックになり、なかなか計画が決まらない集落も存在した。住民にとっては先行きが見えない不安な時期が続き、この間に、震災直後は高台移転に参加する予定だった人も他所への移転を考えるようになっていった。その結果、高台移転の規模は次第に縮小していった。最終的に北上町内では十か所で宅地の造成が進められ、一五三戸の移転が予定されている。

北上町内で防集を利用して造成される最大の住宅地は、にっこり団地である。三十二戸分の宅地のほか、復興公営住宅、北上総合支所、小学校などが建設され、町の新たな中心となろうとしている。聞き書きに登場する鈴木昭子さんは、にっこり団地に移転する人たちの意見をまとめる住民主導のワークショップを率いてきた一人である。

二〇一二年十二月には、津波の被害を受けた地域が災害危険区域に指定された。これに指定されると、現在ある建物に居住すること自体は制限されないものの、新築や増築・改築が禁止される。その代わり、土地と家屋の買取や移転費用の補助を受けることができる。自宅を失った人にとっては、経済的な助けとなる制度である。しかし、震災直後に被災した自宅を修繕して居住していた人びとにとっては、災害危険区域の指定は集落の先行きへの不安を大きくかき立てるものであった。聞き書きでは、修繕居住者が多く暮らす二丁谷地集落の及川正昭さんの話を取り上げる。

二〇一四年六月には石巻市内の防集でも先頭を切って、釜谷崎地区の住民への引き渡しが行われた。その後、工事が完了した宅地から引き渡しが行われ、二〇一五年三月現在で三か所三四戸分の宅地が完成した。ただ、行政が防集による宅地造成を完了したからといって、住民にとっての住宅再建が終わったわけではない。その上に各自で住宅を建てる作業が待っている。また、大きく被災した集落が一四集落あるのに対し、防集で造成される宅地は一〇か所である。一つの集落が二つの移転地に分かれたり、一つの移転地に複数の集落から人が集まったりと集落の再編が伴っている。集落ごとにあった契約講や神社、お祭りの扱いもあり、新しいコミュニティをどう築くのかが課題となっている。また、町内での高台移転だけではなく、他の制度を利用して、石巻市中心部や市外へと転出する住民も増えている。そこには、子どもの学校への通学や病院への通院などそれぞれの家庭の事情がある。これは、別の見方から言えば北上町内に高校や病院がないなどの地域が震災前から抱える課題が顕在化しているとも言える。

本章では、北上町の高台移転で何が経験されたのか問題をたどっていく。制度と地域社会と世帯のそれぞれが時間の経過とともに変化し、同じ「復興」を目指しながらも互いにズレが生じていることを描く。そこから、住宅再建において必要な視点が見えてくる。

1 「小さいなりにも魅力のある町に」

〈語り〉 鈴木昭子さん

生まれ 生まれは長塩谷ってところです。実家は少し高いところにあって海がよく見えました。月浜中学校出てから、東京で美容の学校に通って、免許を取りました。美容師になったのは、あんまりにも私のまわりに、美容師が多すぎたのかな。だから、母親には美容師になるなら床屋、理容師になれって怒られたけど、好きだったんですねぇ。自分の子どもたちにはダメって言ったけど（笑）。好きだったんですよ。お人形さんでも髪が伸びてこないのにバサっとやっちゃったり、トウモロコシの毛を切っていたりね（笑）。

東京でちょっと体調を崩して、休み取って、どうしようかなって帰ってきてるうちに、なぜか石巻で美容師の就職が決まっちゃいました。石巻では大きな昔からの有名な美容室にすんなり。そこで結婚して、辞めないでほしいって言われたけど、どうしても北上に戻ってこなきゃならないってことでね。戻ってきました。二十四歳の時です。昭和五十六年の末です。その後は、自宅で美容室をやっていました。

震災当日のこと その日は珍しく忙しくて、午前中に五人お客さんが来ていたの。パーマは一人、カラーリングが三人、カットが一人。順々に朝からやってお昼食べる暇がなかったんです。終わって、自宅

鈴木昭子さん

一九五七（昭和三十二）年、北上町長塩谷集落に生まれる。中学校を卒業後、東京の美容学校を出て、東京、石巻市で美容師として働く。結婚を機に北上町に戻り、追波集落で「あきこ美容室」を開業する。震災で自宅と美容室を失い、にっこり団地の集団移転に参加する予定である。二〇一三年から始まった住民同士の話し合いで中心的な役割を果たしている一人である。

にいて揺れました。おばあさんも一緒でした。家は壊れてないにしても、あの揺れで、家のなか怖くて入れないし、掃除しないと入れない。おばあさんは誰かいないと不安だけど、おばあさんを移さないと家の片付けできないと思って、とりあえずおばあさんを高台の北上中学校へ連れて行こうと思いました。

屋根が瓦だから落ちて来ると思って、おばあさんの頭に座布団を乗っけて外に出したのね。玄関先の階段をおばあさん連れ出すのが大変だった。揺れもあったし、おばあさんが怖がってすがられて、なんとか膝をついて車に乗っけることできたの。立ったままでは下りられなかった。やっとのこと下りて車に乗っけてドア閉めたら、近くに建物があって揺れていて怖いって言われました。釣石神社の駐車場が目の前であそこ何もないから、家から駐車場に車を移動させて、おばあさんに「絶対車から降りないでね、車はひっくり返らないから」って言って、私は走って家に戻りました。自宅は鍵は締まらないけど、お店は鍵を閉めました。また走って駐車場に戻り、北上中学校に上ったんですよ。そこが避難所になると思ったし、いつも何かあったら行くよって家族に言っていたからです。

私避難するのがすごく早かったから中学校に上ったらまだ中学生が体

育館にいたんですよ。明日は卒業式で片付けしているのかなって思って、その上のクラブハウスに行って「おばあさん入れて」って言ったら中が壊れて危ないからダメだって断られたんですよ。そのあと避難してきた車は、一台目、二台目はいっぱいだから乗れなくて、三台目の車に「自宅が鍵かからなくて、自宅に次の日の卒業式のお客さんの着物用意して置いていたから、着物持ってくるからおばあさんお願い」って言ったら、「じゃ気をつけて行ってきて」ってすぐ引き受けていただけました。一晩帰れないと思ったから、着物が心配だったんです。

戻る途中、釣石神社の手前の館山さんの家の前で、千鶴子さん（館山千鶴子さん、鈴木昭子さんの友人）が一番上の小学校三年生のお孫さんを連れて、吉浜保育所に向かうところでした。私が車で戻る、千鶴子さんが家を出る。で、鉢合わせになって、「千鶴子さん保育所？」って言うと「そうだ」って言うから、「じゃあ乗って」って二人乗っけました。

家では、万が一汚したらクリーニングして弁償するからとりあえず出さないといけないからって、お客さんの着物だけ千鶴子さんに手渡しでサッシ越しに全部渡したんですよ。車に全部積みました。家に入ったときから、胸騒ぎっていうのかな、おばあさんに部屋のタンスにお財布入っているから持って来てって言われたんだけど、おばあさんの部屋に行ったら怖くて、入れないの。タンス開けて「あっない、弁償すればいいや」って、タンス閉めてすぐ外に出て保育所に行ったの。家にいると怖くていられないんですよ。揺れているわけじゃないのになんとなく怖くって。なんか早く逃げなって言われているような感じでした。

千鶴子さんには保育所に下の二人のお孫さんがいるんですよ。それで、保育所に行って、先に迎えに来ていたお母さんより先に出てきたんですよ。私も一人かかえて、千鶴子さんも一人連れて、早く早くって、分からないくせにすごく焦っていた。千鶴子さんの家でお姑さんを乗せて、サンパークに戻ってきて、私がおばあさんをお願いした車の近くに車を停めました。「おばあさん、戻って来たから移って」って言ったら、「移んない」っておばあさんは言っていました。それから、クラブハウスのテニスコートの方から下を見たら、黒とグレーが混じったようなすごいなんとも言えない色の水たまりが見えました。「えっ、何これ、自分のところじゃないよね」って。家の裏にあった竹がちょっとだけ見えていたけど、屋根より竹がちょっとだけ高いから、あれって。見ているうちによその家が流れて来たんですよ。でも、自分の家は水の中に建っているような気持ちでした。家飲み込まれるところ見てないんだから。ひょっと見たら、その汚い水のなかに家の物置の真っ青のトタン屋根が流れて、ここ（にっこり団地のテニスコート）のすぐ下にありました。そこで、もしかして家もないのかなって初めて思いました。でも信じられない。その屋根が次の日見たらいつのまにかないんです。夜中にも水の大きな流れがあったんですよね。

あの揺れの大きさでは津波が来ると思ったけど、こんなに大きい津波だとは思いませんでした。防災無線の放送も全然聞こえないし、車のラジオかかっていたんだと思うけど、私ラジオ聞く余裕なかったんだよね。気持ちが焦っているから耳に入らないんですよ。でも、戻るときにっこりから下りたところのすぐ下の川が、波打って水引いていたんです。海に近い長塩谷で育って、おじいさんが漁師だったから、小さいときから、波引いて浜で魚がパタパタして珍しくても、浜には絶対行くなよ、水引いたくらい大きな波が来るってことは聞いていたの。津波は完全に来るなって思ったんですけど、家まで飲み込まれるくらいの津波だとは想像できませんよね。

千鶴子さんには、自分とお姑さんと三人のお孫さんと命五つ救ってもらったっていつも言われるけど、私は危ないことをさせてしまった。歩いていくよりいいと思って乗っけて助かったからよかったけど、とんでもないことをするところでしたよね。あとで考えると怖い。私は千鶴子さんに救ってもらったんですよ。会わなければ、着物を一人で積んでいたし、それでは時間がかかる。たぶん、隣の家に声をかけに行ってうろうろしていたと思うんですよ。本当に偶然なの。分からないよね。ちょっとでも会わなければお互いにダメだっただろうし。

ワークショップのはじまり

家と美容室はにっこりに再建しようと考えています。にっこりに移転する人たちでワークショップを開くようになった一番の始まりは、二〇一三年の二月二十八日です。その頃、他のところは工事が発注になるなど早く進んでいるのに、にっこりに関してだけは一回も説明がなかったんです。市で何も示してくれないので、説明会をやってくださいということを頼んで、二十八日にしていただきました。ですけど、そのときの図案がひどかったんだよね。一番見晴らしのいいところに調整池なんか持ってきちゃっている案でした。家からは杉山しか見えないような図案を出されたんですよ。それに対して怒って、あんなところで意見を言ったことのない気弱な私も（笑）手を挙げて、これはないでしょということとかを言いました。話がまとまらないままあの説明会終わったんだよね。あまりにいいかげんな移転計画で、来た人も何がなんだか分からなくて、終わった後に千鶴子さんと市の職員の人になんとかもっと早くしてと話をしていたら、「そんなに言うならやったら」って言われて、「じゃあやるよ」って。それから、移転する人同士で案作ろうって、千鶴子さんとそんなことやったことのない者同士がやっていたんですよ。千鶴子さんは盟友です。この震災で助かった私たちって不思議な感じがします。

進まない計画　にっこりには、北上町で被災した全員が住めるだけの土地を確保していたんです。最初は一八〇戸あったんです。それが、一人二人抜けていき、八〇軒になって六〇軒になって、二〇一四年には三二軒です。いろいろ変わってきたのが大きかったです。一つは補助金です。よそに行っても住宅ローンの利子補給が出るってのが大きかった。出るってことで地元に残らないで街に出た人もずいぶんいますよね。防集（防災集団移転促進事業）だけっていうのを通してくれていればここには結構いたと思うんですよ。街に行ってもどこに行ってもがけ近（がけ地近接等危険住宅移転事業）で補助金が下りるようになってからずいぶん変わっちゃった。造成がいつになるか分からないで遅れたってこともあるし。

最初の造成の案をみんなで決めたんです。一回目のワークショップは二〇一三年三月十日だったんですよ。風の強い日でね。現地に行って高さとか方向とかみんな見てきて、クラブハウスで話し合いして、そこで高さと方向をだいたい一回で決めたんだね。そして六月までに住民の案はだいたい形になったんですよ。ところが、二〇一三年六月のボーリング調査でそれまで公営（復興公営住宅）が立つ予定だったところから硬い岩がでてきて計画がダメになったんです。それが、八月に分かったんです。でも、あそこって地名が大岩っていうところなんです。土中石だらけなんですよ。地名からしたって分かることですよね。そこに計画をしてダメになったということも住民から言わせると、岩があることは昔から分かっていることなんです。

それで公営と自力再建とを一緒の場所に設計のし直しになりました。その日の夜、家が建つのはいつになるか分からないからと三〇代のパパが決断した家族は離れました。やっぱり、北上に残ろうと思っていたけど子どもも大きくなってくるし、仮設の二間だけでは狭いし待ちきれないって。だんだん離れていってしまいました。石巻の市街地だけが石巻市なんですかって言いたかったです。私たち地元に残る住民は住民じゃないんですかって。住民が多い方が大事だって言われるけど、住民としては変わりないですよね。いつまでも土地が決まらなくて転々として、毎回測量して、それも無駄になってしまいました。

仮設にただで住まわせてもらって何文句あるのかって言われればそれまでですけど、それだけじゃないんですよね。住まわせてもらっているのはありがたいんですけど、それ以上に早く自分が落ち着く場所がほしいんですよ。いつまでも仮設に住んでいたいという人もいましたけども、自力の再建の人はそうじゃなかったですよね。早く出たくて頑張っていたんだから、その気持ちを汲んで一生懸命動いているところを最初に作ってくれるようにしてほしかったですよね。うちだっておばあさんの米寿のお祝いをこの間しました。おばあさんは、ここで終わらせたくない、家建つまで頑張るって言っています。

でも、やっぱりここは不便なのかな。どうしても買い物できなければ宅配ありますよね。移動販売の業者さんも結構来てくれるし。私は車あるってこともあるけど、気晴らしに河北まで買い物行っちゃうし。住民バスでもスーパーまで行ってくれるし、料金も一〇〇円だから、ちょっと買物だって楽なんだけど。町場に行くと、駅前まで行って、帰りは駅から荷物を持っていく必要ありますよね。本当に私は田舎で贅沢しているなって思います。ガソリン代かかるにしたって、車の維持費かかるにしたって、荷物持たないで車で玄関まで運べるから。町場にいて隣に病院あってもそこの病院行くか分からないし。どうなんだろう。私は不便も感じない。出かけると、ちょうど気分転換になっていいと思うんだけど。

住民の団結

にっこりはよその地区とは違って、全地区、十三浜から来る、橋浦からも来る。その中では追波集落から来る予定の人が一番多いけど、追波の地域色を出しすぎないということに気を付けています。追波の人たちはまとまって追波の地域色を出してここに住みたかったけど、それもみんな出したらダメだよって抑えてもらって、和気あいあいにしているんです。協力的にね。

それに、みんなでバスで勉強会にも行ったしね。JIA（日本建築家協会）の先生方と一緒に紫山（仙台市泉区）の新しい町並みを見て、近くの古い町並みを見て、その良さとかを比較しました。最初は、行ったってどうのこうのっていう意見もあったけど、でも参加したらすごく勉強になったし、敷地の北側から入る北入り絶対やだって言っていた方が、北入りの家もすごく素敵だよねっていう意見が出ただけでもすごくよかったよね。懇親会も兼ねていて、すごく和気あいあいでした。あれしてから、話し合いもスムーズにいくようになったね。ここはこうだと主張していたってまとまらないんだから、ある程度、折れてみんなでまとまりつけていくとどこの高台移転も早くなると思うんですよね。

どこに誰が家を建てるか場所決めが一番大変だと思っていました。二〇一四年五月のワークショップのときに場所決める前にアンケートを取ったらってアドバイスをいただいて、たくさんの項目を挙げたのがよかったみたい。一回のアンケートですんなりみんな希望のところに決まりました。あとが怖いよねって

にっこり集団移転地のワークショップの様子
（14 年 5 月，髙﨑撮影）

言うくらい。うちは、私と主人で、つずつここいいねって二つ書いたら、旦那の希望じゃなくて私の希望になった。主人の第一希望は敷地の東側から入る東入りできる場所を選んでいて、私は東入りとか全然気づかないで、お店をして家の車を三台置いても、お客さんの車が置きやすい場所を選んだんです。

これからは、どこかで公営の人たちも集まって集会所のことと決めていかないと、と思っています。自力再建だけでは決められないですから。市ではなく自分たちで決めないといけないし。早く自治会長さんを決めて自治会長さんにタッチしたいです。集会所建てれば維持していくのに会費制にしなくてはいけないし。決めていくこともいっぱいあるけど、その前に家を建てることだよね。私は集会場は家を建ててからでいいよなと思ったけど、補助金の期限もあるから、どこかで公営を希望している人たちにも来てもらって一緒に決めていかないといけないと思っています。

だいぶ移転する人は減っちゃったけど、みんなで一つに、子どもと老人と一緒に住める街になるのかな。これからここが小さいなりにも他から見て魅力のある町になっていくのかな。にっこりでは、家にいて雨が降ってきたときは私も洗濯物を入れてあげたり、入れてもらったりしています。「網戸にしていくから雨降ってきたら閉めてね、外からでいいから」って頼んで出かけたりしています。夏は窓開けっぱなし。そういう点は気が楽です。町場では考えられない。これが移転後も続くと思いますよ。

これからのこと

仮設住宅に居るのは二年の予定が延びて、まる四年経つけどまだ家を建てることができないんです。五年過ぎてからやっとお家の建築になるのかな。家は二階建ての予定です。一階におばあさんの部屋があるんです。子どもたちは育った家と同じにって、食堂はいらないからこたつ作ってくれって言っています。家族みんなで座って入れるこたつが欲しいとそれだけは要望されました。まだ決まってないんですけどね。

大工さんは地元の大工さんで決めているんです。主人のいとこが流された家を建てた大工さんです。私の妹の旦那さんも大工なんです。だけど、一緒に体育館に避難してお世話になった地元に勤めている大工さんにお願いしようって思っています。それは悩まずに決まりました。自分だけが思っているのかもしれないけど、震災の時、一緒に体育館に避難していた絆がなんとも言えないの。あのときの体育館を経験した人と会うと、足つっかえて寝たよねとか無意識にそういう話をするの。親子以上の絆というのかな。

造成が進んできて安心な反面、別の不安が出てきますよね。不安というか楽しみでもある不安かな。家の建て方とか。お店出したいって言っているけど、ここまる四年も離れているお客さんがどれだけ戻ってきてくださるかなとか。万が一帰って来なくても地域への恩返しだから、お店の分は私の居場所、楽しむ場所作ればいいんだって思いながら、不安がよぎって主人にちょっと言ったら、「自信ないのか、やりたくないのか」って。「いやそういうのじゃないけど、一〇万、二〇万で買い物するんじゃないんだよ」って嬉しいんだけど不安もあるからちょっと言ったら、「したくないのか」って。家族は子どもたちも主人も「居場所があればいい」って、「いいんだよ、今までの恩返しで」って言ってくれています。恩返しのつもりで利益を考えるつもりじゃないけど、すごい金額かけて作るからそれなりのお客さんが来てくれないとね。どれだけの人が待っているのかなという不安な気持ちがあります。でも、主人に話したら気は楽になりました。

二〇一四年の成人式では女の子三人に着物を着せました。好きなことで嬉しくって。着付けがすんで笑顔で出て行くと自分でも嬉しいです。二〇一四年の卒業式には震災の日助けた着物を使って三年越しに着付けできたときはなんとも言えない気持ちでした。今度小学校卒業する子も一人来るんですよ。去年私が着付けた子を見て今年お客さんが来ているから新しくお客さんを開拓できているのかな。

変わる北上

この震災はなんとも言えないよね。年数経っても。今まで一緒にいた人がいないんだから。何も思っていないのに、亡くなった方の夢を見ることがあるんです。怖いっていう感じは受けないの。忘れているんだけど、ひょっと出てくるときがあるね。不思議だよね。

四年早いって言えば早いけど、いろんなことがありすぎた。移転先の造成がまだかまだかって進むのは遅いんだけど、また次の段階に行くのが怖い半面、楽しみのような複雑な気持ちです。この狭い仮設からは早く出たいんだけど、でも全部変わっていきますよね。北上の風景が変わっていく寂しさもあります。たまに浜に行くと、造成終わってたくさん家建っていて、風景が変わってきている。全部造成が終わって家が建てば、また新しい北上が形になって、見慣れるでしょう。そこまでは変わっていくんです。大室でも木を切ったり、造成が始まっている。始まったのは嬉しいんだけど、変わっていく。にっこりもそうです。いま造成されているところを毎日散歩していました。工事早くしてって言っていた自分が立ち入り禁止になって入れなくなったとき、なんで自分はこんなところで涙を流しているのって。この四年いろんなことが変わりました。生活の環境が変わったし、風景が変わっていくし、それについていくのが大変です。あの日から、長かったんですかね、短かったんですかね。

（構成／平川全機）

2　「ここに一生いるつもりで家も建てたし、直したんです」

〈語り〉　及川正昭さん

二丁谷地の成り立ち

二丁谷地ができたのは、家の親父たちの代からです。私たちが二代目です。震災前は二丁谷地全体で二一軒ありました。親父の出身は皿貝（さらかい）（石巻市旧河北町）というところです。実家は宮司をやっていました。大日要（おおひろめ）神社といいます。長男じゃなかったんで、北海道に開拓に行ったんです。そこから東京に行って、東京で空襲にあって、二丁谷地に疎開してきたんです。昔はこんな土地じゃなかったと思います。沼地だったらしいです。それこそ荒れ放題に荒れていた土地だったんです。そこに北上川から砂を盛ってもらったらしいです。親父は山で炭焼いたりとかいろんなことをやっていたんですよね。田んぼも少しありますが、今は全部人に頼んでいます。

生まれ

生まれたのはここです。九人兄弟の九番目です。うちのカミさんも九人兄弟の九番目です。カミさんの出身は石巻市稲井（いない）というところです。高校を出てから塩釜の無線学校に行きました。それから、船に無線士として乗っていたんです。学校の先生にあっちに行ったらと言われたからです。兄弟からはと

及川正昭さん

一九四八（昭和二十三）年、北上町二丁谷地集落生まれ。二丁谷地の自宅を被災したが、二階部分が無傷で残り修繕し居住している。しかし二〇一二年十二月に災害危険区域に指定され、石巻市内への移転を決めた。

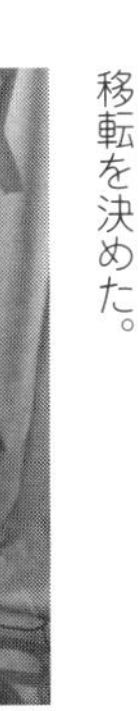

にかく船ですから危ないってやめろやめろと反対されたんです。無線学校では船に乗っている先輩が船はこんなにいいんだってのを一時間か二時間くらい時間を割いて教えてくれるんです。それを聞いてみんなで行きたいなって思っていました。

初めて乗ったのはカツオ船で次はマグロ船です。地球の影の方までいきました。パナマ運河とか、南太平洋とかね。二年間帰ってこなかったです。給油とかは今は洋上補給っていって海の上で補給するみたいなんですが、私らのころは必ず港に入って補給していたからよかったですね。日本に帰って来る気はあんまりなかったんです。一〇年くらい乗っていました。

たまたま帰ってきたら、「お前は一番下なんだから親の面倒を見ろ」って兄弟から言われて戻ってきました。長男は家を継げないような職業になっていたから、お前一番気楽なんだから面倒見ろって言われて、しようがなくて。二七歳か二八歳のころです。船から降りて仕事しないわけにはいかないから、たまたま募集していた消防設備の会社に入ったんです。そのあと、個人で始めてね、平成元年に法人にして今までやってきたんです。

震災当日のこと

午前中は、北上総合支所の隣にあったデイサービスにいたんです。家で飯食って、石巻に戻る途中でした。駅前北通りっていうところに事務所があるんですけど、その目と鼻の先まで行ったところでした。車を端に止めて両手で転ばないように突っ張っていました。そのまま事務所に行ったら、ほかの職員もみんな外に飛び出していました。早く家に帰れとみんなを帰して、私も家のことが心配だったので帰ってきました。

国道四五号線を帰ってきたら、途中で通行止めだったんです。裏道を来て、飯野川橋まで来て、北上川の右岸の方を通るか、いつもの左岸の堤防の上を来るかどっちを行こうかちょっと迷ったんです。時間かかってもいいからいつもの道路通って帰ろうと思ったら、その道路も通行止めでした。結局、内陸の方の道を通ってこっちに来たんです。その日の三時半頃に帰ってきました。

津波の情報は全然知りませんでした。でもなんか変だなというのは感じました。道路の上に瓦礫がいっぱいありますし、道路にナマズだとかライギョだとかコイだとかばったんばったんとまだ生きていたんです。雪が降っていました。帰ってくるときに家の屋根だけは見えたんで、家は大丈夫だったんだなって思いました。なんとなく変だったから車を道路に止めて見たら一階には何もないしね。水は家の中にはなかったです。隣にあったはずのでっかい家が何もないしね。二丁谷地で残っていたのは三軒くらいでした。

昼を一緒に食べたカミさんがいないと思ったんです。よく考えたら「午後から買い物に行ってくるから」って言っていたのを思い出しました。そのうちに帰ってくるでしょうと思って、車の中やこの辺うろうろして待っていたんです。待っていたんですけど、帰ってこないんです。でも、なぜかダメだったんだろうという気は全然なかったです。だんだん日は暗くなるしね。二階は無事だったので、そこにあった布団をかぶって窓から見ていたけど、帰ってこないしね。道はここしか通れませんでした。この先の橋に警備の人が立っていて、みんなUターンして返されていました。夜も一晩中行ったり来たりの車でいっぱいだったです。いつの間にか朝になってしまって、寒かったから道路はカッチンカッチンに凍っていました。建設会社の人が「何やってるのこんなところで」って声かけてくれて、「ここにいてもだめだから橋浦小学校まで行ったら情報入るかもしれないから」って車に乗っけてもらって行きました。聞いて聞いて聞いて回ったら、奥さん、追分温泉に避難しているって教えてもらってね。また乗っけて行ってもらいました。カミさんも、ここに帰ってこようとして、「死にたかったら行ったらいいけどここ行けないよ」って言われたらしくって、高いところ高いところって行っているうちに女川の坂道を登っていって、避難していた二、三人集まって追分行くかとなったらしくって先に追分にいました。そこから追分温泉に泊まって八月十二日までまるまる五か月間あそこで過ごしました。あの日の経験は私で良かったです。息子とか孫にはさせたくないですね。

追分への避難と修繕して暮らす

おれは家を修繕しようとは思わなかったんです。でも、うちのカミさんと息子の嫁さんが、次の日あたりから家に溜まったヘドロとか出していたんですよ。修理とかではなくて、ともかく入ったヘドロを出さなきゃと思ったんじゃないですかね。ヘドロ出すには床剝がなくちゃならないから床剝いだり。それでも修理しようかどうか迷ってはいたんです。ここを建ててくれた大工さんに聞いたら、直したら入れるって。直そうと思ったのは五月くらいです。その頃、高台移転とか集団移転とかの話は出てなかったですね。おれが直そうかなって思っているよりも先に、押し切られるように気

聞き書き

がついたら修理する方向に進んでいたというのが本音です。

追分から家に帰ってきたのは翌日からお盆の八月十二日です。明日からお盆で仏様もいるのになと思ったのが理由の一つです。あと、いつまでも追分にいて負担かけるのもという気がだんだんその頃強くなってきてね。追分のおかみさんにはよくしてもらって、「いつまでもいてもいいんだから、気にすることないんだから」って言われたんだけど、やっぱりお金かかってんだろうなという気がしてしまってね。出なくちゃならないなって。あそこから仕事に行って、帰ってくるのに夜になってしまうんで、最初は明かり見るとほっとしてたんです。五か月目になると明かりを見るのがなんでだか嫌になってね。夜帰るの遅かったんですよ。それでもご飯なんか温めて待っていてくれてね。贅沢なんだけれども、それが億劫でね。悪いな悪いなという気があって、早く出ようと思ったんです。

修繕した家で暮らして

帰ってきた頃はまだ家は直っていませんでした。一階はブルーシートで囲って二階は手つかずのまんま。子どもたちが来た時のために布団とか置いてあったんでそこで寝泊まりはできたんです。それでも、ここに戻っても何がないって気にならなかったです。戻った時は電気が通ってたかな。すぐにトイレも使えました。最初は回りが真っ暗で、街灯もなくて気味が悪かったです。孫たちに来てほしいんだけど来いって言えなかったですよね。

二〇一一年十二月には畳まで入ってリフォームが完成しました。普通の建物の中での生活ができるようになったんです。修繕にはいろいろ補助がありました。でも七〇％くらいは自分の負担でした。それに平成四年に家を建てたときのローンがまだ三年くらい残っていました。二丁谷地では六軒が家を直しました。

高台移転の話が役場からあったのは二〇一一年十月頃です。でもその頃うちではもう家を直していたんです。高台移転では、すぐに家を建てなければならないという話になりました。今この家に金をかけてしまったし、土地を買って建てることはまず無理だと思いました。家をなくして移転しようとしている人たちは早く決めなくちゃなんないということで、私らが無理だとか行くだとかでそんな話で長引いてしまうと迷惑かけるからって私らは抜けたんですよ。抜けたのは二〇一二年三月か四月だったと思います。

二丁谷地が危険区域に指定されてしまったのは二〇一二年十二月です。事前に説明があったはずなんです。その頃は毎月のように説明会があったから、いっぱいあり過ぎてはっきりと覚えてないんです。ここを全部買い取るには、みんなが同意しないとダメだよと言われたような気がしたんですね。流されて仮設に入っている人たちが高台移転に行くためには、危険区域に指定されないと身動き取れなくなるよという感じじゃなかったかな。

説明会にはハンコ持って来いというのもあったので、その一つが危険区域に同意したというハンコだったかもしれないですよね。行政の方としてはきちんと説明したつもりだったんでしょうけど、危険区域の意味がよく分からないうちにね。深く聞かなかったというのが私らの落ち度なんですけど、その意味が分かったのはだいぶ後でした。

不安が渦巻く日々

危険区域というのは残酷な言葉ですよね。ぐらぐらと地震みたいに揺れました。子どもたち孫たちと一緒に暮らせないって。危険区域では、新築や改築はできないということでしたが、行政からはずっと居てもいいよ、一生居てもいいよと言われたんだけど、それからしばらくは、不安が一

聞き書き

番あったんです。新築はだめなんで、私らも年だからいなくなるし、子どもたちも危険区域だから帰ってこないでしょうし、一軒減り二軒減りしていくと最終的にどうなんだろうなと思いました。今でも六軒しかないですから。

一度抜けた高台移転にまた参加しなかったというより、できなかったと思うんです。二丁谷地を対象に新たにプランを立ててくれればいいかもしれませんけど、二〇一三年になってから、また新たな高台を造成するというのは行政の方で無理だったと思うんです。集落で集まって話し合っても、一人一人背負っているものが違うし、建てた家も違うし、家族構成も違うし、年も違うし、みんな一緒に行こうという話にはならないと思うんですね。出ようかなと思っても、もうローンは組めないしなという感じで悩んでいたんです。ここで一生終わるのもいいかなとも思ったしね。みんなもそう思ったんじゃないんですかね。みんなが不安だったのは、移転したときの補償がうわさでは大して出ないよということだったんです。

このままいていいのかどこかに行った方がいいのか、踏ん切りをつけるための材料を早くほしかったです。危険区域に指定されてから説明会がぱたんと途絶えてしまって、私らもどうしていいか分からない状態になっていました。私らが足踏みしている間に石巻市内の土地もどんどん上がっていました。私らがいざ動こうとしたら手が出ない可能性もあったんです。

危険区域に指定されて二〇一三年はとにかく閉じこもりがちだったです。そこでボランティアの協力を得て、みなさんにおちゃっこ飲みをしませんかと呼びかけて、全員来てもらって愚痴の言い合いをしました。集会所もないし、家もまだという状況だったので、みんなが集まるための大型バス持ってきてもらってね。お茶とか全部持ってきてくれるんです。私らは手ぶらで行くんです。二回くらい来てもらってるんです。

そのときに行政は何してるんだ、早く家を査定してくれて金額出してくれたらいいじゃないですかという話になって、役場に説明会を開いてもらうように電話したんです。そしたら、二〇一三年九月頃までに補償について上と協議中だから待ってくれということで、じゃあ待ってますということになりました。みんな、どこに何を言っていいんだか分からなくてもやもやしていたと思いますね。家を査定してくれる業者がいないんですという行政の話で、結局、二〇一三年十一月いっぱいまでかかってここの査定のための調査を業者さんがしていました。

危険区域に指定された二丁谷地集落
（2013 年 11 月，宮内撮影）

移転の決心

二〇一三年十二月二十五日に概算での住宅の査定の数字が出ました。早くみんなで集まりたいと思っていたのですけど、二〇一四年二月十二日に六軒集まって、全員が出た方がいいんじゃないかとなりました。私らが思ってた以上の金額出すってことは、おれたちに出て行ってほしいのかなと思ったんです。私はそう感じただけで、そうかどうか分からないですが。私たちはここに手をかけた分の金額くらいはもしかしたら出るかなくらいにしか思ってなかったですから。

危険区域という名がなければここに残りたいのは当然なんです。どこかの新聞かなにかに岩手、宮城、福島の三県に危険区域に指定されながらもまだ生活を続けている人がいるっていう記事があったんですよ。それを見てがっかりしてしまったんですよ。別にいたくているわけでないしね。世の中からおれたちはこんな風に見られているのかっていうのも出なくちゃなと思う理由の一つですね。

子どもたちは、ここは実家なんだから修繕して当然のように思っているのかな。ここにこういうのがあるのが普通という感じです。今でも毎週日曜日誰かが帰ってきます。危険区域って子どもたちは分かってないのかなと思うこともあります。危険区域になんなければいずれは帰ってきてもらって一緒に暮らそうという考えはあったんです。直したからってこっちに来て一緒に暮らそうとは言えないですね。いつまでも居てもいいよと言われても、孫たちと一緒に暮らすには「危険区域に住んでんの」って孫たちも言われたらかわいそうな気がしてここを出ようと決めたんです。

子どもは三人です。上から女、女、男です。石巻に長女と一番下がいます。一人は仙台です。長女と一緒に住もうと考えています。本人もそのつもりなのでいいかなと思っています。いずれにしてもおれは年だからローン組めないし、だれか子どもたちと一緒に暮らさないとならないでしょう。

私の考えでは、ここから海に近い方には行きたくないです。この先、年とる一方だしね。高台移転とかで北上町内に移っても年とって病院行けるのか、運転きちんとできるのかとかそのときのライフラインがどうなっているのか、買い物にどうやっていけばいいのかと考えると、やっぱりもっと身近に病院なりがあるところに行きたいと考えています。あとはおれたちの気持ちよりも、孫たちが一番生活しやすい場所に行きたいなと思っています。

これからの希望と不安

蛇田地区（石巻市蛇田）で防集で土地を造成しているんですよ。大きなショッピングセンターのすぐそばです。「二〇一三年度中に申し込めば、二〇一四年度中には土地を取得できるかもしれないよ、もしそっちに行く気があれば早くやった方がいいよ」とは行政に言われました。すぐ翌日にカミさんに行ってもらって申込みました。場所は子どもたちが選んだんですけど、第一希望から第三希望まで書いて出したんです。

「何人かが同じ区画を希望していれば抽選になりますよ」っていうことだったんで、外れるだろうなと思っていたんです。二〇一四年七月十八日に連絡が来て第一希望が通って、ここで決定ということです。ただし、平成二十八年度に引き渡しになるということでした。家建てるとなると二十九年度に入ってしまうかもしれないですね。建物建てるって言ったって、今ですら人手も足りないし材料も足りないって言っているのに、もう少しするとオリンピックも始まってしまうので、ますます材料もなくなる人手もなくなる。どうなるのかなという不安はあります。みんなはオリンピック誘致で喜んでいるかもしれないけど、大きな声では言えないけど、こっちはオリンピックなんか呼ばないでくれればよかったという考えです。

二丁谷地の他の五軒も概算の数字が出て以来、みんな各自土地を求めて探していたみたいなんです。一人は娘さんたちがいるもんだから利府（りふ）（宮城県利府市）に土地を買ったようなことを言っていました。一軒は鹿又（石巻市鹿又）に土地を買ったようです。一軒は防集に申し込んでいて二十八年度か二十九年度かに供給だそうです。一軒は町内に土地があるしね。もう一人は中古住宅を前は探していたんだけど公営住宅の申込みをしたって聞きました。

移転先が決まって、明るい希望が見えたという点ではみんな喜んでいます。ずっと不安だったからね。

でも、土地が決まってよかったと安心している人はいないんじゃないかな。よかったはよかったんだけど、心から喜べないっていうか。やっぱりここに一生いるつもりで家も建てたし、直したから。みんな土地決まった、建物建ててる、明日に引越だってそれぞれ進んでるけど、みんな不安があると思うんですよ。みんなバラバラになるしね。

蛇田地区っていうところは、旧市内で被災した人がメインなんですよね。自分だけがぽつんと知らない町の中に行って、そこでコミュニケーションとっていかないといけないからね。ちっちゃい孫たちはすぐ馴染めると思うけれども、一番馴染めないのはおれたちかもしれないですよね。

北上の人は温かいです。例えば、石巻に買い物に行って、突然雨降ったりするとね、裏の家に電話して洗濯物入れといてくれとかね、そんなこともできましたしね。小さい畑やっていると、そんな耕耘機のかけ方ダメだって教えてくれたりね。

二〇一一年三月に被災したときには途方に暮れるというか、考えているんだけど何考えているか分からないようだった記憶があるんです。そのときの区長さんと一番年長の人たちが、来て話してくれたことが心強かったですね。そういうのが新天地に行って、もし何かあった場合にそういうのができるかできないか、やらなくちゃならないんですけどね。隣近所が一番ですね。そういう付き合いのできるようなところにまた住みたい、ここがそうなれば一番いいんでしょうけどね。子どもに孫に、胸張って言えるようなところになればいいんですけどね。

二十八年度内にはここは全部更地になっています。「みんないなくなったらここどうなるんですか」と行政の人に聞いてみたら、「それはまだ何も分かりません」ということでした。短い歴史だったですけど、おれたちにとっては故郷だし、子どもたち孫たちにとってもそうだし、何か残してほしいと思って立派な碑まではいらないんだけど、ここにこういう集落があったんだということだけは残してほしいとは思ったんですけどね。「考えていません」と言われたので、しょうがないかなと。作るにしてもお金かかることだからね。

「危険区域に指定されたら取り除くことはできないんですか」って聞いたことあるんです。「前例はありません」って。行政には早く動いてもらって、考える時間をもっと長く取らせてほしかったというのがあります。今聞いてそうだなと思うのが、二〇一二年十二月にここが危険区域に指定されたんですけど、あとあとから聞くと危険区域というのはおれたちが決めたことで、市長さんが決めることじゃないんだと。おれたちみんなが賛成したからあそこは危険区域になったと言われると、そうなのかなと思います。こういうわけであんたたちが賛成して危険区域になれば、あと住めなくなるよとかってちゃんと教えてもらえればもう少しなんとかなったかなと思うしね。

分かっていたら直さなかったと思うんですけど、早く分かって買い上げになるから手をかけない方がいいよって言われても、あそこから今までどこに住んだらいいのかってのも疑問になってくるしね。やっぱり直さなくちゃならなかったのかなってことにもなるしね。みんな結果論だから分かんないけどね。この次こういうことが起きた場合に何か役に立てればいいかなと思っているんです。

(構成／平川全機)

3　高台移転をめぐる制度・地域・世帯

平川全機

1　はじめに——新しい町並みを求めて

北上町を貫いて走る国道三九八号線を走ると、国道から山間に入る真新しい道がある。そこを曲がると、今度は真新しい家が並ぶ。その家々と道を抜けると、眼下に太平洋が望め、追波湾にはいくつかの漁船が浮かんでいるのが見える。この町並みは、東日本大震災による津波で家が被災した住民が高台に移転することでできた。本章を執筆した二〇一五年九月で震災から四年半がたち、ようやく家の再建を果たした住民が増えてきた。こうした風景を見ることは、わずかばかりではあるが住宅再建の支援にかかわってきた私たちにとっても感慨深いものがある。この四年半の間、人びとは、高台移転を中心として住宅を再建していく過程で多くの課題に直面した。北上町の高台移転で何が経験されたのか、どのような課題がなぜ生まれたのか、それを克服していく道筋はあるのだろうか、こうしたことに答えるために、本章では時間を震災直後に戻すことから始めたい。

2　高台移転の経緯――住民の動きと制度・計画

高台移転のはじまり

それは震災三日後から始まった。津波で被災したこれまでの集落から高台へと移転しようとする動きは、行政がその方針を打ち出すまえから住民自身のうちに生まれていた。小室集落では、集落の高台に残った住宅に集まって避難していたときに高台への移転の話が出たという。ＣＩさん（七〇代・男性、二〇一五年九月）は、こう話している。「何にもなくなったんだから一にも二にも雨宿りするところ、住むところが必要だった。津波が来た時点で元の場所に再建することは考えていなかった。高台に畑を持っている二人が自分たちの土地を移転地として提供しようという話が出たのは震災の三日後だった。四月には二軒の畑を造成すればどれだけの宅地が取れるかを測量し、家が六軒くらいは建つと思った。まだ市などから移転の話は出ていなかったので自分たちで進めていた。話を聞いた市が、あとからその場所を見に来た。その後、市からの移転の話が出て、集落全体での移転の話になっていった」。

このように北上町の一部の集落では、行政よりも早く自らの意志で高台への移転を検討していた。これらの住民自身の動きを見ていると、住民は国の制度や誘導によって高台移転を望んでいるというより、むしろ積極的に選んでいるように見える。室崎益輝［二〇一一］は、海に近い低地から離れて高台に移ることとそのものに対して、「漁業者にとっては漁業を辞めること」になる、あるいは「人間は防災だけで生きているわけではない」と批判しているが、北上町においては漁業者であっても住宅は積極的に高台に移そうという意見が多い。むしろ、家屋が一部残された内陸部の集落では、住民の職業にかかわらず住み続けたいという意見が聞こえてくる。こうした集落では、家族の中でも津波被害にあった土地に暮らすことへさまざまな意見がある。こうした集落については後段で触れることにしたい。

住宅再建に関する制度

住民自身の高台移転の動きを追いかけるように後から、政府の方針としての制度的な高台移転が進められることとなった。そこで使われた制度が、「防災のための集団移転促進に係る国の財政上の特別措置に関する法律」に基づく防災集団移転促進事業である。東日本大震災で住宅を高台へ移転することを高台移転や集団移転と呼んでいるが、多くは通称、「防集」と呼ばれているこの事業を利用している。

防集とはどのような制度なのか。災害にあったり、災害にあう危険が高い地域から安全な地域に移転するために、市町村などの地方自治体が移転先の宅地を用意するものだ。この制度のポイントは、二つある。一つは、集団での移転を前提としていることである。東日本大震災の特例として一か所につき五軒以上の参加が条件となっているが、そもそもは一〇軒以上の参加が条件となっていた。集落全体、地域全体をそっくり移動させるイメージである。もう一つのポイントは、地方自治体が宅地の造成を手がける点である。その宅地を移転する住民が購入または賃貸して住宅を建てる。住民にとっては、宅地の購入や住宅の建設にある程度の資金が必要である。そのため、引越し代と住宅建設のためにローンを組んだ場合の利子への助成が制度上用意されている。引越し代は上限八〇万二〇〇〇円を上限に実費が支払われる。住宅ローンへの利子分の助成は上限が七二二万七〇〇〇円となっている。

事業は、次のように進められる。まず、災害にあったり、災害の危険が高い地域を地方自治体が災害危険区域に指定し、さらに移転を行う地域を移転促進地域に指定する。この災害危険区域に指定されると、指定された時点ですでに存在している建物以外の居住用の建物の新築、改築などができなくなる。ただ災害危険区域内に住むこと自体は禁止されていないため、現在ある建物に住み続けてもよい。次のステップは、災害危険区域に住む住民が五軒以上まとまって移転を希望することである。そして、地方自治体は防集団地と呼ばれる移転先を造成するなどして用意する。最後に、その造成地を住民が買い取るか借りて、住宅は住民自身が建設する。それぞれの段階で多くの住民同士、住民と行政との合意が必要となる制度である。

ただ、災害危険区域に指定されたら必ず防集に参加しなければならないということではない。北上町でももとの集落近くに独自に土地を用意し移転した世帯もある。また防集では、移転先が防集団地に限定されるため、移転先を自由に選ぶために防集に参加しないという選択もある。このほか、住宅を自分の資金で建設しなければならないため、高齢の世帯などで用意できない場合、防集に参加することはできない。そうした世帯は、復興公営住宅に入居することになる。

また、この制度は集落などまとまった単位での移転を前提としているが、今回の東日本大震災による複数の防集団地の造成が並行して行われるような場合、必ず自分の居住していた集落に対応する防

行政による従前地の買い上げが進む
（2013年3月，髙﨑撮影）

集団地に移転しなければならないわけではない。例えば、北上町内の他の集落に対応している防集団地に入ることもできるし、石巻市内であれば北上町外で行われている防集団地に申し込むこともできる。同じ防集という制度を利用しても、北上町内に残るという選択もできるし、石巻市街地の防集団地に移転することもできる。

高台移転をめぐるワークショップの運営

石巻市北上総合支所は集落ごとに防集についての話し合いを二〇一一年夏ごろから行った。本書の著者の一人の宮内らは、北上町に震災前から調査に通っていたこともあり、北上総合支所から話し合いに際してファシリテーションなどの支援を行うように要請があった。そこで、特に住民同士の話し合いや合意が必要な場面において高台移転に関するワークショップの支援を行うことになった。もちろん社会学者であるわれわれが高台移転の土木や建築といった技術的な面で貢献できたわけではない。住民同士の話し合いのファシリテーターとして、多様な意見が出やすいように促し、それをポストイットなどに書き留めて可視化し整理していく作業を担った。

防集を進めていく上で、住民の合意が必要な段階は四つある。一つは、被災前に住んでいた場所を災害危険区域に指定し、そこにはもう住まないという合意である。反対に言えば、被災時点で居住していた場所が災害危険区域内であった人が防集の対象となる。次は、誰が防集に参加するのかという合意である。前述のように、防集に参加しないという選択もできる。三つ目の合意は、どこにどのような宅地を造成するのかという合意である。東日本大震災の被災地では、移転先は集落に近い山間部となる場合が多い。山林を新たに切り拓いて宅地を造成するため、用地の取得のしやすさや、見晴らしや風向き、住宅の建つ区画の配置や道路の形状や住宅団地内の勾配など、考慮すべき点は多くある。同時に考慮されたのは、平時ではなく被災して仮設住宅などに入居している状態であるため、より早く工事が進む計画にすることであった。山林を切り崩して搬出する土砂が多いと工事に時間がかかるし、その土砂を捨てる先の確保も問題となる。最後に四つ目の合意として、高台の移転先でどのような生活を送りたいのかということがある。宅地のどの区画に誰が住むのかという場所決めや、その他コミュニティに関する多様な事柄がここに含まれる。

私たちが関わったのは、この合意形成の第二段階と第三段階からである。防集への参加者を決めることと移転先を決めることとを段階を分けて整理したが、実際は移転先がいつどこに造成されるかは、防集へ参加するかどうかを決める重要な条件の一つであって、第二段階と第三段階は前後しつつ進められた。二〇一一年八月から二〇一二年三月にかけて各集落の話し合いが集中して行われた期間があり、宮内や本書の著者たちのほかに北海道大学の学生などもボランティアとしてその期間は連続して北上町に滞在して支援を行った。社会学者の私たちのほかに、北上町の高台移転には、北上町出身の建築家がいたこともあり、日本建築家協会（ＪＩＡ）東北支部宮城地域会が支援に入っていた。そこで、話し合いが第二段階の宅地造成の詳細を詰めていく段階になると、より技術的な詳しい説明ができるＪＩＡの専門家に引き継いでいった。

北上町における計画

石巻市は、当初にっこりと相川集落の二か所に北上町の防集団地を造成することを想定していた。その後、住民とのワークショップなどを通して、基本的に各集落に対応している防集団地を一〇地区に造成することとなった。しかし、すべての被災前の集落と防集団地が一対一で対応するわけではない。相川集落では、防集団地が二か所造成される。さらにこの二か所以外の他の集落の防集団地への参加を希望する人もいる。このように、一つの集落が複数の防集団地に分かれて移転することもある。

移転先の防集団地から見れば、一つの防集団地に複数の集落から人が集まって住むようになるところもある。小室集落から移転する防集団地の小室団地では、全員が小室集落に居住していた人たちである。一方で、防集団地のにっこり団地では、北上町全域から移転してくる人がいる。

被災前のもとの集落を見ると、すべての人が移転の対象となっているわけではないことも気に留めておきたい。現在被災前の集落に立つと、高所にあり津波の被害にあわなかった家屋が山際に点在しているのが目に入る。新しい防集団地とも離れ数軒残されるという状態も発生している。一方で、全員が転出してしまい、住む人がおらず、また集落に対応した防集団地が造成されない集落では、集落が解散している。北上町における防集の計画は、これまでの集落の区分を大きく塗り替えて地域社会を再編するものとなっている。

このように防集は計画されたが、実際に造成工事が始まり宅地が供給されるまでに、当初の計画より遅れ、多くの時間がかかることになった。一部の集落では、住民の合意形成が順調に進んでいたが、二〇一二年前半になると一時防集が進まなくなった。それは、防集の実施主体が二〇一一年度までは国が直轄で

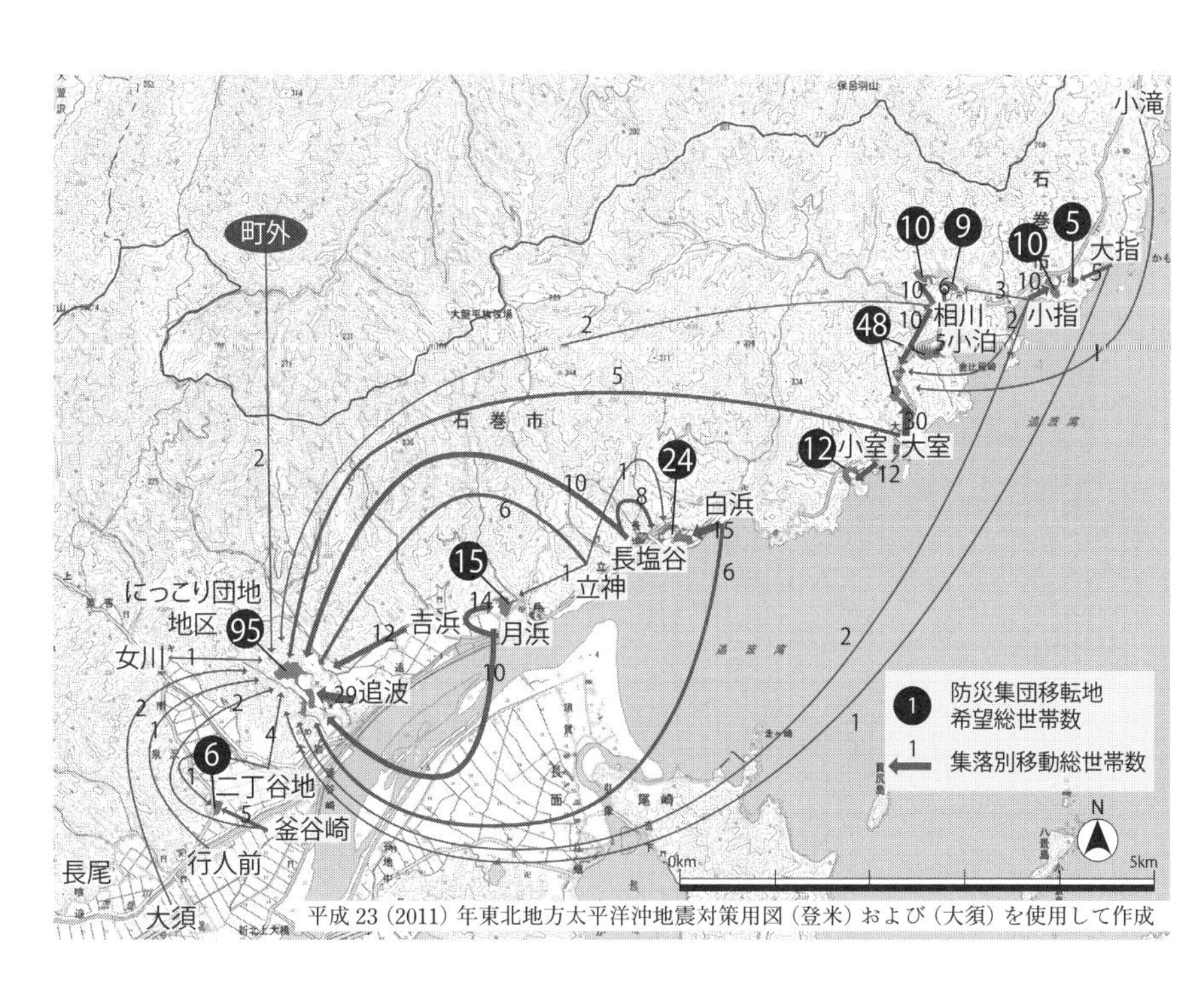

図１　2013年３月時点での高台移転希望世帯数

出典：石巻市北上総合支所提供資料をもとに作成

高台移転先の住宅建設が進む小室集落（2015年3月，宮内撮影）

行っていたのに対して、二〇一二年度からは石巻市が行うこととなり、その移行に関する手続きで空白の期間ができてしまったことによる。

計画が遅れたもう一つの原因は、用地の取得の問題である。防集では、地権者から土地を地方自治体が買収し、そこを宅地として造成する。防集は、関係者の同意を得て任意に行う事業であるため、土地の強制収用はできない。そのため、事業に必要な用地はあくまでも地権者から同意を得て買収する必要がある。地権者の同意が得られないと、防集団地の位置や形状を設計し直すことになる。また、山林の利用価値が下がり長年利用されず、正確な登記がなされていない場合もある。買収のために、まずその整理から始めなければならない例も見られた。

計画がなかなか進まない状況にあった二〇一二年から二〇一三年にかけては、「早く高台移転を進めてほしい」という声をよく聞いた。計画の遅れは、当初は防集への参加を考えていた人が防集への参加を諦めて北上町外へ転出することにもつながった。こうした人数の減少によって、規模を縮小した計画を再度立てる必要にも迫られた。二〇一二年六月に防集への参加予定世帯数は未定も含めて二五一世帯あったが、二〇一五年十一月現在では一五三世帯にまで減少している。当初の計画を大幅に縮小して造成を行っているが、それでも北上町全体で防集団地に一四の空き区画が発生する見込みである。

二〇一五年九月現在の防集の進捗状況は、一〇地区のうち四地区で造成が完了し、住民への引き渡しが行われている。防集団地の釜谷崎地区と小室地区、小指地区ではすでに住宅の建築が終わり、実際に居住している世帯もある。他の地区も工事が完了した地区から住民への引き渡しが順次進められる予定である。工事中の多くの地区でも、どこに誰が住むのかという場所決めも終わり、それぞれの世帯でどのような家を建てようかという楽しみもあるような、造成完成までの待ち時間となっている。

3　高台移転に伴う諸問題

地域社会の再編にともなう問題

高台移転がここまで来るまでにはさまざまな問題が発生してきた。そして、その問題の一部はまだ続いているものもある。主な問題は、地域社会の再編に伴う問題、一〇〇坪の制限の問題、災害危険区域内の修繕居住者の問題、防集と他の住宅再建制度との選択の問題の四つが挙げられる。ここからは、高台移転においてどのような問題が発生してきたのかを一つずつ見ていきたい。

まず、地域社会の再編の問題から考えていきたい。防集団地の造成とそこへの移転では、地域社会の再編が伴っていることを示した。それは、ただ単純にこれまで住んでいたのとは違う集落の人と一緒に住むということだけではない。都市の新興住宅地で見ず知らずの人が集まって住み始める際にも、新しいコミュニティをどう形作っていくかということが課題となる。もちろん北上町で同じような問題が発生するケースもあるだろうが、むしろ大きな問題はそれとは違う次元で発生している。それは、それぞれの集落ごとに神社やお祭りがあり、共同で資源や財産を管理していたことに由来する。

SKさん（七〇代・男性、二〇一三年八月）は次のように話している。「移転先で新しく他の集落から「うちの集落に」やってくる世帯には、（うちの集落の）契約講に入ってもらってもいい。磯物のマツモやフノリなどの権利もある。うちの集落に来る以上、それぞれの集落のやり方ではなく、うちの集落のやり方でやってもらわなければ困る」と言う。SKさん自身は、自分の集落に対応する防集団地に移転する予定であるが、そこには他の集落からの移転者も加わる予定である。震災前までは、磯物と呼ばれるマツモやフノリなどの海藻は、集落（契約講）ごとに採取されてきた。その集落に住む人が、その集落の範囲内で、その集落ごとのルールに従って採取してきたのである。新しく一つの防集団地に複数の集落から人が集まって住むと、そのルールをどうしていくのかが問題となる。現在は、複数の集落が混住化した防集団地はまだ完成していないので、どのようなルールが作られていくのかは分からない。

神社やお祭りに関しても同様の問題がある。同じくSKさんは、「祭りは他集落から来てうちの集落のものをやるというのは難しいだろう。そういう時はもともとの部落に帰って参加すればいい」と話している。神社やお祭りは北上町の住民にとって大切なものである。CKさん（六〇代・男性、二〇一三年八月）は、「移転後は、そこで新たに自治会や部落会を作ることになるかもしれない。神社の管理も新たな自治会でやれれば良いし、神社を中心に復興していければ良い」と話している。しかし、同じ集落から同じ防集団地に移転するSAさん（六〇代・女性、二〇一四年一月）は、「まとまってもとの集落の地域色を出してここに住みたかったけど、それもみんな出したらダメだよって抑えてもらっているんです」と話し、複数の集落から人が集まって住む際に、元の集落のアイデンティティを押し出すことが他の集落から来る人との摩擦になりかねないと懸念をしている。

地域資源の管理や神社やお祭りなど、被災前の集落固有のものをそれぞれ持ち寄って一つの防集に移転してくることが、北上町での地域再編を伴った高台移転の実際である。SMさん（六〇代・男性、二〇一三年八月）は、「移転してからも、それぞれ以前所属していた集落のつながりはあると思うので、無理に新しいコミュニティを作ろうとすると、きっとうまくいかないだろう。いずれ話し合うべき問題点が出てきたら、ゆっくり進めていけばいい」と話している。

一〇〇坪の問題

次に取り上げるのは一〇〇坪の制限という問題である。これは、防集への住民同士の話し合いが始まった二〇一一年から一二年初頭にかけて問題となった。防集では、宅地として造成できる面積が一戸あたり一〇〇坪までとされている。しかし、一〇〇坪では足りないという意見が話し合いの中で多数聞かれた。「大事な漁具を高台に置きたいので一〇〇坪じゃ足りない」（大室集落の高台移転ワークショップ、二〇一一年十月二十八日）、「納屋や小屋を建てるのに二〇〇〜三〇〇坪必要」（同前）、「高台に住宅を移転しても作業場を上に建てられない」（小室集落の高台移転ワークショップ、二〇一一年十月二十七日）といった意見が、話し合いで出されている。安心な高台で作業を行いたい、あるいは大切な漁具が盗難にあうことや再度津波などの災害で失わないように自宅近くの高台に保管したいという漁業者の意見が多かったのだ。都会では十分に広いと感じる一〇〇坪でも漁業者にとっては、狭いと感じられた。

こうした意見に対して、国は「社会通念上その世帯分離が妥当なものと判断される」(国土交通省都市局［二〇一三］、一四頁)ことを条件に、世帯を分離して、複数の区画を確保することを認めた。漁業を営んでいる世帯の場合、一世代だけではなく、おじいちゃん・おばあちゃんにあたる世代が陸上での作業を手伝うなど複数の世代が協力して作業にあたることが多い。そのため、北上町で漁業を営む世帯では、二世代・三世代での同居が震災前から多く見られた。その同居していた世帯で住民票上は一つの世帯として届けていた場合、世代ごとに世帯を分離することで、それぞれ別々の世帯として防集の区画を確保することができるようになる。これが、世帯分離という一つの解決策であった。二〇一一年十一月には北上町でも住民に説明され、この方法をとった世帯も多い。

ただ、この世帯分離という方法も万能ではない。STさん(五〇代・男性、二〇一二年八月)は、「大指集落では防集希望者が四人ほどしかいない。最大のネックは、一〇〇坪の縛り。大指集落の全世帯の三分の二は世帯分離できるが、三分の一は世帯分離できない。自分もそれに該当するので、自力再建を考えている」と話している。世帯分離するためには、一つの世帯のなかに複数の世代が存在していることが前提になる。しかし、自分の世代しかいない場合(震災で亡くした場合もある)、世帯分離することができない。そうすると防集に参加して、漁業に使う作業場などは別の場所(多くは被災したもとの住宅があった土地)に確保するか、自分自身で十分な広さの土地を確保し、住宅を建てるという選択肢しかない。

この一〇〇坪の問題は、世帯分離した世帯でも再度問題となっている。防集は、住宅を再建するための制度なので、住民は防集団地の引き渡しから一年以内に住宅の建設に着手しなければならない。世帯分離をして複数の区画を確保した住民は、二世帯住宅を一つ建てればよいということにはならず、それぞれの区画に住宅を建設しなければならない。SKさん（五〇代・男性、二〇一四年八月）は、「集団移転先には二世帯分申し込んでいるが、家を建てるのにはさまざまな条件があり、やはり一世帯分でいいと役場に言おうか考えている」と話している。住宅を二つ建てなければならないことへの負担感がある。一軒はきちんとした住宅として建築し、もう一軒は作業場兼住宅として、住宅としての機能を最小限盛り込んだものを建設することを考えている人が多い。住宅として認められるにはどのような条件が必要なのか、建てなかった場合はどうなるのかなど、明確な基準が示されていない事柄も多い。

一〇〇坪の制限の問題を通して見えてくるのは、防集という制度に規定されている宅地の敷地面積が一〇〇坪までという制限が漁業者の生活実態と合っていなかったことである。このズレに対して、世帯分離を認めるという方針を打ち出すことである程度救済することができた。こうした制度の柔軟な運用は復興において重要な要素である。しかし、現在では複数の住宅を建築することとの負担が、建築が具体化するなかで浮上してきている。この点では、どのような建物が住宅と認められるのか、住民は決めあぐねているようにも見える。制度の運用が柔軟であるということは、一方で不明確さにもつながる。さらに、高台移転の始まりの時点でこの世帯分離の取り扱いには不明確な点があったため、変化していく条件、制度のなかで住民は決断をしなければならなかった。決断のタイミングによって制度の利用の可否が決まってくる側面がある。一概に決断が早かった方が有利であるとか、あるいは遅い方が有利であるとかは言えないが、条件が出そろってから決断をしたかったという気持ちはあったかもしれない。

災害危険区域内の修繕居住者の問題

三つ目に取り上げるのは、災害危険区域の修繕居住者が抱えた問題である。石巻市で防集の前提となる災害危険区域の指定が行われたのは、実に地震から一年八か月以上がたった、二〇一二年十二月一日のことである。この災害危険区域の指定は、津波で被災した地域全体にかけられた。区域内のほとんどは、すでに家が失われていた。しかし、いくつかの集落では被災した住宅を修繕し暮らしている人たちがいた。特に多かったのが、二丁谷地集落の六軒と吉浜集落の一五軒である。聞き書きで取り上げた及川正昭さんは、このうち二丁谷地集落で暮らしている。

修繕して自宅に戻った理由をＳＫさん（五〇代・男性、二〇一三年八月）は、「津波で被災した一階部分は窓と床は全部ダメになった。リフォームか転出するか迷ったが、自宅のローンが二〇年あったためリフォームに決めた。現在はリフォームのローンと二重ローン状態になっている。避難所に滞在できる期間との兼ね合いでできるだけ早く修復する必要があった」と話している。仮設住宅は二〇一一年八月までに建設され、仮設住宅への入居とともに避難所は閉鎖となった。それまでに、仮設住宅に入るのか、自宅を修繕するのかを決める必要があった。それは、高台移転の計画が決まったり、災害危険区域の指定がされたりする前のことであった。

修繕して居住者がいるこうした家があるところにも、二〇一二年十二月に災害危険区域は指定された。災害危険区域に指定されると、住居の新築、増改築が禁止される。既存の住宅に住むこと自体は規制されないため、自分自身の代は住み続けることはできるが、住宅を更新できないため後の世代にまで集落をつないでいくことはできなくなった。住宅を修繕してもとの集落に戻り生活していた人たちは、そこで生活を再度続けていこうと考えていたため、困難な状況に追い込まれた。

この困難さには三つのものが含まれていた。一つは、住み慣れた集落が実質的に住み続けることができなくなった困難さである。SYさん（六〇代・男性、二〇一四年八月）は、「たった一回の津波でなにもかにも全部なくなっていいのかねえ。危険区域にしなければみんな残ったよ」と残念そうに話している。

もう一つは、災害危険区域に指定されて問題が顕在化したのが二〇一二年十二月という時期であったことである。このときには、すでに防集の計画は、一〇地区に防集団地を造成することが決まり、用地の選定などを行っている状況まで進んでいた。そこに、後から加わるということは考えにくい選択肢だった。さらに、「「災害危険区域に好きで住んでるんでしょ」と行政からは思われている。危険区域のインフラなど整備は優先順位が低く、行政サービスは低下するのではないか」という行政不信や、「仮設の人と関わる機会もない。仮設の人は、「お前らはいいよなぁ」と思っているのではないか」（SKさん、五〇代・男性、二〇一三年八月）という、修繕居住者と行政や仮設住宅入居者との間に心理的な距離も発生していた。

移転先の問題は、防集を利用するにしても北上町内の防集団地ではなく、石巻市街地に造成される防集団地を希望することが一つの解決策となった。もう一つ大きな役割を果たしたのが、災害危険区域の指定と同時に始まったがけ地近接等危険住宅移転事業である。次節で詳しく述べるが、がけ地近接等危険住宅移転事業は被災者の移転先を問わず防集と同様に補助をするという制度である。これを使うと石巻市内に限らずどこへでも個別に移転をすることができるようになった。

三つ目は金銭的な困難さである。津波の被害を受けた住宅を住める状態にまで修繕するために、多くの支出を必要とした。修繕のためにローンを組んだ人もいた。そのため、災害危険区域に指定されたからといって、移転して再度家を建設する余裕がなかった。この金銭的な困難さは、二〇一三年末から二〇一四年初頭にかけて、土地と家屋に対して補償される金額が分かったことで解消されていった。

二〇一四年以降、修繕居住者が困難な状態にあった吉浜集落・二丁谷地集落から移転する住民が少しずつ現れた。こうした住民に対して、「多くの補償をもらえて早く移転できるんだね。家を壊して仮設にいる人もいるんだよ」という仮設住宅に入居している人からの声も聞こえてくる。仮設住宅入居者と修繕居住者との間には認識の齟齬もみられる。

このように、津波によってどの程度家屋が被害にあったのか、住宅ローンが残っていたのかという個人的な状況が、人びとの決断に影響している。また、災害危険区域とはどういうものなのか、どの程度の補償が受けられるのかなどの条件が分からないなかで下した決断の結果でもある。変化していく状況のなかで、どのような決断をどのようなタイミングで行うのか、その違いによって生じた差を当事者の責にはできない。

防集とがけ近との問題

最後に、防集と他の住宅再建支援制度、特に「がけ近」との選択の問題を取り上げる。前述したように、二〇一二年十二月に災害危険区域が指定されるのと同時に、それまで適用の話がなかったがけ地近接等危険住宅移転事業（がけ近）の申し込みが始まった。このがけ近という事業は、災害危険区域内からの移転を助成する制度の一つである。引越し助成や新しい住宅へのローンの利子への助成など、被災者への助成金のメニューと金額は防集と同じである。違う点は、防集では自治体が造成する防集団地に集団で移転するのに対して、がけ近では移転先は各自で確保するというところである。がけ近では、移転先が石巻市内に限られるわけでもない。

前述した災害危険区域内の修繕居住者の中には、このがけ近によって移転ができるようになった世帯もある。ただ、がけ近を使えるのは、修繕居住者だけではない。災害危険区域内に住んでいた全員が選択できる。それによって、二〇一二年十二月までは防集に参加することにしていた世帯が、がけ近に選択をし直すという事例がみられるようになる。

防集に参加するSKさん（六〇代・男性）は「計画の遅れや、突然出てきた「がけ近」で「自由に場所を移動しても防集と同じ制度が受けられますよ」という話が出てから、雪崩れのように一気に二十数戸が他に行ってしまいました」「私たちにとって、「がけ近」は非常に残念な制度だったと感じています」（みやぎボイス連絡協議会編［二〇一四］、一〇三頁）と話している。防集に参加し北上町に残るという選択をしている人にとっては、がけ近が選択肢に入ったことはマイナスに評価された。確かに、二〇一四年度までに吉浜集落から一五件、追波集落から一二件など北上町全体で六三件のがけ近の申請がある。それだけ、北上町から人口が流出するということである。一方で、石巻市外や防集団地以外の移転先を希望する人びとにとっては、防集に参加するのと同じ助成を受けることができるのは大きなメリットとなった。

住宅再建へ国が用意した二つの大きな制度である防集もがけ近も、それぞれにメリットもデメリットもあるということである。防集とがけ近の違いは、移転先の違いだけである。自治体が造成する防集団地に移転する防集は、五軒以上の集団で移転するため、地域社会を維持することができる点がメリットである。一方で、これまで見てきたように住民同士の合意形成や造成工事に時間がかかる点がデメリットである。がけ近では各自で移転先を確保するため、移転先があれば早期に移転することが可能であるし、移転先が自由である点もメリットとして挙げられる。デメリットとしては、各自で移転先を確保するため移転先はバラバラになってしまい、地域社会の維持が困難な点がある。二つの制度があることでそれぞれの世帯の自由な選択は保証されているものの、世帯ごとに住宅を再建し復興していくということと、地域社会が維持され復興していくということの間にはズレがある。

4　集団移転を振り返って――今後の課題

高台移転をめぐる人びとの選択

ここまで、震災後の四年半を振り返って、高台移転を中心に住宅再建の過程を見てきた。人びとは地域社会の再編、一〇〇坪の制限、災害危険区域内の修繕居住者、防集とがけ近の選択という、大きく四つの問題に直面した。こうした問題に直面し、何を選ぶのか選択をしてきたのは、それぞれの世帯や個人であった。何を基準に選択してきたのか、個人や世帯の側から考えたい。

多くの判断基準は、生活環境をめぐるものである。AKさん（七〇代・男性、二〇一四年八月）は、石巻市外に住む娘の家の近くに移転する理由を「自分の年と家内の病気のことも考えて、できるだけ早く移転の契約をした」と説明している。現在、北上町内には市立の診療所があるだけで他に医療機関は存在しない。石巻市街地には、石巻赤十字病院をはじめ多くの医療機関がある。TYさん（六〇代・女性、二〇一三年八月）は、「最初は北上町内の高台移転に申請したが、河北町に住む息子といつか一緒に暮らしたい。息子の職場が石巻市街なので近くの河北の集団移転へと考えを変えた」と話している。農業や漁業などの職業であれば、北上町内に仕事場があり住む必然性がある。特に漁業の場合では、漁協の組合員の資格を保つには立神集落から小滝集落までの間に住むことが条件となっている。一方で、石巻市街地にある企業などへ通勤していた場合には、北上町内に住む必然性は薄い。TRさん（四〇代・女性、二〇一三年八月）は、「高校のある石巻まではお金を出し合ってバスを走らせているが、バス代が月三万円かかる。それならいっそ家を外に建てればよかったという話も聞く。子どもたちの学校に近い場所がいいと思い、物件を当たっているところです」と話している。北上町内に高校がないことも考慮されている。医療機関や雇用機会が少なく、高校がないということは東日本大震災以降に新たに発生したことではない。震災以前は生まれ育った集落に自宅があったため移転するという選択肢は浮上しなかったが、震災によって移転を余儀なくされた場合、北上町外への移転も当然選択肢に入る状況があった。OMさん（六〇代・男性、二〇一三年八月）は、「言い方は変かもしれないですけど、今回は（移転する）チャンスと言えばチャンスだったんですよね」と話している。

ただ、移転する人びとが積極的な選択として北上町から離れているかと言えばそうではない。個人のなかでも、家族のなかでも葛藤がある。SKさん（六〇代・男性、二〇一三年八月）は、「自分は浜に残りたかったが、石巻に移らないといけないなあと思っていた。しかし孫たちが「浜に戻りたいなあ」と言っているのを聞いて、『こりゃ良いなあ』と感じた」と話している。こうした思いを持ちながら北上町外に移転した人もいるだろう。ある集落での聞き取りでは、夫が自分の出身である集落から移転することに抵抗がある一方で、妻は安心できる石巻市街地への移転を希望し、「離婚の危機だった」と冗談交じりに言われたことがある。これが本当に冗談であったのか私は摑めないでいる。移転をすることに対しては家族のなかでもさまざまな思いがある。

人びとは、自分自身や家族のライフステージを踏まえながら移転場所を判断している。北上町内でも、世帯のなかでも、何を考慮して移転先を決めるのかという条件には多様なものがある。しかし、そこで考慮されている問題は新しいものではなく、医療機関や雇用機会など、震災前からあった問題が顕在化しているにすぎない面がある。ただ、北上町を離れる場合であっても、それはこうした生活環境をより良くするためであり、必ずしも北上町から出たいという積極的な選択ではないことは強調しておきたい。

制度と地域社会の復興、世帯の復興とのズレ

住宅再建をめぐって北上町で何が経験されたのか、高台移転を中心に振り返ってきた。主な課題として現れたのは、地域社会の再編、一〇〇坪の制限、災害危険区域内の修繕居住者、防集とがけ近の選択の四つであった。それぞれの課題を見ていくと、それほど規模の大きくない北上町のなかであってもそれぞれの個人、世帯、地域社会には多様性があることが分かる。例えば、同じ北上町内でも、被災の程度は異なっている。それは、同じ集落のなかでもそうである。隣の家は跡形もなく流されても、その隣の家は残されたという例もある。世帯によって、被災の度合いは違い、職業や家族構成が違う。それによって、修繕したのか仮設住宅に入居したのか、どこへ移転するのかなどが変わってくる。さらに、同じ世帯のなかで

も個人個人が違う気持ちを抱いている。夫婦で違ったり、親子で違ったりする。そうした多様性を前提に住宅再建を考えなければならない。

人びとが多様ななかで、住宅再建に向けた国の制度ははたして人びとの生活の、あるいは地域社会の復興にどう寄与しているのだろうか。防集もがけ近も「復興」のための制度である。しかし、これらの制度が直線的に一つの「復興」に結びついているわけではない。住宅の再建をめぐる制度は、世帯ごとの選択とそれに対する助成によって成り立っている。それぞれの世帯がさまざまな移転先を選ぶことで、地域社会の再編が行われる。その結果、地域社会には課題が引き起こされた。一口に「復興」と言っても、世帯が住宅再建を遂げるという世帯の復興と地域社会を単位とした復興は分けて考えた方がよい。

防集とがけ近との選択の問題では、地域社会の復興と世帯の復興はときに矛盾するものにもなった。移転先が限られる防集という制度だけで住宅再建を進めれば、より防集への参加者が増えたかもしれない。しかし、それでは多様な背景を持った人びとの要望に応えることはできない。石巻市街地や市外への移転も含めた幅広い人びととの要望に応えるためにはがけ近という制度も必要であった。それは、世帯単位で見ればより希望に近く、より早い住宅再建を可能にし、世帯の復興には資するものがあった。しかし、結果的に北上町内に残る世帯を減らすことにもなった。世帯の復興と地域社会の復興の間に齟齬が生じることもあるし、各世帯の復興の集合が地域社会の復興となるわけでもない。防集やがけ近という復興を支える制度が、多様な個人と世帯と地域社会がある北上町という地域に下りてきたときに、どのような影響を与えているのかを考える必要がある。制度はときに世帯の選択を狭める一方で地域社会の復興に寄与し、ときに世帯の復興に寄与することで地域社会の復興を阻害している。

そして、この影響の仕方はこの四年半の間で大きく変わってきている。一〇〇坪の制限の問題では、狭すぎるということから、世帯分離という解決策が提示され、さらに複数区画に住宅を建てることの問題が再度浮上するなど、時間の経過とともに現れる課題がどんどん変わってきている。防集とがけ近の選択の問題でも、防集だけが選択肢であったときから、がけ近の選択が新たに加わっている。災害危険区域内の修繕居住者についても、時間経過のなかで置かれている状況はどんどん変化していった。こうした時間の経過のなかで、地域社会と世帯の復興に制度がどう関わっていくかを捉えていく必要がある。

そう考えると、制度と地域社会と世帯とそれぞれが存続する期間が違い、どの程度先のことを考えて判断しているのか、射程においている時間が違うことが見えてくる。東日本大震災からの復興に利用できる制度は、集中復興期間とされる二〇一五年度末が一つの区切りとして計画されている。世帯から考えると二〇一五年度以降も生活は続いていくし、少しずつライフステージも変わっていく。中学生以下の子どもを持つ世帯は、子どもの教育環境を考えるし、年をとっていけば買い物や病院のことをより考えるようになる。それは、二〇一五年度末という制度の区切りよりも長い期間を念頭に判断を下している。一方で地域社会を単位に考えると、高齢者の世帯だけではなく若い世帯もおり、世代を継いで地域社会が存続していくというもっとも長い時間が前提としてある。制度・地域社会・世帯のいずれも変化している。そのなかで、少しずつ異なるスケールで未来を見すえ、その時点で何が最善か判断している。それぞれの判断に齟齬があるときに問題が生じ、かみ合ったときに復興が進んだ四年半であった。

こうした齟齬を少しでも減らすためには何が必要なのかを最後に考えておきたい。まず、考えておかなければならないのは、北上町に住む一人一人がそれぞれの人生、家族の人生をより豊かなものにすることを考えてそれぞれの選択をしていることである。北上町に残るという選択も、北上町を出る選択もそうした意味では根は同じである。それぞれの個人や世帯に多様な背景があることを考えると、どのような選択も一つ一つの選択として重たいものがある。どのような選択であれ等しく支えることができる制度が求められる。

ただ、もう一点考えておかなければならないことは、北上町を出るという選択が必ずしも積極的なものではないということだ。医療機関や雇用機会が手薄で、スーパー、高校がないといったことが北上町から出て行く理由として語られていた。このことは、逆に言えば、こうした状況が違ったら北上町内に残るという選択をした可能性もあったということだ。愛着がなければ暮らし続けることもないが、愛着だけでは暮らすことはできない。人がある場所に暮らすということにはさまざまな要素が必要になる。土地への愛着、仕事、医療、教育、買い物など一定の条件がそろって暮らすことができる。住宅があることは必要条件ではあるが十分条件ではない。震災から四年半、制度は北上町に残りたいという気持ちをどれだけ支えることができたのだろうか。

国も石巻市も制度の選択肢を整え、運用を改善し、住民のニーズに応えようとしてきた。それは率直に評価される。ただ、制度は住宅を見ても、暮らし全体を見てこなかった。それが、本章で見てきたさまざまな問題が生じた原因である。住宅を再建するということは、そこで暮らすということだ。暮らし全体の再建が必要である。防集もがけ近も建造物としての「住宅」の再建を支援はできても、暮らし全体の再建はできていない。東日本大震災の被災地には復興のために多くの事業が行われている。防集やがけ近のような住宅再建に関するものもあれば、後の章で取り上げる農業や漁業など生業の復興に関するものもある。さらに、医療、雇用、教育など震災以前からあった課題をどうするのかという問題もある。各々の課題がそれぞれに取り組まれている。多様な復興と地域課題への取り組みを世帯や地域社会の復興を軸に再編することが必要である。

〈文献〉

国土交通省都市局［二〇一三］「東日本大震災の被災地における市街地整備事業の運用について（ガイダンス）」
みやぎボイス連絡協議会編［二〇一四］『みやぎボイス二〇一四――復興住宅のこえ』
室崎益輝［二〇一二］「「高台移転」は誤りだ」『世界』八月号（八二〇）、五五―六六頁

第3章
なりわいを再生する(1)
十三浜の漁業

はじめに

黒田　暁

これまで人びとにたくさんの恵みをもたらしてきた海が、突然牙を剝いて襲いかかり、海にかかわってきた暮らしを奪い、壊してしまった。住まいも無くしてしまった人びとは、地域に残るか、出ていくかの決断を迫られることとなった。しかし、地域で漁業を営んできた人びとの多くは、自分の故郷と海に踏みとどまることを決め、それぞれの選択を重ねながら、漁業復興への道のりを切り拓こうとしている。

宮城県には、大小一四二の漁港が存在したが、東日本大震災の発生とそれに伴う津波により、そのすべてが被災した。漁港に隣接して住んでいた人びとは家屋を失うとともに、海の生業にかかわる機材類や作業所なども軒並み流されてしまった。石巻市北上町十三浜地区も例外ではなく、同地区では従来、小規模家族経営を基本とする沿岸養殖を中心とした地域漁業が営まれてきたが、津波によって地区内の八漁港（白浜、小室、大室、小泊、相川、小指、大指、小滝）すべてが損壊し、地盤沈下の被害を受けた。地区漁協に所属する漁船全三八七艘のうち、およそ三分の二にあたる約二八〇艘が流出、さらに漁具・漁網・養殖施設等の生産基盤もその大半が流出し、家族や親族を亡くした漁協組合員も多かった。

このように、壊滅的な打撃を受けた十三浜地区の地域漁業であったが、震災直後から生業を再生させようとする復興の取り組みが展開されてきた。人びとは、まず漁港など施設の復旧と、海中にひしめく瓦礫の撤去に取りかかりながら、一年で生産ができるワカメ養殖の復活に尽力した。「（漁業は）施設を再建して、また生産を再開さえすれば、暮らしていける」というのが合言葉だった。さらに操業を再開するためには、複雑な復興支援制度をどのように利用し、どんな形態（独力か、部分的な共同か、協業化か……）で経営を行うのかについて、さまざまな選択を重ねていく必要があった。

本章では、震災がもたらした巨大な変動に対して、漁業を営んできた人びとがどのように対応し、暮らしを回復させようとしているのかについて、三つの聞き書きと論考から描き出そうとする。小室集落の千葉治彦さんは、四〇代になったばかりの漁師だ。小学校から親の養殖漁業を手伝いはじめ、震災の前までは兼業だったが、震災を機に専業で漁業を営むようになった。そこには「長男としての迷いと覚悟」があったという。集落では、共同化・協業化はせずにそれぞれのやり方で漁業再開に取り組んでいる。

大指集落の西條武さんは、ひとり専業で養殖に取り組んできたが、震災以降は、それぞれ同じ事情や労働力不足の課題を抱えていた他の二人の仲間と、協業化による株式会社「鵜の助」を設立した。もともとは民間助成金を受けるための法人化だったが、取り組むうちに協業の存続と、六次産業化への展望も抱くようになっていった。

ワカメ養殖が地域に普及したころ父親の仕事を受け継いだ相川集落の佐々木昭一さんは、周年漁業を成立させるためにコンブやホタテの養殖の導入と定着をはかり、試行錯誤を続けてきた。船以外のものをほとんど失った震災直後は、もう漁業をやめようかとも思っていたが、対面販売でのお客さんたちから寄せられたメッセージを読んで、再開を決めた。家族で有限会社の「伊勢丸水産」を営んできたが、高齢化に悩む地域の漁業の将来を考えて、作業の（部分的な）共同化の必要性を感じ始めている。

こうした世代も経歴も異なる十三浜の漁師たちの話に耳を傾けながら、論考「4　選択と復興」では、人びとが状況の変化に応じて主体的な選択を重ねながら、「なりわい」としての地域漁業の復興に取り組むプロセスに注目する。たんなる産業の合理化・効率化に一面的に取り組むのではなく、また復興支援制度にひたすら振り回されるのでもなく、変動に順応する人びとの取り組みとその生き様に、漁業復興の多面的な意味が見えてくる。

1

「音だったり、匂いだったり。漁師は海のそばに暮らさないと仕事ができない」

〈語り〉千葉治彦さん

小室は宮城県の集団移転の認可第一号です

小室は宮城県の集団移転の認可第一号です。第一号はあと二地区あります。移転先の区画決めは、まず二〇〇坪の人たちと一〇〇坪の人たちを区域で分けて、あとは地主さんに決めさせて、それからは当たりはずれなし、文句なしのあみだくじで決めました。うちの方ではごねる人もいないし、不在地主の人たちも小室のためだったらと、優先的に協力してくれました。だから申請は早かったんですけど、そこから市が入ってそれが遅かったんですね。いつまでたっても進まない。コミュニケーションもない。なんでもいいから、目に見えた変化があったときに教えてくれたらよかったんですけど。

契約会はそのままです。高台も出来たことだし、このままでいくのか、若い人たちも出て行ったから自治会に移行するのか、今度話し合いをします。ほんとうは順繰りに世代があがればいいんですけど、下の代が抜けていますからね。次の子どもたちといっても、いてくれるかどうかは分からないし。秋祭りの日に話し合いをします。秋祭りは人が集まりますから。「うちの神様」ですからね。

千葉治彦さん

一九七二（昭和四十七）年、北上町小室集落に生まれる。石巻市内に勤める兼業漁師だったが、震災を機に父親の後を継いで専業漁師に。サケ定置網、ワカメ養殖、コンブ養殖を行う。にっこりサンパークの仮設住宅での暮らしを経て、小室の集団移転に参加。父親の千葉巌夫（いわお）さん（一九四一年生まれ）は震災時の区長を務め、震災からわずか三日後に自主的な集団移転をめざして動き始めた。

春祈禱のこと

小室の獅子は春祈禱にやります。最初に神社で奉納して舞って、次に区長のところで舞って、それから集落の一軒一軒を回ります。悪魔払いですから、獅子は必ずその家に入ります。逆回りで入って、玄関から口を開けて出てくる。家のなかで舞いながらいろんな悪いものをお獅子がぜんぶ吸い込んで、玄関から口を開けて出るときに、その悪いものを外に出すんです。それからまた庭で舞って、御神酒をもらって終わりです。御神酒をもらうときに、その家の人の頭に獅子を被せるんですね。噛むみたいな感じで。健康であるように、という願いです。

私の祖父の若い頃には、船で対岸に渡ってお獅子を振ってご祝儀をもらってきたと聞いています。その頃はみんな貧しくて、契約会の活動費もなにもないから、それにあてるために出稼ぎをしたんですね。あとは二回、万博にも出たのかな。毎回練習していますから、それぞれが獅子、笛、太鼓、みんなできます。ずっとお獅子を振っていると疲れますから、交代でできるように。今は子どもたちの方がうまいですよ。小学生。三、四人しかいませんけど。笛も太鼓も集落ごとに違います。昔は大指にはなくて、小室から教えにいったと聞いています。

海はね、うまくいっていても不安ですよ。だって毎年決まってない。農家も同じですよね。毎年豊作なわけじゃない。不安を消すために、いろいろ準備だけは怠らないようにして、それで不安を消すわけです。あとは最終的には自然が相手ですから。自然に勝とうっていっても勝てないんですから、がんばるだけがんばって、段取りして準備して、それでも、というときは仕方がない。だからこういうお獅子でもなんでも、地域に根付いてやっているわけです。それの祈願ですから、ようは。験担ぎです。いろんな出来事が起こっても、悪い方にはいかないように、って。

今年（二〇一五年）は初めて、高台移転先に建った家を回りました。まだ三軒ほどですが、来年にはもっと増えているはずです。

兼業漁師をやっていました　市内の建設会社と海の仕事の兼業をしていました。サケの定置網は兼業でもできます。朝に一緒に網を上げて、親父はそのまま市場に行って、私は会社に出勤するんです。会社は朝のラッシュにかからなければ、ここから三五分です。

定置網というのは、必ず一か月に一度網の入れ替えをしなくてはいけません。低気圧や時化があるとまずいですから、天気予報とにらめっこして、入れ替えの時期を逆算して、会社の仕事を段取りして、その日に休みを取れるようにしておくんです。大変ですよ。ワカメの時期は朝だけでは終わらないので、その間は会社に無理を言って休みをもらっていました。兼業をやっていくには、海が大事なときに仕事を休める環境をつくっておかないと続きません。三人しかいない小さな会社で、現場主任だったからできたんです。これが作業員だとむずかしいですね。その生活を一二、三年は続けました。

あの頃は親も元気でしたし、自分が本業でやるとまでは考えていませんでした。いつか専業になるんだ、という気持ちでもない。逃げたい気持ちってあるじゃないですか。でも、長男ですからね。建設会社を辞めて、二年ほど友人の会社で働いて、震災にあいました。そのときに親と交代で自分が正組合員になって、それからは専業です。中学校二年生のときから海に出ていますから、実務的なものは長いんですけど、専業になったのは遅かったですね。

震災当日のこと

地震の時は石巻にいました。親父は小室です。親父は私が死んだと思ったんですね。当日帰って来ないから、もうダメだろうって。道路が寸断したので帰れなかったんですよ。女川あたりでもう寸断していました。小室はすぐ高台になっているから、親父たちは作業をやっていれば逃げているはずだと思って、そこは安心していました。だけど私がいなかったから、無茶して船を出してなければいいけどな、と。

一晩橋浦の牛舎にいて、次の日に浜に向かいました。明るくなった瞬間に「これは嘘でしょう?」みたいな。土手は崩壊しているし、山の方はほぼ全滅だし、一〇メートルの津波って嘘じゃなかったんだ、と思いましたね。白浜のガソリンスタンドのところで私を探しに来ていた親父と再会しました。「生きてた、生きてた」って感じでしたね。

明治か大正か、昔は今の船着き場の下にも二軒くらい家が建っていたといいますから、地震の前から自然と地盤沈下は進んでいたんですよね。うちの親父は昭和八年の津波のときから一メートルは下がっていると言います。そういうひずみが今回出てきたのかもしれません。

交代の時期が来た、と親父も私も分かっていました

震災が来て、みんな路頭に迷ったでしょう。今からまた再開するっていったら、もうとんでもないくらい大変な状況で。漁具から倉庫から船からみんな流されてしまったんですから。また一から始める、要は借金しなくちゃいけない。自分たちの今までやってきた仕事でやっていけるのか、って、みんなそう思ったんですよね。海を取るのか、辞めて他の仕事を探すのか。「勝負するのか、また勝負するのか?」って。

現金を持っていればまた別なんですけど、意外とみんなそうじゃない。浮き沈みがありながら、小さいながらもずっと続けてきたものですから。これがサンマ漁とかで、いきなりどーんと水揚げして、っていうのがあれば別ですけど、こっちはそういうのではない。

正組合員を交代する時期が来たのは、親父も私も分かっていました。親父は年も年ですし、その機を逃してしまえば、やりがいも含めて、もうやる気が出ないじゃないですか。そこはやっぱり長男ですから、じゃあ自分も辞める、っていうのは簡単にはいきません。これまでずっと海を引っ張ってきてくれたのに、とりあえずはやってみないと親がかわいそうでしょう。ただ、その二、三年くらい前からもやもやしていたんです。絶対に海をやらなくてはいけないのは分かるんですけど、自分のなかで整理がついていなかった。思い悩んでいるところに、震災が来ました。

船が残ったんです。あの状況のなかで、何十艘とあった船のなかで、たった二艘だけ、内湾に泊めたまま無傷で助かったのがあって。そのうちの一艘がうちの船でした。だからこれは「やれ」ということなんだろうな、と。海を。「やれ」というよりは、やらなきゃいけないんだろうなと、そう思いました。

四年目に定置網で結果が出ました

船もあったし、陸（おか）にあげていた網が多少なりとも残っていたので、定置網だけはすぐに再開できると思っていました。ただ、あれだけのゴミが流れたし、海底の環境も変わったから、魚が帰ってくるかどうかは分からなかったですね。

ガレキやらなにやらもあるし、自分の漁場を片付けるのに時間がかかって、実際は二年間はまともに漁ができませんでした。四年目になって、今年結果が出なければちょっとまずいな、と思っていたんです。そうしたら出たんですよね、結果が。漁獲量は戻りませんでしたが、値段がよかった。震災前を超えることはなかったけど、水揚げでそれなりの数字が出ました。

それまでは不安も不安ですよ。養殖も再建しましたけど、一年目はご祝儀相場だのなんだのって世の中が騒いでくれたから、景気がよかった。価格はいつもの一・五倍はつきました。次の年から風評被害が始まって、その次の年は低気圧だの自然災害だのがあって。風評と自然災害で、その頃は不安しかありませんでした。

四年目は、震災の年に稚魚放流できなかったのが戻ってくる年でしたから、不漁は覚悟していたんです。報道でも、六割減とか七割減とか言われていましたし。だけど値段に助けられて、結果が出たから。

定置網は養殖と違ってすぐに金額に出ます。市場の入札の値段が上下しますが、水揚げトン数が平均である程度獲れていれば、どこかで必ず帳尻があう。定置は五年スパンでみないといけないんですね。だから一年だけうまくいったからって、まだ大丈夫だとは言えないですが、その年にある程度結果が出たことで、なんとかやっていけそうだと思えるようになりました。

親父が定置網で賭けに出ました

親父は昔から定置網をやっていました。養殖をやりながら、ようやく定置網の権利を獲得したのが三〇年ほど前のことです。まあ、勝負に出たんですね。結局、養殖をやっていても良いときと悪いときの波が激しくて、いつどうなるかも分からないから、もうひとつ何か欲しかった。それで定置網に目をつけたんです。その頃はちょうど国の方でもサケの孵化に力を入れ始めていたころでした。サケ漁ができるような環境づくりの先端だったんですね、おそらく。その孵化が成功すれば四年後に帰ってくるわけじゃないですか、そうすると安定する。その頃も少しはサケが帰ってきていましたが、今みたいに何百万ということはない。まだ試験事業ですからね。だけどこれはいずれ本格的になってくるだろうと、そう考えたんだと思います。だから、賭けに出た。定置をやるには船も大きくしなくてはいけないし、大変な費用がかかるんですけど。船だけで家一軒分かかりますからね。その時に新しくした船が、流されないで残った船なんです。エンジンが寿命なので、ちょうどいま、積み替えをしているところです。

定置網を準備する
（2014 年 8 月，髙﨑撮影）

親父はこれから絶対需要が来る、と思ったんでしょう。ましてここがいいのは一級河川の北上川。あのくらい大きな川があるわけですから、将来これが主流になっていくだろう、ということで勝負したと思うんですけど。ただ、自然のことですからね。何百、何千、という収穫の差はあります。それでもサケは意外に安定しているんです。イクラがメインですから、他のものよりは安定感があります。まあそれも、獲れれば、の話ですけど。

親父はもう今年から海には出ていません。あてにしたいところだけど、重鎮でずっとがんばってきたし、これ以上身体をいじめると大変なことになりますからね。だから一人でもできるように設備投資をしました。身体はいつまでもは持たないけれど、機械は壊れない限りは疲れたって言いませんから。それに、いざというときには、声をかければ手伝いをもらえる環境にはしています。

個人でやる方がリスクが少ない

震災後に協業化はしていません。誰かと組んでグループになるというのは考えられませんでした。水揚げの量も、仕事のやり方も、それぞれに違うんです。みんな自分の家のやり方というのがあって、やりやすいように考えて仕事をしています。だから一緒にやって、お互いに違うことを言えばお互いに納得しない。それに、例え漁場が二倍になったとしてもそれを処理できるのか、とか、水揚げなんかをどうやって分割するのか、とか。いろいろな意味でお金の話になってきますからね。

自分の家だけでやっていれば、自分の判断で休みにできます。だけど組めば休めない。いろいろなことが自分の考えで決められないというのは重荷というか、縛られるのがいやですね。頑張ったら頑張っただけ見返りがあるというのが漁師の仕事なんです。それがやりがいです。給料をもらうとなったら、仕事をする人もしなくなってしまう。誰か任せになってしまいます。みんな同じ気持ちでやろうといっても、いつかどこかで息切れするじゃないですか。そうなったらどうするんだろう、と思いますね。

グループになったら補助をもらえる制度がいろいろありましたけど、補助があるからといって大きくすると大変です。たとえば船を大きくすると、漁船保険の額が半端じゃない。それに加えて、リース料に消費税もかかる。いくら九分の一の負担だからといって大変な額になります。グループ化はいわば連帯保証人制度と同じです。一人が払えなくても保証人が必ず二人はついている。逃げられないようになっているわけです。だから、個人でやっている方がリスクが少ないし動きやすい。自分はそう思います。

家が建てば、小室に戻ってきたんだと思える。それが本当のスタートです

護岸や防波堤はまだですが、仕事の方は大分復興しました。ただ生活面がちっとも復興していない。元に戻った感じはまったくありません。復興、復興、っていいますけど、以前の生活環境に戻って初めて復興というか、本当の意味でのスタートが切れるんじゃないですか。最後は住むところ、住宅です。

小室の高台移転に参加します。住宅の再建が終われば、場所は前とは違いますけど、ここに、小室に戻ってきたんだな、って思うんだろうと思います。新しい家に入ったその初めの日に、ああ、ようやく戻って来たのかな、って。家を建てなければいけないという気持ちがあるから、仕事を頑張れるところもあるんです。着工するまでは不安ですね。着工してしまえば、あとは建つわけですから。

海の仕事は遠いところから通ってできる仕事ではありません。現場を見て初めてできる仕事なんです。農家だと仕事場が陸(おか)にあるからいつでも行けるけど、海だと荒れたら海に行けない。仕事をしたくても、漁をしたくても行けないんです。だから、なんだかんだ海の近くにいないと仕事はできないですね。

今入っている仮設からは海が見えることは見えますが、遠いから、明るくならないと見えません。近い

とだし、匂いがするということは海が微妙なときなんです。海に何か起きたときは磯の匂いがします。うねりがあると、波がぶつかって、潮がとんで、それでその香りが来るんですね。穏やかだったら、風向きが自分の方に向いていないかぎり、磯にいかなければ匂いはしません。大地震のときも、ふだんはしない磯の匂いがすごくしたと、石巻の街中にいた同級生に聞きました。仮設は早く脱出したいですね。早くスタートを切りたいです。

（構成／髙﨑優子）

2 「鵜の助を立ち上げたことは間違いではなかった。その実感を得たいんです」

〈語り〉西條　武さん

大指のこと　ホタテにしろ、ワカメにしろ、一番最初に取り組んでいるのが大指。そういう流れっていうのかな。一番最初にやるとリスクも大きいけど儲けも大きいんですよ。たとえば、ワカメでも乾燥ワカメも最初の頃はものすごく高く売れたので、あれでみんな家も建てたし、かなりもうけました。

震災後に六次産業を始めなさいというのが広まりましたけど、大指にはもともとその流れがあるんです。三〇年ほど前に何人かが自主流通を始めたんですが、それが当たった。いいお客さんがついた人は、ほとんど漁協に出さなくなりました。一時期は伸びがすごくて、自分のところのものだけでは足りず、近所からも買い集めて販売していたみたいです。加工場も持って、販路を開いて。早い話がその方たちは以前から六次産業をやっていたんですよ。

若い連中がいるので、消防団が欠員になったことはありません。よそではなかなか人が集まらないと聞いていますが、ここでは一度もないですね。結局、海の仕事をやるっていうのはけっこう収入がいいんですよ。出るものも多いですけど、真面目にやれば収入はある。ここ何年かは低迷していますけど。最盛期

西條武さん

一九五八（昭和三十三）年生まれ、北上町大指集落出身。高校卒業後、石巻の水産会社勤務を経て二二歳で大指に戻り、家業である漁業を継ぐ。震災後、大指の漁師四名で立ち上げた株式会社「鵜の助」の代表取締役を務める。

になると睡眠時間が三、四時間とかになりますが、それでも若い人たちがここに残るというのは、収入が多いのが分かっているからですね。

畑もみんな持っています。今は荒らして山林になっていますけど、ここら辺は全部畑でした。田んぼもありました。畑はジャガイモと大根、白菜くらいですかね。空豆もやっていました。お金になるほどには採れなくて、自給自足みたいな感じです。畑も田んぼも養殖が始まってから何年かしてやらなくなりました。もう三〇年以上前のことです。

出稼ぎとホタテ養殖

養殖が定着する前は大指も出稼ぎです。養殖ワカメは出稼ぎの頃からやっていました。ワカメは種付けしてしまえば、ほうっておいても次の春に帰ってくれば仕事ができるんです。でも夏場と冬場に仕事がないから、そうすると出稼ぎに行く。いつまでも出稼ぎばかりしていたらちがあかないということで、仕事の端境期を埋めるために始めたのがホタテだった。ホタテをやることで出稼ぎしなくてよい状況に変えていったんです。

ホタテは私が戻ってくる少し前ですから、三〇年にはなっています。当時の青年部（十三浜漁協青年研究会）がはじめました。中心は大指の青山久栄さんです。青年部自体が大指から始まって、結成して二、三年後から相川とかいろんな集落を入れて大きい組織にしていったんです。亡くなった兄も青年部でした。

でも最初の方は、何年も失敗でしょう。ホタテをやらない人たちは出稼ぎに行って稼いでくるんですよ。こっちに残った人たちは、経費はかかるわ水揚げはあがらないわで、ひんしゅくだらけだったみたいです。やっと上手くいったとなったら、今度は出稼ぎ組がみんな養殖に。美味しいところは全部持っていかれましたね（笑）。

出稼ぎをしていたのは、今六〇代、七〇代の方たちです。出稼ぎに行っていても、アワビの開口には帰ってくるんですよ、東京から。アワビの開口は朝の二、三時間で二〇万とか三〇万とか稼ぎますから、運賃かけてでも帰ってくる。開口をすませてから、次の日また東京に戻るんです。だからアワビの開口は、出稼ぎの出稼ぎみたいなものですね。

漁師をやるのは気が進まなかった

高校を出たあとは、石巻の水産会社に就職しました。この辺の風習で、高校を卒業してもすぐには漁師を継ぎません。一度は外に出て他人の釜の飯を食ってこい、みたいな。ほとんどがそのパターンです。ただ、出ても三年か四年。あまり長くなると定着してしまって帰って来なくなるから、その辺で呼び戻されます。

次男だったこともあって、石巻に出たときは大指に帰ってくるとは思っていませんでした。勤めるのはおもしろくはなかったけれども、帰ってくるよりはいいと思ってた。五年ほど働いたころ、長男が病気で亡くなったんです。それで、なんとか帰って来てくれないか、ということで、戻って家を継ぎました。二二歳の時だったかな。それからはずっと専業です。

うちはずっと漁師で、戻ったころ、父親は主にワカメ養殖をやっていました。当時は全部、乾燥ワカメです。コンブも若干始めていました。親に帰って来てくれと言われたとき、迷いはありませんでしたけど、気は進まなかった。漁師がきついというのは、子どものころから見ているから分かるわけです。手伝いもしましたよ。こちらでは中学生になれば普通の戦力と同じくらい仕事はさせられます。アワビとかウニの開口のときは、学校公認の休みです（笑）。開口のときの戦力というのは、一人でも多い方がいい。だからみんな眼血走りながら、家族総出でやるんです。

自分でいろいろな駆け引きとか、仕事の段取りを決める状況になったのは二八歳のころですね。それまで親がやっていたことを全部交代しました。この辺では親子でも仕事をあまり教えようとしない。危険な行為や自然現象については徹底的に教えられます。だけどそういった危ないこと以外は、目で盗んで覚えていくしかないんです。

昔の方が充実感がありました

ワカメは私が小学生くらいのころから始めたのかな。乾燥、垂下式（種を付着させたロープを海中につり下げる。現在はロープを水平に張る水平式に変わっている）。塩蔵は私が帰ってきて二、三年後に始まりました。そのころは主流が塩蔵に変わってきていましたから。ただ、利益率からいうと、乾燥の方が全然いいですね。仕事の速さも違います。夜は二、三時間しか寝られませんが、その日のうちに乾燥して、次の日に乾燥が終わって、それで全部終わってしまう。塩蔵だと冷蔵庫にストックしておいて、あとから芯抜きしたり、そういう作業がたくさん残る。早い話が塩蔵は一年分ずっと先送りで仕事するんです。乾燥はその日で終わりますから。

でも大変なんですよね、それが。昔は機械化していなくて、ほとんど手作業、重労働ですから。乾燥で一番大変なのが乾燥室です。今じゃちょっと考えられないですけど、油に直接バーナーで火をつけて、部屋に熱風を送るんですよ。その中で作業するんです、五〇度とか六〇度の中で。ちょっと油断するとワカメ同士が全部くっついてしまいますから、それをぜんぶはがして歩く。あとは乾きにムラが出ないように、しょっちゅう移動させる。私はあまり痩せなかったんですけど、痩せる方は、もう。お正月ぐらいにまるまるとしていた方がワカメが終わるとガリガリに。そのくらいハードでした。

ワカメの加工作業も共同で（2013 年 4 月，髙﨑撮影）

今は大量生産時代で、たくさん刈らないと利益が出ないという感じです。機械化はしましたけど、扱う量が半端じゃなく変わりました。むかしは一日二〇〇キロとかそんなものが、今では一トン半くらい刈ってきます。それでも利益は同じくらい。

昔の方が充実感はありますね。今はあまりに仕事量が多くなりすぎて、回らなくなってきているのが事実です。以前はこの作業が終わったら終わり、というのがすっかり決まっていましたが、今はそれがない。いつが終わりかが分からないし、終わる前に別のものが始まるし。昔は毎日忙しいわけではないので、ひまなときがあると磯場にいって、いろんなものをとってきて食材にしていました。ヒジキ、フノリ、マツモ、ノリ。今は磯物がないんですよ、磯場がない。地震で地盤沈下して、磯場がぜんぶ沈んでしまいました。

寒さでエンジンが冷えていく

震災当日、沖出しをしたのは大型船で一〇艘くらい、小型船はもっとたくさん。出た人が半分、出ない人が半分ほどです。沖出しは、教えられているんです。このあたりは岸から一キロメートルもいかないうちに急に深くなるから、そこまで出てしまえば津波をかぶるということはありません。だから沖にいたら津波というのは分からなくて、ただ流されるんです。五〇〇メートルくらい沖まで流れていって、またその倍くらい戻されて、という感じでした。

そのうちに、今まで海面に見えていた養殖施設がいっせいに見えなくなりました。津波の第一波ですね。そうしたら、ロープについていた浮き玉が一気に切れてしまって、その勢いで水面から飛び出してきました。ぽんぽんぽんぽんぽん、って。誰も陸にあんなに大きい波が来たとは思っていないから、玉を拾っている人なんかもいましたね。ただ、志津川の方を見ると、海にものすごい段差がついていて、それがだんだん陸の方に移動していくんです。一〇メートルくらいはあったかな、あれがまさに津波だったんでしょうけど。それを見ても、あちらは浅いからああなっているんであって、自分たちのところは深いから大丈夫、そう思っていました。

夕方近くになったら、ものすごい雪が降ってきたんです。ほんとうに、こんな雪があるのかという感じで、一瞬のうちに一〇センチくらい積もりました。それが終わったら今度は雲ひとつない晴天になった。不思議ですね。たぶん低気圧の前線かなんかが通ったんでしょう。そうしたら今度は寒いのなんのって、すごい寒さで。エンジンをかけているとエンジンルームのなかって暖かいんですよ、それでも足りないくらいの寒さでした。エンジンが冷えていく感じです。

余震もすごかった。海の上では、余震は揺れではなくて音で分かります。ドンドドーンって、ものすごい音がする。陸にはもう戻れません。ガレキだらけで船を走らせられない。そのうち夜が来て、偶然アンカー付きのロープを見つけた船が停泊したのをきっかけに、全員の船がわっと集まってくっついたんですよね。もう見えないし危ないし、どうなってもいいやって。小さい船だとエンジンルームに入れないから、大きな船のところにみんなが入って暖をとりました。全員は一度に入れないから、一時間ごとの交代です。私も自分の船だけど、寒い思いしながら交代して。船のなかでじっと寒さに耐えながら、一晩を明かしました。気仙沼の火事も見えました。真っ暗闇のなかで、そこだけが真っ赤でした。

朝方明るくなってきたら、一面ガレキだらけです。いつまで経っても津波の余波が残っているし、なかなか陸に近づけない。それでもなんとか近づいたら、今まで見たことがない、家もなにもない、船も全部ない。それまで一度も怖さというのは感じていなかったのに、そのなにもない景色を見て、初めてぞっとしました。

誰かと組むなんて、考えてもいなかった

震災前は、ほとんどひとりで仕事をしてきました。身体はきつくなっていくし、手は回らないし、規模を小さくして細々とやっていくかな、なんて考えていたところに大震災が来たんです。残ったのは車一台と、沖出しした船だけでした。直後はあせりもなくて、ただぼう然としていましたね。このまま漁師を辞めてもいいかな、そう思ったりもしました。

一か月くらいすると、漁協のガレキ撤去作業が始まりました。私は船を残していたから、作業に船を出

すと船代をもらえたんです。今はこれしかやりようがないし、少し続けてやろうか、と思っていたら、秋くらいには作業が終わってしまった。そのあと養殖再開にむけてアンカーブロックの投入が始まりました。今度はその整地作業を頼まれたので、何人かでチームを組んでやっているうちに、グループ化という話が出てきたんです。機材を揃えるにはグループ化しなくちゃいけないって。

それまでは誰かと組むなんて考えてもいませんでした。漁業の再開だってできるかどうか分からなかった。でも、国の補助とかいろいろなものが復旧させますってどんどん来る。どうしてもやりたくないという人は断ってまで辞めていましたけど、そうなるとそこまでして断る必要もないのかな、と。大指で最初にグループ化したのは浜人(はまんと)さんです。生産組合になるから一緒にやらないか、と声をかけられたんですが、一軒あたりの労働力に差があったんですね。他のひとたちは多くて三人くらい働き手があるけど、うちは私一人しかいない。それで同じように働き手が一人しかいない四人で組みました。そのときは、やってみるか、くらいの気持ちでした。今考えると、私にとってはちょうど形態を変える時期だったのかもしれません。

家族の延長のような関係じゃないとうまくいかない　グループの名前は「鵜(う)の助(すけ)」です。鳥の名前がつくところが発展する、という話があって、この辺にたくさんいる鳥といったら鵜でしたから。「鵜の助」というのは鵜のここら辺の愛称で、ちょっとバカにしたような言い方でもあるんですけど、メンバーがこれがいい、ということで。四人はグループになる前から関係はありますよ。阿部慶昭(よしあき)（一九七一〈昭和四十六〉年生まれ・大指）は私の義理の弟ですし、佐藤博（一九七五〈昭和五十〉年生まれ・大指）は弟と本当に仲がいい。西條満（一九七四〈昭和四十九〉年生まれ・大指）も親戚です。それに四人とも状況がすごく似ています。私の親は震災前に亡くなっているし、弟も西條も親父が寝たきり。佐藤は震災で親父さん亡くしているしね。

それまで誰かと組んで海の仕事をするということはなかったです。昔からやっているのはここら辺では「ユイ」といって、助け合いですね。ワカメの種付けやホタテの入れ替え作業なんかを一軒ずつ順に回るんです。親戚同士でやるのが多かったかな。そういうのは頻繁にやっていましたけど、こうやってがっちり組むというのはなかった。

法人化したきっかけは、ミュージックセキュリティーズ株式会社のファンド（「セキュリテ被災地応援ファンド」）。半分寄付、半分投資型のクラウドファンディング）への申込みです。二〇一二年の二月くらいに申し込んだのですが、ただのグループだと解散のリスクが高いということでずいぶん待つことになったので、それなら面倒だから法人化してしまおうと。法人化自体はそんなに難しくはないですが、グループのメンバーがどういう気持ちで組んでいるかが大きいですね。適当でいいや、って気心の知れない連中が組んだら絶対うまくいかない。家族の延長みたいな、そういう関係じゃないと絶対に無理だと思います。

グループ化にはメリットもデメリットも

グループになったら、いろいろな補助が優先的に来るようになりました。あとは、仕事に余裕ができましたね。一人だとどうしようもないところがなんとかできる。これまでは病気になったら一週間休むとかざらでしたけど、今は他の人がカバーしてくれるし、交代で休みもとれます。あとは、個人の得意なところをいいとこ取りするとかね。その仕事が上手な人にそれをまかせる。試行錯誤しながら、そういうかたちをつくってきました。最初は不満は出ます。なんで自分ばっかりきつい仕事をやらなくちゃいけないんだろう、とかね。でもそれはみんな同じなんだと思って、最近は落ち着いてきました。今はうまく役割分担が回るようになりました。乗り越えた、というより乗り越えつつある、という感じですね。まだ完璧ではないですけどね。

大変なこともあります。たとえば、ワカメ刈りは四人で二艘の稼働ですから、以前には一人一トンとっていたからといって四人で四トンにはならない。二人分の処理を一人でやらなければいけないときもあって、身体の負担も大きくなる。二人でやって稼働率が二〇〇％になるかといえば、絶対にならないんです。ただ集中して同じ作業ができるので、以前と同じ量を処理するのにも時間的には短く済むし、経費削減にもなります。グループ化してメリットもあればデメリットもある。むずかしいですね。

それでもこれからは大規模にやっていかないと生き残っていけないんじゃないかな。漁業というのは一生懸命に仕事をすれば個人でもそれなりに収入はあるんですけど、例えば後継者問題とか、これからいろいろ考えていかなくてはいけない問題がでてくるでしょう。長く続けて収入をあげていくといったら、個人ではなく協業化をしないと。

震災がなければ、こういうやり方は出てこなかったと思います。絶対とは言えませんが。実際に踏み切れるきっかけとなったのは、土地の問題も大きかったです。家は全部なくなったし、土地は更地になったし、自宅は建てられないし。そうなったら共同の作業場をつくってしまうほうがいい。メンバー全員が土地を提供してもいいって、そういう気持ちになったのも大きいと思います。

家を建てるローンが組めない

個人で再開しようとしたら、補助のほかに自分の持ち出しが一人二〇〇〇万くらいはかかるでしょう。船代は別ですよ。それだけ持ち出しをすると家を建てる予算がなくなる。もう本当に大変です。補助がなくて、一〇〇%自費だったら復活は絶対に無理ですね。

船をつくると、補助があっても支払いが大変じゃないですか。消費税は何百万になりますし、それは補助の対象にならない。それに、補助の対象外でもつけたいものが必ず出てくる。それだけで一〇〇万くらいはすぐにいってしまいます。それらは全部借金で払わなくてはいけない。だからローン会社がそれを見つけると、融資の額が相当減らされてしまうんです。「船つくったの？　じゃああんまり貸せないね」って。

船以外にも、みなさん最初に漁協からお金を借りています。激甚災害法にもとづく補助は後払いだから、そのためにセーフティーネット資金を借りなさい、ってことだったんです。最高で一二〇〇万、無利子で借りられたので、みなさん大体一〇〇〇万くらいは必ず借りています。それだって借金だから、元金は一〇年くらいで払わないといけない。そうすると毎年一〇〇万以上の返済になるでしょう。

それだけ返済があればローン分が払えないから、うちでは貸せません、という話がいます、ごく増えてきています。一時的にでも今ある借金を全額返さないと、家を建てるローンが組めない。そうすると高台移転を決めても自宅を建てられない。だから自宅を建てるのをあきらめて、公営住宅に移りたい、そういう流れが増えてきました。

自分たちのやってきたことは間違いではなかったと思えるように

津波を経験したあとでまた海に出る

というのは、いやだとか怖いとかは全然ないですね。ただ最初は、やっていけるのかな、というのと、あとは、また一からやりなおしというのがね。でも私も凝り性ですから、半端なことはしたくない。

結局、資金を集めた分はまた返していかなくてはいけません。足りない部分は借金しているし、従業員さん、といっても家族ですが、そのお給料も払わなくちゃいけない。経費もけっこうかかります。そうすると、今までのことを守っていただけではどうしようもなくなるんです。なので鵜の助ではホヤもカキも始めたし、もうすぐ六次化のための工場が動き出します。これだけ大きな工場を建てたら、もうやるしかないですね。今は共販（漁協を通して共同販売する）と直販（直接自分たちで消費者に販売する）の割合は六：四くらいですが、工場が動き出したら、最後は〇：一〇までやりたい気はあります。

息子はやりたければやらせるし、どうしてもいやだといえば仕方ありません。やってほしいという気持ちは、どちらかといえばありますけど。前は、やってもいいよ、なんて言っていたんですけど、震災後はやりたいとも、やりたくないとも、いっさい言わなくなりました。今は手伝いはしていますけど、どうなんでしょう。もう少し経たないとわからないのかもしれません。ただ、後継者は自分の息子ではなくてもかまいません。事業がうまくいっていれば、後継者というのは自然に出てくるんじゃないかな。

大事なのは、会社が軌道に乗ること、この仕事をやっていれば順調に食べていけるという確信を得られるようになるということです。そういう仕事を自分たちでつくり出さないといけません。あとから誰かが何かをやってくれればいい、というのではなく、自分たちできちんとこれから先の道筋をつくる。それができれば、この会社は大丈夫だと確認できます。それはつまり、自分たちのやってきたことが間違いではなかったと思えるようになるということです。鵜の助を立ち上げたことは間違いではなかった。その実感を得たいんです。それがいま一番、強く願うことですね。

（構成／髙﨑優子）

3 「漁業を再開するきっかけは、お客さんたちからのメッセージでした」

〈語り〉佐々木昭一さん

祖父が豊里から来ました

うちのおじいさんは、豊里（宮城県登米市豊里町）から、ここ相川に来たのです。大正の初めでした。最初建てた家は昭和八年の津波で流され、そのあと、集落の奥の方に家を建てたのです。

おじいさんは木を切って板にする職人でした。船を造るための板でした。その仕事がここにあったので、こっちに移り住み、そして奥さんをもらいました。だけどその仕事は年とともになくなってきたので、親父は海で生計を立てるしかないってことで漁業へ向かいました。アワビを獲ったり天然ワカメを刈ったりしました。

親父が漁師になったのは体が弱いせいもありました。親父は戦争に行って、終戦になるちょっと前に仙台で盲腸の手術をしたんですけど、その最中に敵の爆撃を受けて手術を途中でやめたそうなんです。腹膜炎を起こして障害が起きたんですね。それで力仕事はできず、海の仕事をやったのです。ワカメなどは、陸に持ってきてからは力がいるけど、海で採るときには力はいらないんですよ。

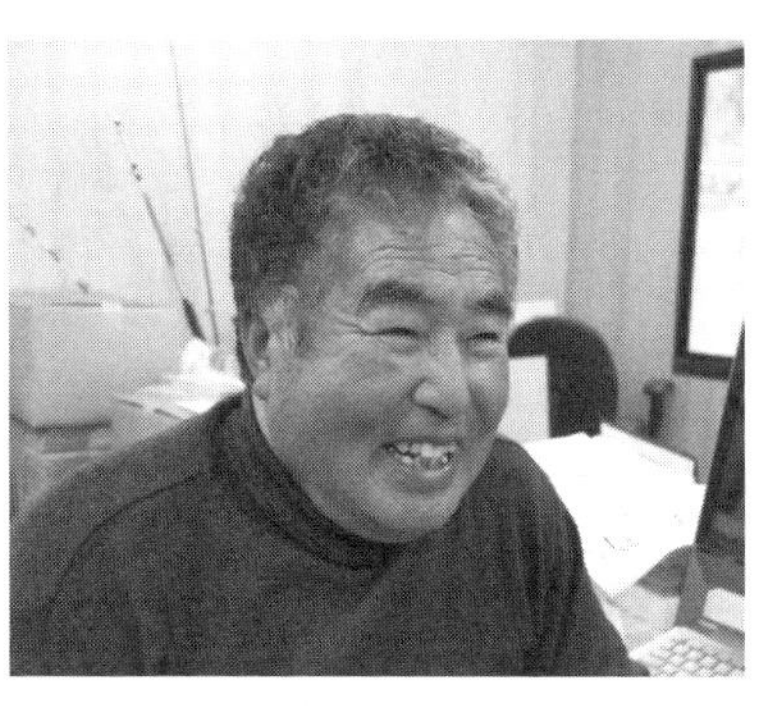

佐々木昭一さん

一九四三（昭和十八）年、北上町相川集落に生まれる。有限会社伊勢丸水産として、ワカメ、コンブ、ホタテの養殖と販売を行う。養殖コンブをこの地に導入した一人。自ら販路を切り開きながら、ワカメ・コンブの生産・販売に取り組む。

私が小さい頃は天然のワカメとかアワビとか、そういうものを採るのが主でしたね。アワビやワカメはもともとそれほど高価なものではなく、私が子どもの頃はアワビやワカメだけで一年間生計を立てるのはちょっと足りないぐらいだったけども、母親が田んぼの手伝いをして米をもらうなどして、なんとか食べていけるくらいにはなりました。冬場にはフノリやマツモなどの磯物を採って、乾燥させ、母が今の桃生町へ売りに行っていました。当時ここにはお店なんかありませんでしたから、向こうの駄菓子屋でアメ玉なんか買ってきてもらえるのが楽しみでした。母は朝方早く出て歩いて行き、夜中に帰ってきていました。

私たちは戦争の傷跡を引きずっているのです

実は、私たちの同級生は人数が多いんです。結婚して戦地に送り出すという終戦直前の駆け込み結婚の子どもですから。俺の同級生でお父さんが戦死したのは三人ぐらいいます。親父は八人兄弟だけど、三人が戦死なんですよ。弟たちが前線に行って戦死してるんです。ガダルカナルで亡くなった人が二人、あとは護送船団で行ったもんだからどこで亡くなったかはわかりません。われわれの年代はいずれにしても戦争の傷跡を引きずってるのです。

相川の契約講には、親父の代のときに入りました。契約講に入らないと山の権利ももらえないわけですよ。当時官山（国有林）の払い下げっていうのがあったのです。たとえば部落に、ここの山は杉を植えてもいいからっていうことで払い下げてもらいます。そういう契約講の財産っていうのが結構あるんですよ。いまは契約講を解散して自治会に譲ったから自治会の管理になってますけど。たとえば墓地や船曳き場、それから道路の防犯灯とかも全部契約講の財産です。ですから、親父が契約講に入るときには、負担金を払ったのです。

ホヤをとっていました　一八歳までは地元にいてホヤをとっていました。私は中学校を卒業したばかりの子どもでしたから、潜ってホヤを獲る潜水夫の人の手伝いをしていたのです。潜水夫の人が綱を引っ張って合図するので、その指示に従って作業をしました。一回引っ張ったら「下の綱がいっぱいになったから代わり綱をよこせよ」という意味だ、とか。

潜水夫は、地元にはいなかったのですが、岩手や福島から来ていました。四月末か五月ぐらいから十月くらいまでホヤをとりました。当時ホヤはいい収入でした。私が中学校をあがってホヤとりにいったときに、会社勤めの初任給が月五〜七千円ぐらいだったんですけど、私たちは二万五千円もらいましたから。

北洋漁業のサケ・マスの船に乗りました　一九歳のとき、遠洋漁業に行きました。遠洋漁業の船に乗ってる叔父がいたんです。遠洋漁業に行くとお金がとれるということで、三人いた妹たちのためにも遠洋に変えたのです。最初に乗ったのが北洋漁業のカレイやスケトウダラのスターントロール（底引き網漁）でした。そのあと北洋漁業のサケ・マスの船に乗りました。それが終わると近海のサンマ漁業でした。そのころは、五月から七月までが北洋のサケ・マス漁で、そのあと同じ船で今度は九月から北海道でサンマ漁をしていました。これは福島の興洋丸という船でした。十二月の中旬にサンマが終わるので、気仙沼の船に乗り換えて、十二月から三月までミッドウェー海域でマグロの延縄をやりました。

昔の船は冷凍能力が悪いから、夏場の暑いときにミッドウェーから魚を運んでくると、傷むんですよね。そういうのもあって冬場に獲った魚の方が値段がよかったのです。ただ海が時化て結構きついんです。年とった人たちにとってはきついですし、けがをする人も多いんです。そのかわり結構お金にはなりましたけどね。

ワカメ養殖が始まったのは四〇年くらい前です

船から帰ってきたら親父がワカメ養殖を始めていました。このあたりでワカメ養殖が始まったのは四〇年くらい前です。当時は垂下式といって、藁でなった縄を寄り合わせたものにワカメの種をはさんで五メートルぐらい下に下げていました。ある程度の長さがないと時化たときに浮いて全部やられてしまうからです。しかし、これでは上のほうが伸びると日当たりの関係で下が伸びない。そこで三五年前くらいから水平式になりました。水平式にしたら格段に品質がよくなりました。

ワカメ養殖をはじめたのは全国的な需要の高まりが大きかったと思います。指導もありました。また、天然ワカメでは年によっても収穫量がちがうから、安定した量をとるためには養殖にたよらざるをえなかったのです。

苦労してコンブ養殖を導入しました

しかし、養殖ワカメを導入してからも、ワカメの季節が終わると、東京のほうに季節労務者として出稼ぎに行ってしまうわけですよ。周年漁業をやって出稼ぎに行かなくて済むためになにかしようということになって、コンブ養殖を始めたのです。北海道の南茅部（みなみかやべ）というところからコンブの種を持ってきたんですよ。いまから三〇年前ぐらいです。

コンブ養殖を始めるときは、漁協から補助金をもらい、二五人ぐらいの若者で研究会を立ち上げました。いろんなところへ視察に行ったり意見交換したりしながらやりました。当時の組合長（遠藤徳三郎）が少し変わった人で、お前ら見たり聞いたりして何か残せればいいんだからと、理事会の反対を押し切って視察を許してくれたりってこともありました。

最初は干しコンブにしたのですが、水温が高いので、ここではコンブにいろんなものが付着して、それをとるために表面を洗って昆布屋さんに持っていったら「こんな出汁殻みたいな昆布持ってきてどうすんだ」と言われました。これにはもう頭を抱えてしまいました。そのときに、ボイル塩蔵してみたらどうだろうと考えました。しかし、塩蔵のコンブなんて、最初は誰も買ってくれません。たまたまワサビ醤油で食べてみたら結構うまかったので、これは生で食べてもいいかもしれないと考えました。縁があって仙台の藤崎デパートへ行ってこれを試食販売しました。「刺身昆布」っていう名前で売ったら、これが結構売れたんです。そのあと、北海道から九州まで日本中を歩いて各地の物産展で試食販売するようになりました。横浜にいる妹にも販売を手伝ってもらいました。今は妹が横浜や船橋のデパートでの対面販売を行っています。

そのあとホタテの養殖も始めました。ワカメでもうけた金を使ってコンブやホタテの養殖を始め、それがなんとか売れるようになって、若い人が出稼ぎにでなくても済むようになったのです。

震災当日のこと

震災当日はね、ワカメを刈り取ったあと、次の日刈る場所を選定しに船で出ていました。ちょうど三月五日からワカメ刈りがはじまっていたのです。選定が終わって帰ろうかなと思った時にものすごい振動がありました。一瞬、三〇センチくらいの三角波が海面いっぱいに出たんです。漁師だから、とにかく船を出さないと、と思いました。港のところまで行ったら息子が大きい船で沖出ししようとしていました。それで私は乗っていた小さい方の船で一緒に沖出ししました。沖では船同士みんなでひとつの塊になりました。

でもその時まではそんなに大きい津波だとは思わなかったのです。しかし、大須崎に真っ白く波が打ちつけたのが見えたから、みんな一斉に北のほうに逃げました。北に逃げたら今度、小滝の前のところに黒島と双子(ふたご)島っていうのがあるんですけど、そこに波が当たって、島が見えなくなるくらいの波の高さになりました。そして、八景島(やけいじま)っていう島から五〇〇メートルくらい離れたとこにいたら、その島をかわす波が、吸い込まれそうになるくらいの大きな渦巻きになったのです。これは吸い込まれたら大変だと思いました。でも船に乗っていたら波はほとんど感じなかったです。

そして波が過ぎて行ったなと思って、北上川の河口の方を見ると、防風林の松林の近くで急に波が盛り上がって白くなってたんですよ。浅いところに行ったら真っ白くなるんです。そして波が過ぎていったら、一本も残ってなかったんですよ。それを見て、俺らももう駄目だろうなと思いました。

船外機の小さい船でしたから、油が少なくなって、夕方五時くらいになって港へ戻ってきました。そしたら落ちた橋が浮いてたんです。沖へも行かず、どっちへも行かず、津波がくるとその橋が回転するんですよ。回転しながら薄気味悪い音がするんです。それで船を港につけるのはやめて、みんなのところへ戻ることにしました。そのころはもう、湾の中は枯れ木でいっぱいで。そしてちょうど潮が下げ潮になると、屋根がそのまま流れてくるんですよね。あれみたらもう、駄目だろうなと思ってね。

夜になると電気をつけて船の位置をお互いに確認しあいました。ただ、湾いっぱいにがれきが浮いてて、夜は船を走らせることはできないんです。潮も速かったですからね。船同士は叫べば会話ができる。陸の様子は全然わかりませんでした。

次の朝に帰ってきて家があったところへ行ったら、何にもなくて誰もいませんでした。みな津波が来るのわからなくて死んだのかなと思ったんですよ。そしたら、高台に住んでいたおばあちゃんの家があるんですけど、そこから「じいちゃん、こっちだよ」と孫の声が聞こえたんです。それでみんな無事だということがわかりました。まあ、なんにもなくても家族が無事だったからよかったと思いました。

この相川集落では一五人亡くなりました。一〇人は見つかりましたが、五人は行方不明のままです。

避難所の水は豊富でした

その年にちょうどできた子育て支援センターが避難所になりました。もともと災害のとき避難所としても使えるようにと大きく作ったセンターでした。四月から子育て支援センターとしてオープンする予定だったので、三月にはまだ電話も何も引いてない時点で避難所になったんです。

水も豊富だったんですよ。ちょっと奥のところに田んぼがあるんです。ここは山と小さい田んぼしかないところだから、昔から米に困っていて、だから近隣集落にここのヒジキとかフノリとかの海藻を持って行っておコメと取り替えてきたんですよ。それで山のてっぺんに田んぼを作ったんです。その田んぼが、避難所への水の供給源になったんです。当初三〇〇人ぐらい避難所にいましたが、水はあり余るくらいでした。炊事は輪番制でやりました。電気はたまたま当時道路工事をしていて小さい発電機があったんで、それを避難所の電源にしました。

激甚災害法は問題です

激甚災害法で養殖施設の復旧を行ったのですが、これが、震災前の通りにしなければならないということで、ずいぶん困りました。われわれとしては、元の通りにするのはずいぶん問題があるから、よりよい形にしようと考えたのに、それはだめだと言われました。しかも、最初からそうだと言われればそれでやったのに、施設を作り始めてから途中で言われたので、現場には混乱と戸惑いが残りました。そもそもが漁師のための激甚災害法なのか監督官庁のメンツのための激甚災害法なのか、われわれには納得できませんでした。

ともかくそうやって施設を復旧させて、震災の年の秋には種付けをしました。震災前はホタテが四〇本くらいと多く、あとワカメ一二本、コンブ一〇本くらいだったのですが、震災後はワカメを増やして三〇本、コンブは同じく一〇本くらいやっています。ホタテも、少なくはしましたが続けています。

お客さんと三十年つながっています

津波で船以外全部なくしましたし、実は、震災直後はもう漁業をやめようかとも思っていました。漁業を再開するきっかけになったのは、お客さんたちからのメッセージでした。千葉県船橋市の東武デパートでのおとくいさんたちから、メッセージを六七〇枚くらいいただき

聞き書き

ました。震災の年の五月に書いてもらったのです。その年は津波で出店できなかったので、東武デパートがお客さんのメッセージを集めてくれたんです。そして六月の、まだ道路が悪いときに、東武の課長さんが持ってきてくれたんです。これを見たらぜったい漁業を続けなければと思いました。私の宝物です。

私がデパートでずっとやってきたのは、売り上げはそこそこでいい、お客さんと話してお客さんが納得して買ってもらうようにするということでした。

デパートで売る時期が来る前には、一八〇〇枚ぐらいダイレクトメールをお客さんに出しています。これは横浜の妹の担当ですが、それを年間六回やります。ダイレクトメールは裏は印刷だけど表は手書きです。うちの場合は自然相手だから、いいときもあるし悪いときもあります。悪いときは今年はこれしか採れなかったから我慢してくださいってお客さんに言うんです。いいときは今年はいい品物が採れたから喜んでくださいと。おいしいから食べてくださいというのはなくて、このやり方で三〇年間つながってるんです。お客さんは、だいたい顔と名前が一致しています。代替わりしてお母さんから娘さんとか、お母さんから嫁さんにつながったりもしています。デパートに来る人は品物を買いにくるんじゃないんですよ。情報と自分の満足を求めてるんです。ここだとちゃんと相手してもらったというようなね。私たちはお客さんを大事にすれば自分も大事にされるんだと思ってるんです。

共同化を進めないと

五年後に人が何％になるのかっていうのが問題なんです。五年後にはおそらく六〇％ぐらいになる。いま高齢で漁業やってる人が結構いて、これが退くと息子たちだけになる。いままでだったら地元に人がいたから、その人たちの手を借りて生産ができたんです。ところがこの震災でこの人たちがもういなくなってるんですよ。

ですから、作業の共同化みたいなものを進めないと。ただ、完全共同化はここではなかなか難しいと思います。法人化してすべてを統一化するっていうのにはかなりの抵抗があります。だけど、いちばん重労働で金がかかる作業を共同でやればいいんじゃないかと思います。たとえばワカメのボイル作業です。ボイル作業は最低でも三人は必要です。まずこの共同化をやって成功させないと次の段階にいかないんですよ。共同のメリットがあるものは共同でやって、あとはそれぞれ自分のやり方がありますから。昔はそんなこと考えもつかなかったけど、今は共同のほうがいいんじゃないかって思います。

やっぱりね、若い人たちが魅力を感じるような漁業でないとだめです。過疎化になると若い人が必要になります。今うちの息子は鮭の定置を共同でやろうとしています。同級生のお父さんが定置をやっていたのだけれど、その息子は石巻に行っていて、それでその息子とうちの息子が同級生だった関係で、うちの息子ともう一人別の同級生が共同出資で手を貸すことになったのです。俺も嫁さんも小型定置（網）っていうのは好きじゃなかったんだけれど、若い人たちが「やってみたい」って言うのだから、やるしかないさって思いました。俺も親父にとっては良い息子ではなかったけど、やりたいようにやらせてもらったから。

復興とは家族がひとつ屋根の下で一緒にごはんが食べられること

今がいちばん厳しいんじゃないかな。あと五年するとだめになるものはだめになり、残るものは残る。そして残った人たちはなんとかやりくりできるでしょう。いまがいちばん大変なんじゃないかと思うんです。逆にいまフルイにかけてやってしまうと、大きく残るところはいいんだけど、小さいのしか残らないところは大変なんですよ。ここにいたらお金がとれて、安心して生活できるっていう地域でないと復興なんてのはありえないと思うし、じゃあそれをどうしてやるのって言われたら俺も答えはないんだけど、とにかくいまはなんとか前向きに仕事をこなして、とりあえずは自分たちでできることをやって待つしかないと思います。

みんなここにいたいと思ってますよ。ここにいれば知り合いもいるし。海へ行っても山へ行っても気ままにできるっていうのがいちばんのメリットですよ。ここに住んでいる人は意外と自由気ままにしてるし、ここにいれば何をやっても生きていられるっていう安心感がある。ここにさえいればなんとか生活できるっていう思いはあります。

復興とは、家族がひとつ屋根の下で一緒にごはんが食べられることだよね。それが復興の一番の原点だと思う。復旧じゃないんだよね。復興はなにかしら心にゆとりがあって、前に進もうとか明日これやろうみたいな、意欲のあるものだと思うんです。ひとつ屋根の下で家族がみんなそろって、ごはんを食いながらいろんな話したり笑ったり、それが明日の仕事の活力にもなる。今日も、別の仮設住宅に住んでいる孫たちが「おこづかいないから、おこづかいを稼ぎにコンブの加工の手伝いにきたよ」って来ましたが、仮設が別になってたまに見るだけになったから、こいつらもこんなに大きくなったのかって思ってしまいます。家族が別々にいるっていうのはそういうことだと思うんだよね。やっぱり家族っていうのは一緒にごはんを食べて、他愛のない話を言ったりしながら生活するっていうのがいちばんじゃないかなと思います。

（構成／宮内泰介）

4 選択と復興——十三浜の漁業復興をめぐる協業化の実践から

髙﨑優子

1 はじめに——人びとの選択と漁業の復興

旧北上町の海沿いに伸びる集落群は、浜の数にそって十三浜と呼ばれてきた。漁業を主な生業とし、ワカメやコンブ、ホタテの養殖が盛んな地域だ。広大な北上川から流れ込む栄養分と外洋ぎわのきつい荒波に育てられた十三浜の養殖ワカメは、その肉厚さと歯ごたえのよさで知られ、県下一の高値がつくほどの評価を受けてきた。海岸沿いにはぎっしりと家と作業場が建ち並び、海には二〇〇〇本を超える養殖ロープが浮かべられ、八つに分かれた港には四〇〇艘近くの船が停まっていた。そこには獅子が舞い、囃子が響く、にぎやかな浜の暮らしがあり、親と子、孫が大きな一つ屋根の下に集う、おだやかな浜の暮らしがあった。

ワカメ出荷最盛期目前の浜を襲った震災は、白浜、小室、大室、小泊、相川、小指、大指、小滝の地区内八漁港すべてと家屋の九割、作業小屋や養殖施設のほぼすべてを人びとから奪い去った。船も三〇〇艘近くが波に消え、地区全体で九〇名を超える犠牲者が出た。二〇一一年夏にある集落を訪れたとき、そこ

浜の暮らしは壊滅的な被害を受けた（2011年8月，髙﨑撮影）

には被災を免れたわずかな漁船と、ほとんど海に浸かったままの荷揚場と、錆びた鉄骨がむき出しになった建物の跡とがあった。草ばかりが伸び放題に生い茂り、更地に積み重ねられた色とりどりのプラスチック製の浮き玉が、辺りを包む静けさと奇妙なコントラストを描いていた。浜のその重々しい沈黙は、このままずっと続くかのように思われた。

しかし思い返せば、積み重なったその浮き玉は、浜の暮らしの回復を願う人びとがガレキの中から拾い集めたものだったのだ。あの日から四年半ほどの歳月が流れた。がらんどうだった浜にはいま、一〇〇を超えるトタンやプレハブの小屋が建ち、大きな加工品工場もみえる。青合羽に長靴姿の人びとが港を行き交い、ワカメを茹でる湯気の熱気が辺りをおおう。陸に上がった浮き玉は海に戻され、真新しい船の進水式が行われ、いくつかの集落では再び獅子や囃子の音が鳴った。浜の暮らしが回復したとはまだ言えないが、それでも驚くほどのねばり強さで、人びとは困難を一つずつ乗り越えてきた。

ではそこに、具体的にどのような困難があったのだろうか。人びとはその困難をどのように乗り越えてきたのだろうか。そして、漁業という営みの再生、浜の暮らしの再生は果たされるだろうか。震災後、普段ならじっくりと時間をかけて考えるような問題も、さまざまな制度の締め切りに追われながら、そして一日も早い復興を目指しながら、浜の人びとは目まぐるしく選択を重ねなければならなかった。そしてそこには一つの大きな選択肢があった。それは協業化という選択肢だ。人びとはその選択肢をさまざまに受け止めながら、それぞれの選択を重ねてきた。本章ではこの協業化という選択肢を中心に、あの日以来人びとが重ねてきた選択のありようから、漁業復興について考えたい。

2　漁業復興をめぐる制度・議論

好漁場が広がる太平洋沿岸地域を襲った東日本大震災による水産関係の直接的被害額は、一兆二六三七億円（二〇一二年三月五日、農林水産省公表）にのぼる。[1] この壊滅的ともいえる被害を受けて、漁業復興をめぐってはさまざまな議論が巻き起こったが、その多くは漁業が震災前より危機的状況にあるという認識を出発点としている。国内需要が減るかたわらで輸入水産物が増え、魚価の低迷に加えて生産コストは高くなり、担い手の高齢化も進んでいる、などの点が繰り返し指摘され、震災を機により強い産業に生まれ変わるべきだという意見が多く聞かれた。創造的復興をうたう復興構想会議による提言（東日本大震災復興構想会議［二〇一一］）、震災を好機と捉えるべきとの日本経済調査協議会による報告書（日本経済調査協議会［二〇一二］）、そして識者による意見やマスコミ報道などが、復旧もままならない現場に漁業改革を大きく迫った。

このような改革論がとびかうなか、漁業復興における政府の基本方針となる「水産復興マスタープラン」（二〇一一年六月二十八日、水産庁公表）では、提言を引き継いで漁業の創造的復興をうたい、そのための指針として協業化や共同化、集約化、六次産業化、漁協の役割の再編や民間企業との連携の促進などが示された。また、宮城県の復興計画でも、「新たな水産業の創造」と銘打って、漁港集約や六次産業化、そして協業化や法人化の推進などを通じ、効率化や経営体強化、高付加価値化などが目指されることになった（「宮城県水産業復興プラン」、二〇一一年十月）。このように産業としての漁業の脆弱性の克服と強靱化を目指す議論や提言、施策は多くの「べき」論となって現場に降り注いだが、なかでも協業化は、国や自治体が用意した復興政策の多くに反映されたことから、復興の選択肢として大きく浮上することになった。加えて復旧過程で大きな力を発揮したさまざまな民間助成のなかにも、支援対象を明確にするために漁業者の組織化や法人化を求めるものが少なくなかった。

漁業の協業化にはさまざまな形態や段階があるが、ここでは広く意味をとり、複数の漁家（ぎょか）がなんらかの海上作業や陸上作業、設備利用などを共同して行うこととしよう。そのメリットは経営の合理化、生産力や品質の向上、労務負担の軽減、販売体制の有利化、漁場や資源利用の改善などにあるとされる。しかしそもそも、被害を受けた地域で盛んだった沿岸漁業の多くは、漁業者たちが共通の漁場を利用し、合意の上での秩序を形成しながら、めいめいがその知識と経験、技術を深めることによって発展してきたという経緯をもつ。したがって漁業者それぞれの個性に基づく操業の方が、より望ましい選択である場合も多い。

そのためにこれまで政策的にも現場においても、協業化はそれほど積極的に推進されてはこなかった。

しかし今回の震災では、右のような議論に加えて、個人の資産となる船や資材の購入には公金を使うことが難しいという補助制度の限界（加瀬［二〇一二］）と、被害の広域さ、深刻さのために、早期にそれらを回復させるには協業化が望ましいという現実的な課題とがあった。これらの理由が相まって、復興政策の多くが協業化を前提あるいは推進するものとなったのだ。このように「あるべき」一つの選択肢として協業化が強力に浮上する一方で、浜の人びとの実践に目を向ければ、この選択肢をめぐるさまざまな展開と選択とがあった。それらの動きからは、これまでに見た制度や議論とはまた異なる協業化のすがたが見えてくる。そしてそのすがたから、漁業復興において大切ないくつかのことも見えてくる。次からは、震災前の十三浜の漁業の様子から今日に至るまでの人びとの選択を、時間の流れに沿って見ていくことにしよう。

3　漁業復興をめぐる選択

十三浜の漁業の様子

二〇〇七年に宮城県内の三十一漁協が合併する以前、浜の漁師たちが所属していたのは北上町十三浜漁業協同組合という単一経営の漁協だった。立神集落から小滝集落までをその管轄区とする十三浜漁協は、黒字経営が続く優良漁協の一つであり、水揚げは年四億を超えていた。合併後、十三浜漁協は宮城県漁業協同組合北上町十三浜支所（以下「支所」）となり、単一漁協から県漁協傘下の一支所へと立場が変わる。

震災の前年である二〇一〇年の管轄区内の世帯数は三七二世帯、そして支所組合員数は正組合員一四九名、準組合員一五七名の計三〇六名だった（平成二二年度国勢調査、支所提供資料）。支所では一戸一名の組合員という決まりがあるから、ほとんどの世帯が漁業に関わっていたことになる。

二〇一〇年時点では正組合員のうち九〇名ほどが養殖を営む専業的な漁家であり、ワカメ、コンブ、ホタテ、ホヤ、カキのうち二、三種を組み合わせるのが十三浜の一般的なスタイルだった。このように複数の品目を組み合わせるのは、一年を通じて仕事をするためでもあり、また、特定の品目の不作や価格の下落といったリスクに備えるためでもある。準組合員では、普段は別の仕事につきウニやアワビの開口（漁の解禁）日には漁を行う、いわゆる開口漁師が多数を占める。浜全体で二〇ヶ統と決められた定置網の権利をもつ家は、主に冬季のサケ漁を営んでいた。養殖本数の制限や採取日の制限など、限られた漁場を複数の漁師が使うにはさまざまな調整が必要になる。一九九七年から一〇年間、十三浜漁協の組合長（合併後は運営委員長）を務めた大室の漁師、佐藤清吾さん（一九四一［昭和十六］年生まれ）によれば、排他性の強い定置網の許可申請にはその人の人格も大事な資格要件の一つになった。「まわりの人との協調、調和を軽んじる人には許可できません。地元の人たちで加減し合いながら生計を立てる、というのが大切なんです」と佐藤さんは言う。

黒字経営を大きく支えた養殖も、その成功までには大きな苦労があった。以前の浜では、主に天然資源に頼った漁業が行われてきた。刺し網や延縄、釣りなどで季節ごとの魚を獲り、天然もののワカメやコンブを刈りながら、冬場になると大きな現金収入源になるアワビ採りを行うその生活は、自然の状態に大きく左右され、いつもうまくいくとは限らなかった。高度成長期になると、海からの収入の不足や不安定さ

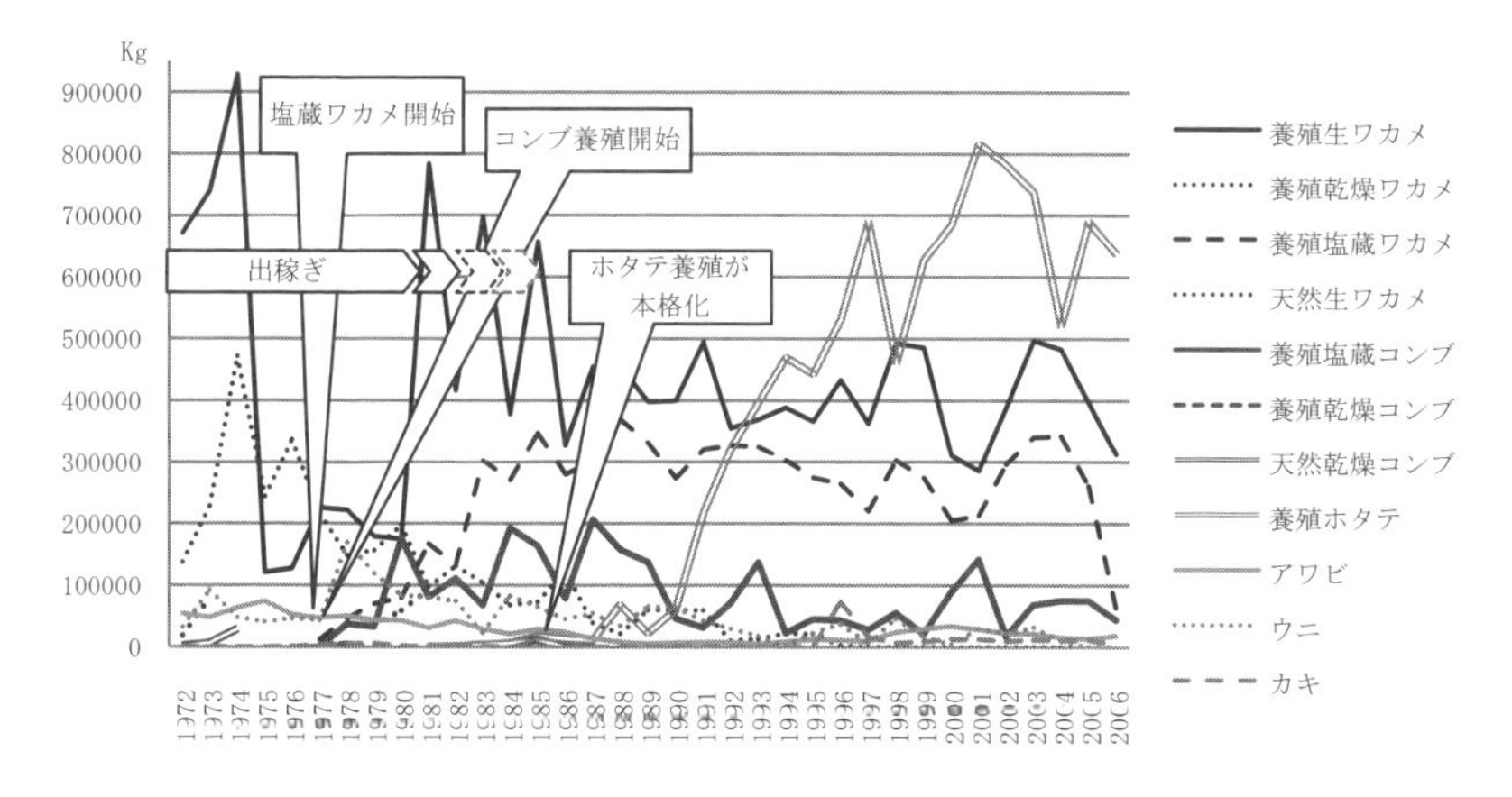

図１　十三浜漁協の受託販売品取扱高（数量）
出典：十三浜漁業協同組合業務報告書

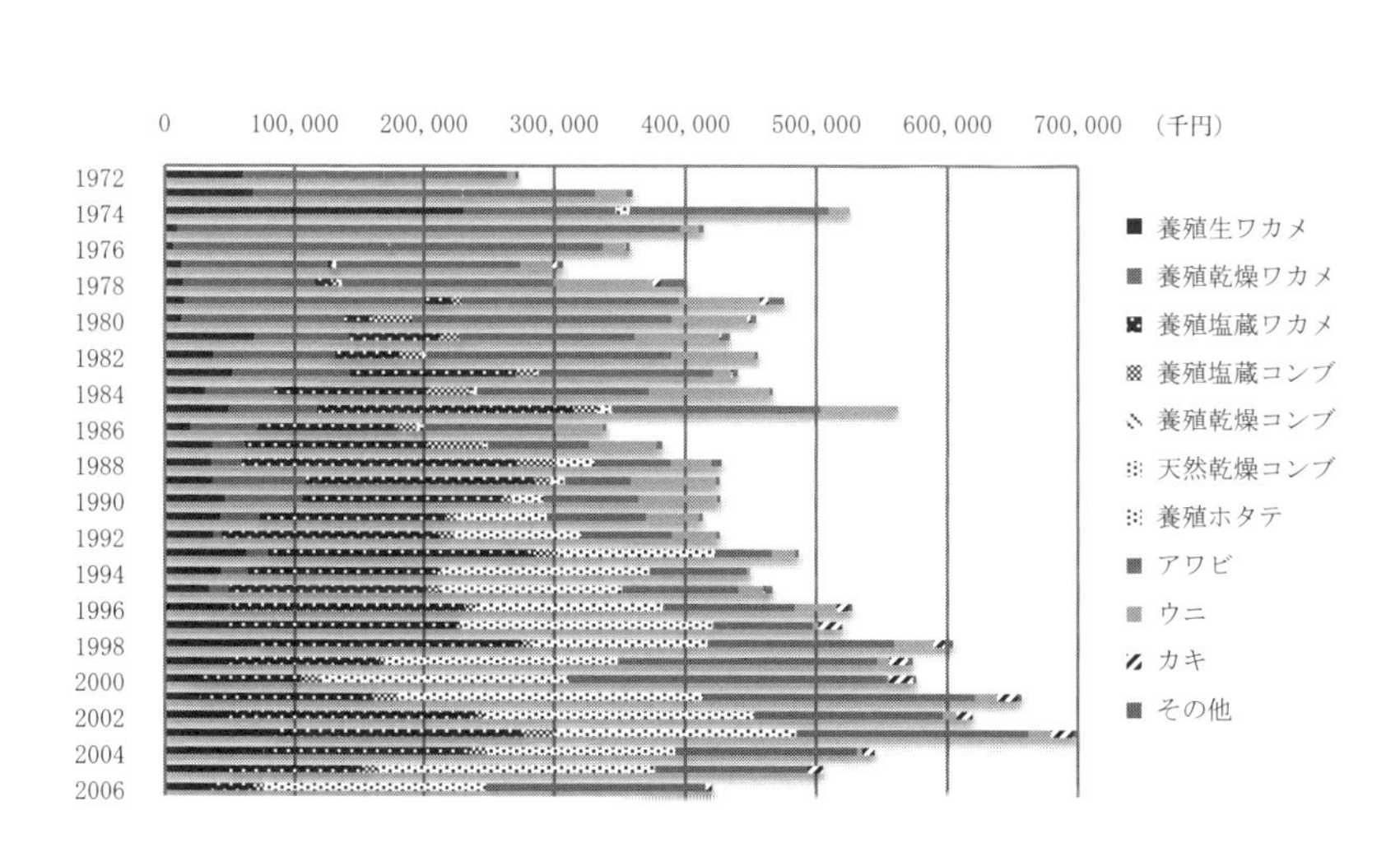

図２　十三浜漁協の受託販売品取扱高（金額）
出典：十三浜漁業協同組合業務報告書

をおぎなうため、多くの人が関東方面へ出稼ぎに行くようになる。一九六〇年代には養殖ワカメが導入されたが、それでも浜で一年を通した生活を営むのは難しかった。世帯主の多くは休閑期になると出稼ぎに行き、家族が離ればなれになる状態が続いた。

この状況を解消するために、当時の青年たちが立ち上がる。研究会を結成し、ねばり強い努力と試行錯誤を繰り返した。十三浜にコンブやホタテの養殖が定着し、一年を通じて漁業を営めるようになったのは一九八〇年代半ばのことだ。それとともに、家族そろっての浜の暮らしも当たり前になっていった。ワカメもまた、乾燥から塩蔵へ、垂下式（種をはさんだ養殖ロープを海中に吊り下げる方法）から水平式（種をはさんだ養殖ロープを海面近くに水平に張る方法）へといった技術改革を繰り返しながら品質の向上に努め続けた結果、県内最高値がつくほどの評価を受けるようになったのだった。

養殖はまた、時期ごとの種付けや資材の準備、ワカメの芯抜きやボイル作業など、海だけでなく陸の仕事も大事な役割を担う。十三浜では父親と息子が海の仕事をこなし、母親や祖母、引退した祖父などが陸の仕事をこなしながら、家族単位で生産から加工までを行うのが標準的なスタイルだった。販売までを行う家も少なくなく、それぞれの家ごとにいろいろな工夫を凝らしながら、より良いものをつくりたいという向上心を育んできた。どの品目にどれだけの比重を置くかも家ごとの判断で、知識と経験、そして事情とが反映されながら、それぞれのリズムがつくられた。ワカメの収穫期など作業が集中するときには、浜に住む手すきの人たちを雇うことも多かったから、雇用の効果も生んできた。十三浜ではこのように、海そのものの豊かさと人びとの創意工夫とがかけ合わされて、安定した浜の暮らしがつくり上げられてきたのだった。その暮らしを根底から揺るがしたのが、先の震災だった。

最初の協業化——スタートをそろえるために

津波が去ったあと、漁場は破壊し尽くされ、長年かけて少しずつ手に入れてきた小屋や資材はガレキの山となっていた。亡くなった人びとのなかには組合員一六名が含まれる。被害のあまりの大きさに多くの漁師たちが茫然自失となるなかで、四月末ごろから浜のガレキ処理が始まった。国や県の緊急雇用事業からの交付金で、当面のあいだ一日あたり日当一万二一〇〇円が支給されることになったのだ。まだ先の定まらない漁師たちも、とりあえずはこの仕事に従事することになった。ただし海中のガレキについては補助の有無が不明だったため、漁業再開に向けて欠かせない漁場の再生はほとんど手つかずの状態が続いていた。

ところで、津波の被害というのは浜を一様に襲ったのではない。家や船や作業小屋のすべてを失った人もいれば、そのほとんどが残った人もいる。一人ひとりの被害には大きな差があり、被害の軽い漁師のなかには、漁場全体の復旧を待たずにすぐにでも操業を始めたいとの声も少なくなかった。とにかく水揚げがないことには先の生活が成り立たず、船があれば自分の漁場周りを片付けることはできるからだ。しかし、船を失った人たちはどうすることもできない。県は一括して大型船で海中ガレキを処理することを予定していたが、それがいつ始まるのかはまだまったく不明だった。浜にはすぐにでも前を向いて歩み出せる人たちと、そうすることがままならない人たちとが混在していた。

そのような状況のもと、支所は漁場回復のために協業化という手段を選択する。音頭をとったのは、先に登場した佐藤清吾さんだ。浜の漁師たちの強い要請に応えて、その年の六月に再び委員長の座を引き受けたばかりだった佐藤さんは、さっそく漁場づくりにとりかかる。その際ゆずらなかったのが、浜の全員が漁業再開に向けて「同時」スタートを切る、という一点だった。そのために残った船のすべてを支所が差配し、漁場再生のための協働作業に従事させるという方法をとったのだ。船の提供者には、支所に寄付された財源を利用して、一日二万円の日当が支払われることになった。

「被害の少ない人たちは、みなさんと同時スタートでは自分の利益がある程度侵害されると、そういう気持ちもあって。当初はやっぱり足並みがそろわなかった。だけどそれはダメだよ、って。俺は絶対ダメだって。私はね、絶対同時スタートでなければダメだって。それで、残っている船は全部まさに復活のための共同作業に提供すると、そういう形をとった」(二〇一五年七月、佐藤清吾)。協業体制をとったガレキ処理が進められる一方で、漁場の配置図も新しく引き直されることとなった。震災以前より問題視されていた養殖ロープ同士のぶつかり合いなどを解消し、より効率的な漁場に再編するためだ。さらに、復旧工事に従事する大型作業船の往来に支障がないよう、漁場内の航路を確保し直す必要もあった。漁師たちが夜ごとに集い、完成させたその新しい図面に基づいて、十月には養殖施設再建の第一歩となるアンカーブロックの海中投入が始まった。ここでも、海底の整地作業やブロック位置の微調整などに、提供された漁船が活躍する。数にして四〇〇〇個、金額にして約二億円の資材費を要するそのブロックは、

「同時スタート」の音頭をとった佐藤清吾さん
(2013年4月, 髙﨑撮影)

国の補助施策の詳細がいまだ不明なうちから、支所によって見切り発車で発注されていた。佐藤さんは、短期収益が見込め、また資材費も比較的安いワカメ養殖を復活させることが、浜の再生に向けた第一歩となると判断していたのだ。それはまた、時間の経過とともに再び海に戻ることを心に決めた漁師たちの願いでもあった。ワカメの沖出しは例年十一月ごろには始まるから、それはぎりぎりのスケジュールだった。

補助制度利用のための協業化——名目化と制度の課題

国の事業は二〇一一年五月二日に第一次補正予算が成立して以降、少しずつ動き始めてはいた。その後七月の第二次補正予算、十一月の第三次補正予算を待って水産部門における国の復興メニューが出そろうことになったが、その総額は例年の水産庁の予算が約二〇〇〇億円であるのに比べ、七三四〇億円（二〇一一年度）と巨額なものになった。しかし浜ではその全体像はなかなか見えてこない。来季のワカメ収穫に向けて動き出した漁師たちは公的な支援を待ってはいられず、手探りで施設や資材、漁船の調達を進めてはいたものの、国内の供給はどこも手いっぱいでそれらの調達は困難をきわめていた。

補助を受けるためにはグループ化をしなくてはならない、という話が支所から漁師たちに伝わったのは、震災から半年を迎えたころだ。「共同利用漁船等復旧支援対策事業」や「水産業共同利用施設復旧支援事業」などの制度を利用して漁船や施設を復旧するには、それらを漁業者が共同利用することが条件となっていた。制度を利用すれば、自己負担額はおよそ九分の一から三分の一程度になる。漁師たちの多くは自ら望んで自主再建するような余裕はなく、そのため浜では支所が仲介して、あるいは漁師たちが自主的に組んで、三人から五人程度のグループが次々に誕生した。そのさい来季のワカメ収穫に向けた作業にすべての漁師が取り組めるよう、各グループに最低でも一艘の船が行き渡るように調整したのも、「全員が同時スタートを切る」ことにこだわった支所だった。

しかし結局これらのグループはそのほとんどが名目的なものに終わり、実質的な協業化には至らなかった。浜では依然として家族経営への志向が強く、グループ化はあくまでも制度利用のための便宜的なものにすぎない、というのがおおかたの捉え方だったのだ。制度上も共同利用については「漁協が取得する漁船や施設を組合員が借用して利用する形態を想定する」(宮城県「共同利用漁船等復旧支援対策事業Q＆A」)とされており、その内実は漁師たちに一任されていたことも大きかった。漁船がそろうまでは一時的に相乗りした例もあったものの、制度利用のためのグループ化は、文字どおり制度利用のためだけに終わったのだった。

それよりも、これらの補助制度を含む国の復興事業をめぐっては、漁協合併の弊害と混乱のさなかの制度利用の難しさ、という二つの課題が浮き彫りになる。公的な事業は組合を通じて組合員たちに伝達されるが、合併によって単一漁協から宮城県漁協傘下の一支所となっていた十三浜には、公的機関から県漁協へ、県漁協から県漁協石巻総合支所へ、そして総合支所から十三浜支所へ、という迂回したルートをたどらなくては情報が下りてこない。加えて窓口となる支所は大きく被災し、いろいろな事情から一時期は職員がわずか二名しかいなかった。県の事業もあわせると二〇を超える復興関連の事業はそれぞれ複雑なしくみになっており、その内容を咀嚼するにもさらに時間を必要とした。支所は混乱をきわめ、事業の中には手をつけられなかったものもあったという(2)。漁師のなかには自ら石巻まで赴いて情報を得た人もあったが、それができた人たちはごくわずかだった。極端なときには、漁師たちに情報が下りてきてからわずか二日後に申請期限というような事例もあった。ある漁師が「十三浜と石巻はたかだか一時間程度の距離なのに、その一時間の距離で何千万という（補助の）差が出てくる」と口にしたように、漁協合併によって十三浜は補助をめぐる情報戦の末端に置かれてしまっていたのだった。

浜の不運はそれだけではなかった。宮城県漁協には共同利用を条件とする補助事業にはすぐに着手できない事情があった。右でも少し触れたように、補助事業のしくみでは、取得する船や機器、施設の所有者は漁協になる（漁師たちは使用者としてリース料を漁協に払う）。減価償却の期間が過ぎれば使用者への払い下げが可能と解釈されているが、制度上、事業を利用すれば漁協の固定資産額が一時的にふくれ上がってしまうのだ。信用事業を行うのに必要な自己資本比率が被災のためにすでに大きく下回っていた県漁協では、まずはこの問題の解決が必要だった。結局、施設保有を目的とする三つの漁協を設立することで問題の解決をみたのだが、その解決が十一月にずれこんでしまったため、浜で事業が本格的に始動するのはさらにそれ以降のことになってしまった。それはちょうど、ワカメ養殖の再開に向けた作業が佳境に入る年末期と重なった。

震災後，浜にはいくつかのグループが誕生した
（2013 年 4 月，髙﨑撮影）

制度の申請には込み入った書類の準備を必要とし、審査要

件もまた複雑だ。締め切りまで間もない制度への駆け込み申請が相次ぐことで、現場の混乱はいっそう増した。「最初で三割はあきらめて、残り二割は審査ではねられて、結局五割しかやれない」というような話が聞かれるほど、申請自体をあきらめる人や、申請にこぎつけても審査で却下される人は少なくなかった。本当は事業の対象となる人も、制度の複雑さのために対象外と誤解されることもあった。さらに補助金は後払い式だったから、そのこともまた漁師たちの負担を増した。

しかし彼らは制度に振り回されているばかりでもなく、なかには自分たちの使い良いようなしくみに組み替える人たちもいた。たとえば、ある漁師は旧知の四人で名義上のグループを組んだが、「グループに一台機械がもらえる場合、残り三台を四人で購入すれば一台当たりが安くなる」ことを考えてのことだった。また他の漁師は引退間近の高齢者を含む五人でグループを組み、四艘の共同利用船を申請したが、それは「引退まで漁を継続する負担をグループ全員で分担するかわりに、払い下げの際に残り四名すべてに船が行き渡るようにする」ためだった。制度の条件を逆手にとった、このような戦略的ともいえるグループの組み方は、少なくなかった。

漁業者自身による協業化——さまざまな組織化へ

このように混乱を招きつつ、制度利用のための協業化が名目的なものにとどまる一方で、浜では二〇一一年の秋頃から、漁業者自身の選択による多様な協業化が見られるようになっていた。五家族十三名での漁業生産組合「浜人（はまんと）」の成立を皮切りに、漁師四名による有限責任事業組合（LLP）「浜十三（はまじゅうぞう）」、同じく四名からなる株式会社「鵜の助（うのすけ）」という三つのグループが誕生したのだ。

「浜人」は、代表理事を務める大指の漁師、西條剛（つよし）さん（一九五三［昭和二十八］年生まれ）が、船を失った友人に共同利用の声をかけたことから始まった。家も船も残った西條さん自身は個人でも漁を再開できたが、まわりはそうではない。「その頃ってみんな何もない。うちだけ残って、船もあるし、車もリフトも全部残ったんで。最初は種付けまで、船がそろうまでみんなで協力、手伝いながら再開するまでそうするかな、って頭で思ってた」（二〇一四年十月、西條剛）。次第に増えた仲間と当面の作業を協力し合ううち、その一人から生産組合化の提案が持ち上がる。生産組合になれば独立した事業体としての扱いを受けられ、さまざまな面でメリットが見込めるからだ。そして十一月、浜で初めての組織的な協業グループ、漁業生産組合浜人が発足する。大指の地縁関係を基盤とするメンバーのなかで一世帯だけ小泊からの参加があったのは、その世帯主が先に見た研究会で、西條さんたちと長く苦労を共にした仲間だったことが大きく関係している。

「浜十三」もまた、小泊出身のリーダー、阿部滋さん（一九五〇［昭和二十五］年生まれ）が「弟が船をなくしたので、復活できるまで助けてやろうと思ってた」（二〇一五年七月、阿部滋）と言うように、船をなくした仲間を助けることから始まった。小泊、大室、白浜、大指の四人は、兄弟や同級生、かつての仕事仲間といった関係で、震災前から作業を手伝い合うこともあった。支所からグループ化の話が出たときに名目上のものでよいとは思わなかったという阿部さんたちは、グループを本格化することを考える。加えて、初期投資額が大きく、個人で再開するのは難しいホタテ養殖を協業化で乗り切ろうという目的もあった。十三浜をもじって浜十三と名づけられたグループは、組織化することでより大きな支援を得るために、二〇一三年八月にＬＬＰに申請する。解散に柔軟なＬＬＰという形態にしたのは、協業化をあくまで自立までの手段と捉えていたからだ。「メンバー全員に船、家、作業小屋、そして荷揚場がそろうこと」が自立だと考えた阿部さんたちは、それまでにかかる時間を考えて、定款には存続期間は五年、と書き込んだ。

「鵜の助」は聞き書きに登場する大指の西條武さん（一九五八［昭和三十三］年生まれ）が代表を務めるグループで、他の三人もみな大指出身だ。大指は十三浜でもとくに家族単位での操業が盛んな地域だった。そのなかで親が高齢だったり病気だったり、あるいは震災で亡くなってしまったりと、一人操業をせざるをえなかった四人が集まってグループとなる。四人はもともと親戚や親しい友人関係にあったが、労働力が同じ者同士で組んだ方がのちのち問題も起きにくいだろう、との判断も働いた。その西條さんたちは、民間ファンドへの申込みがきっかけで二〇一二年八月に株式会社となる。ただのグループでは途中解散のリスクがあると見なされやすく、投資開始に時間がかかっていたからだ。元の住まいが災害危険区域に指定されたことも、協業化への背中を押した。「家は全部なくなったし、土地は更地になったし、自宅は建てられないし。そうなったら共同の作業場をつくってしまった方がいい。メンバー全員が土地を提供してもいいって、そういう気持ちになったのも大きいと思います」（二〇一三年十一月、西條武）。

三つのグループは、それぞれに違う展開を歩んでいった。親子二世代が特徴の浜人は七名の理事をおき、給与・報酬額は基本的に男女で区分することにした。また、若い世代が加工作業や直販ルートの開拓などを担当し、積極的な営業によって市場のニーズを拾い、六次産業化へ向けたはずみをつけた。年配世代は経験を生かして漁業の指図をとり、生産力の維持に努めている。鵜の助は四人全員が役員となり、報酬も同額とし、それぞれの得手不得手を発見しながら効果的な協働体制を整えていった。直販の割合を高めることを目指して六次産業化に取り組むことになり、さらに若手の意見を取り入れてホヤやカキの養殖も始めている。全面的な協業化に取り組むこの二グループに対し、浜十三は部分的な協業化の形をとる。個別に収穫するワカメのうち一定分を出し合って浜十三ブランドとして直販する生ワカメと、収穫・出荷作業を輪番制で協力し合うホタテ（阿部さんは浜に昔からある「ユイ」の方式だと言う）のほかはすべて個人操業と決め、収益は協業部分も含めて個々の水揚げに応じることにした。このように、当面の助け合いとして始まったグループは次第に自分たちなりのやり方をつくり出し、協業化に復興への活路を見出していくことになったのだった。

4　十三浜の漁業復興のゆくえ

協業化という選択の実践から

これまでの動きを順を追って考えたい。最初に行われたスタートをそろえるための協業化は、佐藤清吾さんの言うように「被害差をならす」ための協業化だった。では、なぜそんなことをしたのだろうか。鍵になるのは「差」と「秩序」の関係だ。

普段から、漁師たちの間に「差」は存在する。けれどもそれは、それぞれの技術や技量に基づく、いわば理由のある差だ。理由があるということは、その差に納得がいくということでもある。協業化がこれまで好まれてこなかったのは、そのような納得がいく差から生まれる向上心や競争心が浜を発展させてきたからだ。つまり、浜では平等さ（「差」のない状態）ではなく、公平さ（納得のいく「差」がある状態）が重視されてきたということであり、それが十三浜の漁業を支えてきた「浜の秩序」だった。そこでは「地元の人たちの加減のし合い」も、大事な要素として捉えられてきた。しかし、震災によってその秩序が危機におちいる。被害の差というのは運による差であり、理由がない差だからだ。生じた差は誰にも説明がつかないし、納得もいかない。そのような差を持ち越せば、浜に将来的な禍根を残しかねない。つまりこの最初の協業化は、普段から存在する浜の秩序にのっとって、その秩序の危機を回避するために選択されたものだったのだ。納得のいかない差がうずまく震災直後の混乱のなかで、まず必要とされたのは、このような浜の秩序の回復だった。

つぎに、制度的な背景を抱えた協業化が名目的なものに終わったという事実について。共同利用を条件とする諸制度は、現実的な課題と制度の限界とのなかで工夫されたものであることはすでに見た通りで、制度の趣旨は理解できる。しかし、浜では家族ごとの工夫があり、家ごとのリズムがあり、そしてそれらに基づく発展の歴史があり、そのことに対する自負もあった。そのような道を歩んできた彼らが考える合理と、制度や議論における合理は大きく違う。たとえば、彼らにとって共に組む相手は単なる労働力の寄せ集めではない。家族単位で漁業を営んできた彼らにとっては、グループもまた、互いの事情や面倒を引き受けあう家族の延長のような関係であってはじめて合理的なものとなる。漁船や施設についても、家ごとのリズムが異なるなかでの共同利用はなかなか現実的ではないし、とくに漁船に関しては、単なる生産手段の一つではない。たとえば沖出し（津波の被害を避けるために船を沖に出すこと）について、「どうせ補助が出ると分かっていたら、古い船だったから流してしまってもよかった」と冗談混じりに笑う漁師は少なくない。けれど同時に「助けられんなら助けるって、絶対。助けられるなら助けるよ」（二〇一四年八月、佐々木昭繁）、「自分の子どもと同じだ。道具は道具だけど、愛着があるわけさ」（二〇一四年八月、千葉巌夫）と、船をまるで人格がある存在のように扱う彼らは、自分たちの個性に応じて船の個件をつくりあげてきた。手慣れない船の利用は自らの仕事のパートナーとしては捉えにくいし、生産性が上がる確証もない。労働力を集約し、漁具や漁船の共同利用によって効率化し、収益を上げる。制度や議論が前提とするそのようなシナリオには、だから、多くの漁師が発展的な意味を見出せなかった。いずれ解散のリスクを抱えるなら、最初から実質的な協業化には踏み込まない。その判断が、名目的協業化という選択へと結びついたのだった。

最後に、実態化した協業化について。彼らにとってもまた、協業化ははじめから効率化や高収益化を目指した積極的な選択肢であったわけではなく、それはむしろ災禍によって突然生じた困難に基づく、ある種のやむをえなさを伴った選択だった。しかし彼らは実際にそれを進めていくなかで、試行錯誤を繰り返し、自分たちなりのやり方を見出していく。そのようなことができたのは、協業化のしくみそれ自体がなんらかの制度に枠づけられたものでなかったことも大きいだろう[3]。労働力の増加と収益の増加が必ずしも比例しなかったり、新たな業務が負担だったりと、協業化はいいことばかりではなかった。けれどもまた、体調不良のときに他のメンバーがおぎなってくれる、仕事に余裕が生まれるなど、「ひとりじゃどうしようもないことがなんとかできる」（二〇一三年一一月、西條武）ことの発見も繰り返した。直販や六次産業化へ取り組む意欲も、実践のなかで生じていった。つまり、やむをえなさのなかでなされた選択を、実際の試みのなかで意欲的、積極的な選択へと読み替えていくことで、復興へ向けた持続的な力へと転化していったのだ。なお、二〇一五年、前年に六次産業化法に基づく農林水産省の事業計画認定を受けた鵜の助は大型の加工品工場を完成させ、六次産業化へ向けて大きな一歩を踏み出した。同じく加工品工場をもつ浜人は、県内外のスーパーや飲食店、百貨店などへ販路を着実に拡大させ、休日シフト制の導入にも踏み切った。浜十三は当初の目的をほぼ達成したと判断し（家の再建は遅れている）、ホタテの協業化をやめてそれぞれが独立して動くこととなった。ワカメの浜十三ブランドは今後も継続する予定だという。

選択の主体化へ向けて

協業化をめぐる十三浜のさまざまな選択からは、まず何よりも浜の秩序の回復が目指されたこと、制度や議論の考える合理性と漁師たちの考える合理性とにずれがあること、そして日々の暮らしのなかで築かれた人間関係が多様な協業化を生んだこと、などが見えてきた。そして、やむをえなさを伴った選択を、実践のなかで積極的な選択へと転化していったことも見えてきた。では、これらのことから、漁業復興に向けて言えることはなんだろうか。

まずは、漁業が単なる産業ではなく、生業（なりわい）でもあるということに眼を向けることの重要性だ。それはつまり、浜の秩序や漁業者一人ひとりの個性、そして人びとの間のつながり、といった事柄を軽視しない、ということだ。震災後の漁業をめぐる議論はときに、これら個々の地域に備わる社会的基盤の存在を、非効率的なものとして退けてきた。しかし、漁業がこれらの基盤を含めた有形無形のものから成り立つ生業であることを無視した議論や提言は、復興を目指す個々の現場において実効性を伴わないだろう。それだけでなく、秩序や紐帯といった社会的基盤の存在が協業化という選択を可能にしたのであれば、漁業が生業でもあることが彼らの選択の可能性を広げたということになる。漁業復興をめぐる制度や議論を産業としての漁業一辺倒にしてしまう危険、経営体強化や作業効率化などの側面からだけ考える危険はここにある。生業であるがゆえの強靱さを断ち切ってしまわないような政策的な配慮を、まずは強く求めたい。

つぎに、選択の読み替えの重要性である。災禍からの復興の過程で、人びとは絶え間のない選択を強いられる。しかもそこには次々と迫り来る時間的な制約があり、制度的な限界もある。そのような状況のなかで、政策決定者や有識者たちによる「べき論」が強力に選択の方向性を差配する。協業化という選択肢もそのようにして浮上してきた側面をもつ。しかし、災禍のなかではどのような選択肢も当初は「まし」だったり「やむをえない」だけだ。その選択に積極的な意味を見出せない場合は名目化するし、積極的な意味を見出せた場合は復興への持続的な力となる。やむをえない選択に積極的な意味を見出していくこと、制度と制約のなかでの選択の読み替えを行うこと、その読み替えによって選択を先へとつながる持続的な力へと転化していくこと、そのことをここでは選択の「主体化」と呼びたい。小さな助け合いから始まり、やがて組織化していった協業化は選択の主体化の最たるものと言えるが、制度に振り回されるだけではない、戦略的な利用も選択の主体化の一つだし、浜の秩序の回復という目的を実現させたことも選択の主体化の一つと言える。さまざまな困難のなかで、そして制度と制約のもとで、この選択の主体化をいかに行うかが漁業復興の鍵を大きく握ることになる。

二〇一五年八月現在、支所の組合員数は正組合員一〇七名、準組合員一七六名の計二八三名となっている。組合員全体の減少は進んだが、専業的な漁家の減少は一〇軒程度にとどまった。漁船の数は二八七隻まで回復し、養殖ロープの数も震災前の八割に迫る。立ち並ぶ作業小屋のにぎわいは、人びとが乗り越えてきた幾多の困難の上にあるものだ。しかし、浜はいまも復興の途上にある。漁師の多くは自宅再建の負担を抱えるし、無我夢中で回復させた資材や漁船は震災後倍近くに値上がりした。補助があるとはいえ、自己負担額は数千万単位にのぼり、それらの多くは負債として今後長く彼らにのしかかる。また、漁業者以外の人びとの転出による作業の人手不足も心配されるし、一度は大きく暴れた海となかなか止まない原発事故の影響とで、息子に漁業を継げとは言えなくなったという人もいる。これらの課題に対応するため、浜では新しく協業化をさぐる動きも出始めた。

このように復興は長い道のりで、けっして一過性のプロセスではない。困難は次々に生じ、そして刻々と変化していく。その変化に応じて、人びとは繰り返しさらなる選択を重ねていく。復旧ではなく復興を、というのはまさしくその通りで、復旧のための支援や施策はいわばカンフル剤のようなものに過ぎず、今後の継続的な取り組みこそが重要になる。しかしそれは、しばしば聞かれるような、震災を機に漁業改革を断行すべきだ、ということではないだろう。漁業復興をめぐる「べき論」は、ともすれば人びとの多様な選択を一元化しようとしてしまう。私たちがこれまで見てきたことは、選択を可能にする生業の強靱さ、そして選択の主体化の重要性だった。それらが断ち切られることのないように、そして阻まれることのないように、立ち現れる障壁と困難とを常に検討しながら、今後どのような選択のもとに浜の暮らしの回復が果たされていくのかを注視し続けたい。

〈注〉

（1）内訳は、漁船一八二二億円（二万八六一二隻）、漁港施設八二三〇億円（三一九港）、養殖関係一三三五億円、共同利用施設一二四九億円（平成二三年度「水産白書」）。

（2）　たとえば協業化促進事業として三次予算で組まれた「がんばる養殖復興支援事業」は、経費処理や販売などがすべて組合管理となるため、支所では事業利用を見送った。しかし結果的にそのことが多様な協業化の取り組みを招いたのだともいえる。次注参照。

（3）　前注でふれた「がんばる養殖」は、協業化を条件に水揚げが回復するまでの一定期間の事業費を国が支援する制度で、事業費の前払い方式と国による赤字補塡が制度の目玉とされた。しかし、生産体制のしくみが制度上決められており、漁師たちの自由な裁量で進めることはできない。

〈文献〉

加瀬和俊［二〇一二］「家族自営漁業の震災被害と復旧政策の性格について」『歴史と経済』二一五、二四―三三頁
社団法人日本経済調査協議会［二〇一一］「緊急提言　東日本大震災を新たな水産業の創造と新生に」
濱田武士［二〇一三］『漁業と震災』みすず書房
東日本大震災復興構想会議［二〇一一］「復興への提言――悲惨の中の希望」

第4章
なりわいを再生する(2)
橋浦の農業

はじめに

黒田　暁

震災発生直後、緊急速報を伝えるテレビの全国中継映像に、仙台平野の田園風景をまたたく間に押し包んでいく黒い津波が映し出され、日本中に衝撃を与えた。農地の流失や冠水といった被害はとくに岩手県、宮城県、福島県の三県に集中し、宮城県では県内の全耕地面積の約一一%にあたる一万五千ヘクタール、石巻市では農地約一万ヘクタールのうち二一〇〇ヘクタールが冠水した。

北上川河口地域では、堤防を挟んで河川敷側にはあたり一面のヨシ原、集落側には平地面に田畑が広がっていたが、津波が北上川とその支流河川を遡上することによって、被害がより大きなものとなった。多くの人命と家屋が押し流されるとともに、田畑もそのほとんどが冠水被害を受けた。さらに、それにともなう塩害や用排水路の損傷、地盤沈下による耕土自体の損傷など、営農に必要な生産基盤が軒並み大きな打撃を受け、北上町の全農地およそ三〇〇ヘクタール（五五六人の地権者・耕作者）が被災認定を受けた。また、数値としては明確になってはいないが、個別農家における農業機械・施設等の流出被害も甚大であった。

こうした被害に対し、震災後早い段階から被災農家経営再開支援事業として瓦礫の撤去作業が始まり、被害程度によっては除塩作業のみで二〇一一年度内に営農が再開されたところもあった。ヘドロの除去や農地自体を復旧させる必要のあるところでは、被害状況に応じて復旧作業が段階的に進められてきている。その進行とともに、北上川河口地域の田園風景も少しずつその姿を取り戻してきたかのように見える。ただ、実際に地域で農業を営んできた人びとにとっては、田園風景の復活は必ずしも主要産業の一つである農業の復興を意味するものではない。それどころか、震災前から地域農業が抱えていた課題がより先鋭化してきている。

北上町橋浦地区では、もともと高齢化にともなう水田の耕作放棄が近年増加していた。女川集落の大内弘さんは、地域の認定農業者として個別経営を行っていたが、しだいに周囲の高齢農家から耕作を請け負うようになっていった。大内さんのもとに橋浦地区の耕作地が徐々に集約されていったが、震災による農業被害を機に、周囲で離農者や北上町を離れる人びとが続出すると、それにともない大内さんが耕作を請け負う水田面積もまた急速に膨れ上がっていった。自分で引き受けることができる耕作面積には限界があり、米の販売価格も低調が続いているので、経営には大きな不安がついて回る。しかし大内さんには、今は無理をしてでも耕地を引き受けねばならないという覚悟とその理由がある。

農業集落における営農上の期待は、「担い手」としての個人農業者だけでなく、集落営農法人による組織的な経営形態に対しても大きい。農事組合法人や株式会社といったかたちで、とくに震災後に東北各地で農業生産法人が相次いで設立されている。地域営農の再編策として、協同経営体化と農地の集積の双方が奨励されていることが背景にある。釜谷崎集落の今野力也さんは、震災前の二〇〇七年に仲間たちと農事組合「ゆいっこ」を立ち上げ、その三年目に法人化させた。最大五五ヘクタールほどの水田の耕作を引き受けていたが、震災で収入は大きく減少し、農業機械を流されるといった被害も深刻だった。しばらくの間は、もう解散してやめようかと悩んでいたが、「他に田んぼをやれる人はいない、もう一回米を作ってみたい」との思いから、「ゆいっこ」の再開に踏み切った。二〇一五年現在、震災前のほぼ八割以上の面積の作付けをするところまで耕地を回復させた。耕地の集積化を受け止めながら、地域営農の将来のかたちを見据えている。

本章では、北上町橋浦地区を中心として、農業を営み、地域における「農」を育もうとする人びとの取り組みに着目する。論考「3　震災後の地域農業の展開と生業復興」を通じて、その試みが立ち向かわねばならない生業再生の課題の所在を明らかにするとともに、農業にかかわる地域全体としてのまとまり、営農体制の再編の可能性を見出していきたい。

1 「いまは無理をしてでも請け負うことが、地域の農業を支えることにつながる」

〈語り〉大内　弘さん

もともと農業だけをやるつもりはなかったんですが……

家では父親の代から農業を、おもに田んぼをやっていました。自分自身も、農業高校を出るときに、父親が土木の仕事もしていたのでそちらの仕事を手伝うようになりました。父親は水道工事の仕事も持っていたので、その関係で住宅設備会社に就職しました。その頃は家で繁殖用の畜産もやっていて、おもに母親が世話をしていましたね。和牛を多いとき十何頭飼っていましたが、畜産はしだいに地域でも衰退していって、牛を手放すことになりました。

自分はもともと農業だけをやるつもりはなかったんです。高校に入る時は農業やりたいと思って農業高校に入ったんだけどね。住宅設備会社で働いていた時期もありました。十数年働いて辞めて、資格をとって石巻市から仕事をもらったりしていましたが、震災で無くなってしまってね。今はおもに田んぼだけをしています。一九九八（平成十）年に就農して、その翌年には認定農業者（農業者の経営改善計画を市町村が認定し、認定を受けた農業者は重点的な支援措置を受けることができる）になりました。橋浦ではその頃、一枚一ヘクタール規模の圃場整備事業（水田や畑の基盤条件を改善する事業）が始まっていたんですが、そ

大内弘さん

一九六三（昭和三十八）年生まれ。北上町女川集落出身。奥さんと、三歳差の息子が二人、娘が一人いる。会社勤務を経て一九九八（平成十）年に就農した。農家の父親から引き継いだ田んぼは当初七〇アール（〇・七ヘクタール）だった。二〇一一年三月の震災直前の段階では計二〇ヘクタールほどを耕し、北上町の中でも大規模個別農家であった。震災後の二〇一五年段階では、計四五ヘクタールにも及ぶ田んぼの耕作を請け負っている。

の時「減農薬で美味しいものをつくる。大型農業をやろう」と決意したんです。そして実際に圃場整備が進んで耕作面積が広がったら、その頃には個人の兼業ではもう手が及ばないようになっていきました。

地元の水田耕作を私らで引き受けるようになった　二〇〇五年ごろから農薬・化学肥料不使用栽培米（ひとめぼれ、ササニシキ）をつくるようになりました。これは後に「北上川の恵み、ヨシ腐葉土米」として出荷するようになります。ヨシを積み重ねて、腐葉土として敷きこんだ田んぼで作ったお米です。二〇〇六年度には、宮城県から「エコファーマー」（たい肥などを活用した土づくりと化学肥料・農薬の低減を一体的に取り組む農業者を都道府県が認定し、支援する）の認定を受けて、さらに二〇〇八年度には「みやぎの環境にやさしい農産物認証・表示制度」（特別栽培農産物の認証制度）の認証も受けたんです。それと同じ頃から、地元の水田の耕作委託を引き受けるようにもなっていきました。

とにかくもう農業には若い人がいないってことでね、それをどこからか連れてこなけりゃならないっていう話だった。北上町では野菜も自家用ぐらいにしか作っていないし、直接の特産みたいなものがないんですよ。昔には北上町でもイチジクやつくね芋、茗荷といった作物を中心に振興しようとした時期があったんです。でもなかなか定着しなかった。水田はみんな結構面積を持っている人もいたんだが、それがだんだん自分で耕すことができなくなっていたわけでね。それを私らで引き受けるようになったんです。震災前でおよそ三〇戸分、二〇ヘクタールほどを請け負っていました。

「集落営農」をやるにも、人がいなくて

耕作を引き受けるのは春先なんです。小作料として現物（お米）か現金かで支払うことになっている。「契約」の場合は現物で一反部に対して一俵、「相対」（一対一の直接交渉に基づいて定める）の場合は二俵です。「契約」の場合は、水田の維持管理費を私らが担うことになります。「契約」と「相対」の割合は今ほぼ半々くらいかな。水田の他には、（北上町の）物産部を通じて間接的に、あるいは直接オファーがあると、（対面）販売で全国あちこちに出かけることもありますよ。

役場や（石巻）市は、これからの地域農業の形態として「集落ぐるみの営農」をはかる「集落営農」を想定していますけど、自分のような個別経営者の「（地域農業の）担い手」には、なかなか助成などがつかないんです。法人でないとダメ、という決まりが多い。もともと北上には味噌や漬物といった共同加工場がなかったんです。何度か作ろうとしたことはあったんだけどね。農業も漁業も、基本的に共同加工場はなく、たまにそういう施設があっても、ほとんど使っていないか、使い勝手がよくなくて。シジミの加工施設は釜谷崎にあったけど、津波で流されてしまったんです。

施設がなかったというのもあるけど、そもそも「集落営農」をやるにも、高齢化が進んで、若い世代が

出て行ってしまって、同じ年代で農業に取り組む人たちがいないからね。

震災で地域の農家は、家も機械も施設も流されてしまった

東日本大震災の発生当日は、女川の自宅にいました。津波は自宅の方までは来なかったんですが、揺れが収まった後に、家の前の道（追分温泉に行く道）を、車が鈴なりに連なって登っていくのをみて、「津波に追いかけられてきたんだ」と、津波のことを知りました。自宅では停電が一か月ほど続いて、しばらくロウソクで生活をしていたんです。

橋浦地区の田んぼの多くは津波を被ってしまいました。私らでやってた二〇ヘクタールほどもすべてやられてしまいました。田んぼに入り込んだ瓦礫やヘドロを取り除いて、まずは自分たちで除塩しなければならないんです。農家は、家も機械も（農業）施設も流されてしまった人が多かった。犠牲になった人もいる。それに一度機械を流されてしまうと、一台で千数百万円もするコンバインを個人的にすぐに買い直せる農家だって少ない。そこで個人には助成がつかない（つきにくい）というのが、一番の問題です。

友人から誘われて、石巻市の隣にある涌谷（わくや）町の方に二ヘクタールの田んぼを借りることになりました。それと、土地改良区に仲介してもらうかたちで橋浦地区の一部で田を五町歩ほど借りて、直後の一年を凌ぎましたね。津波が被ったところから塩害が出てしまうだろうという見込みがあったんですが、家畜用の飼料米なら大丈夫だろうと、作付けをしました。そこで腐葉土を持っていってヨシの腐葉土米も栽培しました。北上川の河川敷に広がるヨシ原は、自分にとっても腐葉土米の素材というだけでなく、大事な存在でした。津波と地盤沈下で沈んでしまって、簡単には戻ってこないのではないかなぁと思いました。高いところに植わっていたものは残ったけど、低いところにあったものは無くなってしまったからね。自分た

ちも震災後にヨシ原の部分にあったゴミや瓦礫を取り除くのに参加したけれども、元（の植生）に戻るのは、何十年とか、かかるんでないかなって。これだけ米の値段が下がってくると、ヨシを植えて育てて。田んぼをヨシの育成場にした方がいいくらいだから、逆に津波で冠水してしまった田んぼの部分にヨシを植えてみてはどうだろうか、とも考えましたよ。

田んぼの瓦礫とヘドロを取り除いて、除塩作業を行う復旧工事のあと、二〇一二年には請負面積は約二〇ヘクタールにまで戻りました。二〇一一年度に収穫できた約五ヘクタール分のお米は、仮設にいる皆さんや、北上中学校の生徒さんたちに差し入れというかたちで配りました。他にも「復勝米」と名付けて販売するなど、仕事を再開していましたが、二〇一二年の夏に田んぼに引いていた用水の塩分が高くなり、塩害が発生してしまいました。津波を直接被った部分ではなくて、水を入れた用水の部分が塩分で真っ赤になって、その年は五町歩ほどの田んぼが収穫できなくなってしまいました。

震災で一度、やろうとしたことが切れてしまった

震災で残念だったことの一つは、無農薬でやっていたところに、ホタルがたくさん入り込んでいたんだけれど、それが全滅してしまったことだね。もともとは手があまりかからず、比較的簡単にできるのが田んぼだったんです。自分も田んぼをしながら他にも仕事をしていました。田んぼでいえば、以前から水稲を加工して売りたいと思っていたんです。米粉、コメを使ったケーキ、ヨシ粉の肥料……六次産業化のことを考えていてね。しかし実現する前に震災が起きてしまったんです。

震災で一度、やろうとしていたことが切れてしまった。その時点で一回、気持ちも切れて、農業をする

のが億劫になってしまってね。本来自分は、ただの「農業」ではなく、さまざまな仕事に通じる「百姓」をやりたかったのね。こじんまりと、工夫を重ねて色んなことをやりたかったんです。自分の理想の仕事のかたちとは大きく違って、今行政が進める農業の復興は「法人（協業体）化」や、米をもみの状態で貯蔵保存できるカントリーエレベーター（共同乾燥調製貯蔵施設）の設置など、農地と農業の集約化が中心です。組織や団体の取り組みに対して優先的に助成が出て、個々の小さな六次産業化の試みには支援がなかなかこない。

農地や農業を復旧・復興させるというのは、これからずっと取り組まなきゃならないことなんです。施設を新しく作ったり、お金をつけたりして一年や二年で終わりなんじゃないんです。種まきを始めたら、ずっとやっていくことなんだから。前からずっとやってきた場所で、計画的にいろいろ考えながらやっていくことが大事なんですよ。

無理をしてでも請け負うことが、地域を支えることにつながる

二〇一三年春の段階で耕作面積が一気に倍増し、およそ七〇戸分、四三ヘクタールもの田んぼがうちに集積したんです。それだけ田んぼが復旧しても農業をやめてしまう人が大勢いたということです。しかも七〇戸あまりのうち、一五〜二〇戸はすでに北上町自体から離れてしまいました。北上町で集団高台移転に参加しようにも、三年経ってもまだ住まいの目途が立たない状況だから。まずは住むのが第一でしょう。住まいのことは最終的に自分たちで自立してやっていくしかないという思いがあって、だからもともと石巻市内に勤めに通っていた人たちは通勤途中の場所に新しく家を建てて移る、ということになってしまう。ここ（北上町）で、田んぼで生計を

立てていた人たちなら、ここに戻ってくることもあるだろうけど、そうじゃないから。

それどころか、今の若い人たちからすれば、田んぼの土地はもう要らない（持て余してしまう）部類にすら入ってしまう。土地の価値だってそんなに高いわけでもないのに、固定資産税がついたり、農協からみの役職を頼まれたりと、いっそ離れてしまった方がいいと考えるのもわからなくはない。戻ってくる人だっているけど、じゃあ今から新しく機械をまた揃えて、さぁ（農業を）始めるかっていう人がいるかと言えば、いないでしょう。とくに高価な農業機械を個人で揃えるのは、とても厳しい。私らは以前、三人の親戚に手伝いを頼んで、国の支援策で田植え機からコンバインまでの一式を借りて、自前の農業機械と合わせて二つの作業チームを作って、耕作面積の集積に対応しようとしていました。

震災を機に、息子たちが地域に戻ってきて、農業をやることになったんです。でも自分のところで働いている限りは、自分は法人（協業体）ではないので「新規就農」ということにもならない。あくまで家庭内で手伝っているという状態でした。二〇一四年になってから息子たちで法人格を取得し、会社を立ち上げました。だけど新しく独立して経営するのはなかなか難しい現状です。農地を新規購入するのは実質不可能だからね。他の地域ではいま、新規就農の促進がさまざまに取り組まれてもいるのに、「被災地域」ではほとんどできない、というのは厳しいよね。息子たちは、仕事の合間に橋浦の（農事組合法人）ゆいっこの作業を手伝ったり、漁業の繁忙期には十三浜の親しい漁師のところに養殖ワカメの収穫の手伝いに行ったりしているんです。

ここで田んぼをすると、現金収入が秋に限られてしまう上に、支出としては小作料のほかに震災前の圃場整備に関して土地改良区に支払う改良区費（一〇アールあたり一万七〇〇〇円）、機械の消耗分、手伝いの人の手当てもあるんです。耕作の規模が大きくなればなるほど農業機械が消耗して、修理代もかさんでしまうのさ。機械をどこか周囲で借りようとしても、機械を使う時期は農家ではすべて同じなので、とても仕組みとしては回していくことができないんですよね。

復旧した田んぼが結局休耕になると、農地の持ち主である被災農家の収入も、当然ながらなくなってしまいますよね。でも耕作を私らで請け負えば、持ち主には「十アールから一俵（約六〇キロ）」とうち（大内産業）で取り決めてある小作料が入る。だから、今は無理をしてでも請け負うことが、地域を支えることにつながると考えています。

それでも田んぼに、お米にこだわる

地域に（農業の）担い手がいないので、うちの近所の七六歳の方が、田んぼを独りで二〇ヘクタールも手がけているという現状もあります。一人一人が「自分の体が動くうちには」と思って続けても、あと五年もすればどうなるかわかりません。減反が廃止になって、農政がどうなるかもわからない。年配者たちが農業から去っていったとき、息子たちの世代がどうすべきかを考えていかねばならないんですよね。行政にも考えてほしいと思います。機械作業はカントリーエレベーターもあるし、なんとかなるかもしれないが、人が居なければ、細かいところの管理作業はできなくなってしまうから。大面積の耕作受託というのがこの先も恒常化していくとすれば、持続可能な方法や対策も考えなくてはならないんです。

農業に限らず、今後は地域の中で雇用の場をつくっていくことが大事だと思うんです。若い人とお年寄りを組み合わせて、どっちもいるような。ここで働いている自分たちだけではなく、今仮設住宅にいる方たちの雇用を考えていく必要もあるんだよね。北上町に残ると決めた年配の方たちは、離れようにも離れることができない方たちだからね。そういった方たちがまだ動ける間に、地域での雇用を実現したいという思いがあるんです。でも、個人ではいくら田んぼの面積が多かろうが、経営規模が大きかろうが、自分だけで機械を購入して稼働させることはかなり難しいんですよ。今、農家が協業化をはかって法人格をとる、という動きがあるのも、法人にしてまとまって、地域で雇用するというのが重要だという考え方がベースにあるはずなんです。

田んぼはこの先、生産性がどうなるかわからない。田んぼだけでは一年通じての仕事（収入）が無いのが現状です。一年を通しての仕事がないから、今は法人でも田んぼのない時期にはハウスで野菜（の栽培）に取り組もうとしています。野菜を出荷するのにパート等を雇用せねばならないでしょう。でもそうしたら、割りが合わない勘定に陥ってしまうよね。しかし、それでも農業を続けるには、ハウスを利用して直接の収入を上げようとしたり、周囲ではできない草刈りを請け負ったりなどして、とにかく工夫をして取り組んでいくしかないんです。

それでも田んぼに、お米にこだわるには、消費者が今何を

田植えをする大内さん一家（2014年5月，平川撮影）

聞き書き

求めているのか、ということをずっと考えていかないとね。消費者はそこまで安い米をつねに求めているのかといえばそうでもなく、安全でおいしそうであればむしろ割高なお米を選ぶ傾向すらあって、付加価値次第でどうなるかはわからないと思っています。安全なお米を作る限り、消費者がついてきてくれるのかもしれない、という手応えはあります。

自分も地域の農業を助けたいですから

これからも、耕作を請け負う田んぼの面積はさらに増えてしまうかもしれません。今後も田んぼをやめてしまう人がまた増える見込みがあるからです。農政の方向性も政権によって変わっていくなかで、お米の値段が底をついてしまったらいよいよ厳しいんじゃないかと見込んでいます。だけどその一方で、自分たちがやれることをやって、付加価値のついたお米を売るなど工夫をすることによってカバーするしかない、と覚悟しています。これからは田んぼは息子たちに任せる方向で、自分たち（夫妻）はとくに加工の部分を手がけていこうかと考えています。安くても、美味しいお米を作っていきたいよね。

問題はこの先もずっと続いていきますから。ますます復旧する田んぼが増えていって、北上川の対岸で被災した旧河北町（現在の石巻市河北）の長面（ながつら）や釜谷（かまや）集落の方でも田んぼの復旧が進んでいきます。その時に誰が田んぼを担えるのでしょうか。担えるように、国が支援してほしいと願います。自分も（地域の農業を）助けたいですから。そして、津波の危険区域に指定されてしまった集落の奥地にあった農地はどうなってしまうのでしょうか。市の買い上げ対象には入っていないし、二年くらい放っておかれるともう維持・耕作することが難しくなってしまいます。危険区域に指定されてやむなく北上町を出ていった方たちにとっても、ふるさとの場所にある農地ですから。なんとかしたいと考えていますし、行政がしっかり対応してほしいです。

　東北物産展など、県外まで農産物を販売に行く機会がありますが、そのときには、自分のところのお米だけではなく、十三浜の海産物も持っていくんです。お米は重くて嵩張るものだし、米だけたくさん買っていく人がそんなにいるわけでもない。十三浜でおもにワカメを扱っているタツミ食品さんの経由などで海産物を持っていくんです。チリメンジャコをうちの米のご飯で食べてもらったりね。漁業との連携は、やっていかねばならないところだと思う。ただ、どうしても取り置きの海産物の仕入れ販売になってしまうから、あまりいろいろなものを持っていくことはできないし、値段の設定や「仕入れ販売だけをしている」と思われがちなところなど、難しいところもあります。たとえばワカメを個人名でおいしいってアピールしようとしても、「南三陸」という地域名がついて外に出ていくわけだからね。漁農連携というのは大事で、漁業でも今六次産業化の動きがあるけど、農業ではこれまではお米も野菜も農協に出すのが当たり前でした。でも、だんだんそれだけでは状況に合わなくなってきているのが（販売に出ていると）わかります。

（構成／黒田　暁）

2　「五年後、十年後に地域農業の受け皿になるような まとまりをつくるんだ」

〈語り〉今野力也さん

やるなら米を、と思っていた

震災前から、農業を釜谷崎でやっていたんだ。家は（第一種）兼業農家で、親がいるうちは自分も運送の仕事を三〇年ほどしていて、田植えなんかで忙しい春の間は（仕事を）休んで田んぼを手伝うくらいだった。親がやっていたころの田んぼの面積は、自分の家だけで一・四ヘクタールくらいだったかな。でも昔から、いつかは自分で農業を専業でやるか、やりたいなということは頭の中でちょこちょこ考えていたよ。宮城農学寮（農業の専門学校）にも行っていたから。やるなら米を、と思っていた。最近米は安いから割に合わない、ではなくて、米が安いなら、それに適した作り方を確立するという発想なんだ。

釜谷崎の家の敷地は、宅地が約三百坪で畑も三百坪、少し離れたところの畑も合わせると三反歩くらいあった。畑ではアスパラガスやメロン、花卉（かき）なんかも出荷していたよ。釜谷崎は明治の河川改修（一九一一（明治四十四）年―一九三四（昭和九）年）で、大須とともに宅地や耕地が買収されて移転したんだ。新しく移転した土地で、どの家も同じくらいの面積を割り当てられた。広い家には、狭い敷地を。狭い家に

今野力也さん

一九五三（昭和二十八）年生まれ。北上町釜谷崎集落出身。農事組合法人ゆいっこの代表理事を務める。長男が東京にいたが、最近戻ってきた。次男が青森県八戸、娘が一人、仙台にいる。三〇年ほど続けた運送会社の仕事を、二〇〇七年のゆいっこ設立時にやめて専業農家となった。震災による津波で釜谷崎の家屋を失い、二〇一五年六月、北上町女川にある駒（こま）の迫（はさま）の集団移転地に新居を構えた。

は、広い敷地を、というふうにバランスがとられた。

今はもういろんな米を各地で作るようになった。ただ他所で評判のよい米でも、定着するまでが難しいんだ。同じ品種をまずは二年間育てて、その間別の種と交配しないように管理する。米に味がしっかり乗るかどうかが大事なんだ。味が落ちたり、種によって味の差が大きく出てしまったりすることもある。土地（地形）と天候にも左右されるから。

今の時代、消費者は、安くてよいもの、安全なものを選ぶし、市場に出されたものの中から、見た目のよいものを選ぶ。消費者のことを考えて、どこに設備投資をして、力を入れていくべきなのか、判断しなければならない。たとえば自分たちは、農薬や化学肥料を従来の半分以下に減らす生産の基準で「環境保全米」を作っていて、一等米（農林水産省により、水稲うるち玄米は米粒の色・形・見た目を総合的に判断され「一〜三等米」「規格外」といった格付けがなされている）として市場に出されている。

農事組合「ゆいっこ」を設立したんだ　北上町には農業も漁業もあるけど、それぞれ地域性があって、別ものだと考えている。漁業は、一人一人が経営者で、独立心が旺盛だ。自分で考えて自分でやる仕事だし、それぞれ考え方もやり方も違う。農業も、震災前には共同加工場が河北町にしかなくて、北上町にはなかったんだ。一緒にやるという基盤は充分ではなかった。でも志が同じ人たちなら、協同できることもある。組合方式であれば、それぞれが責任をもつことができるから。二〇〇〇年前後に一度、圃場整備を機に転作組合（従来から栽培している作物の種類を他に転換するための生産調整組織）を新たにつくるかという話があったが、一年一年やっていく方式をとっていると、五年、十年先の更新までは想定できず、長続きしないのではないかということになった。その後、二〇〇二年から圃場整備が始まって、田んぼはなるべく集積していく方向になっていった。

そんななかで、これからの農業や経営について考えが似ているメンバーが四名（釜谷崎二名、行人前一名、吉浜一名）集まってきたこともあって、任意組合を経て、二〇〇七年に農事組合「ゆいっこ」を設立したんだ。メンバーの一人が病気になって、亡くなってしまったので、その後は三人でやることになった。国の方からも、組合を作ることを奨励するという話があったんだな。当時は設立条件が厳しかったんだが、ゆいっこはここいらでは一番早く、手をあげたんだよ。様子を見ているというわけにはいかなかったから。自分の運送の仕事はその時にやめたのさ。まずはメンバーが個人で持っていた農業機械をすべて買い上げて査定し、それに応じて出資金を定めた。三年目の二〇一〇年には、任意団体のままじゃ税金が払えなくなる、ということから法人化して、大規模米作を始めた。釜谷崎や吉浜の田んぼを広く借り受けて、自分たちで米作をする。釜谷崎の人たちの田んぼのうち、八割程度をこの法人で請け負って、働き手として季節的に地元の人を雇う形態をとっていた。二〇一〇年の段階で、委託の分も含めれば、約五五ヘクタールほどの田んぼの耕作を担っていた。

震災の日は、畑にいた

震災のとき、あの日は畑にいて、地震後そこから家に歩いて帰ったんだけど、揺れがひどくて、這って帰るような状況だった。地元の消防団のメンバーとして、浜を巡回に行かなければ、と思い、大室まで行ったところで、津波に遭った。どうしようもなくて急いで大室の高台に避難したんだ。釜谷崎の方まで戻ろうとしたが、長塩谷までしか歩ける状態ではなくて、そこでしばらく待って道の状態が落ち着いてから、深夜〇時ごろにまた歩き出した。ガレキと水が溜まって道も何も手探りだったが、道路反射鏡を頼りに三~四時間かけて歩いて、未明に釜谷崎のあたりまで戻ってきた。釜谷崎も瓦礫だらけで、水の中にところどころ屋根が見えるような状態だったな。釜谷崎はもともと二一軒あって、人口も八〇人くらいいたが、津波で家は全部流されて、二三人も犠牲になってしまった。ほぼ三分の一だよ。浜の人たちと違って、釜谷崎の人は、津波に対する意識がそれほどなかったのかもしれない。明治の津波も昭和八年の津波、そしてチリ津波でも、被害はなかったんだ。それで（津波に対する）意識が遠いところがあったから、今回も津波が来るとは思っておらず、犠牲者が多く出てしまったのかもしれない。「津波が来るから、すぐに逃げる」っていう意識がなかったんだな。ゆいっことしても、借り受けていた田んぼのほぼすべての約五五ヘクタールが被害を受けてしまった。農地だけではなく、農業用の設備や機械も流されてなくなってしまった。

共有財産というのも難しい

釜谷崎の契約講では、神社や墓地の管理を分担していた。今は集落に人が残っていないから、契約講ももう機能していないよ。まだ解散はしていないけれども。駒の迫（釜谷崎集落の集団移転先の地名）に移るときに、「釜谷崎自治会」を新たにつくったんだ。人数（世帯）は少ないけれども、自分たちで集会所管理などを担っていかねばならない。釜谷崎の共有林も「〜人持ち」という形で持っていたが、これも今後どうするかが問題になってきている。今となっては処分に困ることもあって、共有財産というのもなかなか難しい。釜谷崎の稲荷神社は、自分の家がその別当（社務を統括）だったんだ。明治時代の釜谷崎と大須の集落移転のとき、もともと氏神であった神社を、釜谷崎全体の神社とするということになった。二〇〇八年に神社が圃場整備との関係でいまの場所に移築されたんだけど、今回の津波でも、近くの家は全部流されたのに、この神社だけは奇跡的に残った。津波を被ったんだけども。不思議だ。

集団移転に参加することにした

自分たちは、震災後の六月末から、二丁谷地の知り合いの家を借りて修繕して、借り上げ（応急仮設住宅）ということで入ったんだ。津波危険区域に指定された二丁谷地の集落は、解散することになってしまった。集団移転や、今まで住んできた場所をどうするかということが、こんなに長くかかってしまうとは……。集団移転は、人によって家の被害の程度や状況が違うのに、行政としては、みんなまとめて一つで動いてください、となると、コミュニケーションの問題も起きてくる。できればここに居たいという人たちも、移転時間がかかると、人の気持ちも変わるし、住むかたちも変わっていく。たとえばいま七〇歳の人が、年金で暮らしていて、一人で公営住宅に入ろうとして（造営を）待っている間にも、自分の五年後、十年後はどうなっているんだろうって、考えることも変わるさ。工事も遅れて、土地の売買の話も変わってくる。支援は一回受けたら終わりだから、いつどのタイミングでどう判断するかが難しいんだ。自分たちも早く決断してよかったのか、悪かったのか。

家を新築して間もなかった人も、家を流されてしまった。たとえば十三浜で漁業をするんであれば、その近くに家を再建するってことにもなるだろうが、街中で勤めるような人たちは、じゃあ街中に家を建てるかということになる。ここには土地が無い、仕事も無い、家もない、のであれば、そりゃあ石巻の街の方に行ってしまうよ。自分の子どもや孫のことを考えても、想像もしていなかったようなことが震災で起きて、いつかまたこういうことになるかもしれないんだったら、そういう思いはさせたくない、という気持ちになる。北上町は、観光地としては成立しにくいんじゃないかと思うし、このまま人が出て行ったり、帰って来なかったりが続くと、もう完全に過疎になってしまうんじゃないか。そうしたらいよいよ何をやっても厳しくなってしまう。

自分と家族は、釜谷崎の集団移転に参加することにした。この歳になって知らない土地には行けない、と考えたからだ。もちろん、農業や土地に対する愛着もある。せっかく（ゆいっこで）ここまでやっているのに、途中で半端に投げたくないという気持ちがあった。釜谷崎の新しい集団移転先は、駒の迫になった。あまり山の奥地の方でなく、全体を見渡せるところがよいということで決まったんだよ。住所については、釜谷崎の名前を残したい気持ちもあったが、元の地名を変えるわけにはいかないそうだ。釜谷崎で集団移転に参加しない家は、それぞれ他の土地に転出するところも多かった。先祖代々の土地がなくなってしまったのだから、あえてここに残って住む必要がないという考え方だったみたいだ。移転場所を選定しようとするときには一五世帯ほどが残っていたが、その後五軒にまで減ってしまった。かなり減ってしまったものだよ。

もう一回米を作ってみたい　震災で収入は大きく減少し、組合を解散してやめようかとも思った。二〇一一年のお盆頃までには本当にそう思っていたんだ。でも、他に田んぼをやれる（耕作を引き受けることができる）人はいないから。自分の思いとしても、もう一回米を作ってみたいという気持ちはあった。グループに対する支援（制度）がいろいろあるよ、という話も入ってきていたしな。

再開のための育苗のハウス施設や機械については、いろいろな補助金を組み合わせて買ったんだ。補助金はありがたいけど、一部自己負担はあるし、さらに消費税分なども自己負担になった。その額は、結構大きかったなぁ。機械の共同利用は、一人一人の田んぼの面積が違ったりすると機械を使う条件も違ってくるし、それにメンテナンス代がかかると、最初はいいけどだんだん負担感が出てきてしまう。だから自分たちは田んぼを全部会社のものということにして、機械を使うようにしている。個人の共同利用じゃなくて、会社のものをメンバーで使うんだ。

そうやって再開して、借りたものを返すためにも、とにかく収穫して実際に生産していくこと、回していくこと、米を安定してつくっていくことが何より大事だった。しっかりやれば、今より増えることはあっても、減ることはないだろうと考えていたから。

津波で海水をかぶった田んぼから、ガレキとヘドロを取り除いて、次に水を張って、塩分を洗い流して、除塩作業をしたんだ。でも二〇一一年はそれで手いっぱいで、田んぼの作付けはできなかった。土は全部入れ換えるのではなく、反転させたんだよ。表面から一五センチほどのところが田植えなどで一番大事になるんだ。そこが塩分を濃く含んでいたり、ヘドロだったりしてはいけないから。それでも二〇一二年は約二二ヘクタールの作付けを再開することができた。震災前と比べて三分の一くらいには回復してきたわけだな。

二〇一三年には、震災前の八割くらい（四〇ヘクタール）まで戻すことができた。十一月には、橋浦に共同乾燥調製貯蔵施設（カントリーエレベーター）が設置された。共同で使えるから、経費や作業効率の面で助かるし、復興の励みにもなる。震災の前にはなかった話だよ。二〇一四年の田んぼの面積は四六ヘクタールに及んでいるが、カントリーがあれば回していける。種まき、田植えの時期をずらして、直播きを増やすことで数量的に安定させていく。作付けの体系を少しずらしてやることによって、調整して回していくんだ。

集積でやるしかないと考えている

今ある田んぼの面積は、集積でやるしかないと考えている。国が管理に乗り出してきている。個人が個人でなんとかやっていく、というのは厳しいよ。今ある耕作地は集積させて、さらにもう少し面積を増やしていこうとするのが流れだから。耕作の担い手を、地域内で集約していくのも大事だが、いくつかある法人組織を要約して、元締めになるような組織をつくってまとめていくというやり方もあるだろう。まとめれば、コストは今の三分の二くらいになるかもしれない。しかしただ収入を増やすために、面積と規模を増やして拡げていくというのだけでは、コストが高くなるだけで立ち行かないだろう。採算がとれるようにしていくための工夫が必要だ。

北上町でもいくつかの法人や新しい事業が立ち上がってきている。二〇一一年十一月からは、立ち上げの条件が緩和され、急に設立のハードルが下がったんだ。新規設立を優先するという流れだった。法人や組合はお互い積極的に協力をした方がよいだろうし、げんにお互い農作業を手伝うこともやっているから。さらに地域雇用を重視するのも共有できるところだけど、雇用を果たすためには法人組織の経営の中身をしっかりさせねばならない。いったんならすのが大事なんだ。自分たちに余裕がない状態では、法人同士の協同も中途半端になってしまう。今はまだ余裕がないんだ。個人で作るのとはまた違うから。採算性重視で、組織で従業員の給料を支払って、しかも地域雇用でやろうとすると、予想以上に人件費がかかるから。だんだん効率も落ちてくるし、米の値段もこの通り、安い状況だ。ゆるくねぇよ。自分たちの生活を確保してからでないと、次の段階（六次産業化）は見えてこない。こうできればいいなと思っていることがあっても、なかなかやれない。余裕があれば試行錯誤が許されることもあるけど、余裕がなければ試行錯誤はできないのさ。

独立や自立のための努力が重要だ

どうやってつながっていくか、どう組み合わせるのか、どれくらい大きくなろうとするのか…自分たちで自発的にやっていかねばならないと思っている。そうでないとうまくいかなくなるだろう。震災直後から、グループを組んで機械なんかを共同購入するという動きがあったが、実際にグループで組織をつくって運営・経営をしていくとなると、それはまるで違う感覚なんだよ。最初のうちはよいかもしれない。しかし、組織の運営・運転をしていくうちに思わぬコストがかかり、前倒しの経営になってしまうのさ。それでは維持できなくなる。なんでもかんでも申請すればよいというのではなく、独立や自立のための努力が重要だ。ゆいっこも、契約相手のやり方や要望にすべて合わせることはできないと考えている。ゆいっこなりの方法でしかできませんよ、とは相手にもあらかじめ伝えるようにしているんだ。お互い納得して、かみ砕いて理解していかないと、続かないから。

ハウスで野菜を育てて地域に開放している

二〇一四年から三月のはじめに、ビニールハウスを開放してつぼみ菜（アブラナ科の野菜）の収穫を、地元の幼稚園の子どもたちに収穫体験してもらったり、地元の方たちに一袋百円で摘み取ってもらったりすることを始めたんだ。つぼみ菜は、十月下旬に植えて、十二月から収穫できるようになる。三月のシーズンの終わりごろに地域に開放するんだ。子どもたちには自分で獲った野菜を自分で食べて、本当の美味しさを知ってほしいし、それが農業に関心をもつきっかけになればいいと思っている。

地域の人びとにゆいっこのビニールハウスを開放する
（2015年3月，宮内撮影）

ハウスを建てたのは米の育苗のためだが、それだと四・五月だけであとは遊んでいる時期が多くてもったいないと思う。なので他のものをやった方がいいが、やると赤字になってしまう可能性も高い。その分を米で補塡しようとすると、さらに傷口が広がっていってしまうかもしれない。他のものを専業でやるならいいが、複数の作物を数回つくり、設備の用途を組み合わせるのはやりにくいんだ。何かまったく新しいものを作ろうとしても、ノウハウがないし、それで失敗してしまうと、その一年がダメということになってしまう。それでも、たとえば貝や海のものを肥料として使うなどして、何やかんや、付加価値をつけていかなきゃならないと考えて取り組んでいるんだ。

平等・同等の協同が必要だ

これからの地域の農業は、個人が個人を受け継ぐのではなく、法人などの組織が地域を受け継いで、支えていくような姿勢が必要になってくると思っている。法人化したものがさらにまとまっていくようなかたちだな。たとえば、今は個々の組織法人が米をやって、減反で麦だの豆だのを転作でやっている。だけどそれぞれの法人がバラバラに三つのことをやるよりも、石巻管内で法人が大きく一つにまとまって、米は米、麦は麦、豆は豆で別々の組合でやっていく方が、効率が良くなるんじゃないか。そういう方向にいくんじゃないかな、と考えている。五年後、十年後に地域農業の一つの受け皿になるようなまとまりをつくるのが大事だし、理想なんだ。それで一緒にやるには、そのときの状況を踏まえた、平等・同等の協同や、対等の合併が必要になってくるだろう。出資も儲けも仕事の中身も基本的に同じで、始めていくことだ。ただ、じゃあそこで人の考えや年齢もだいたい同じでないとやっていけないのかといえば、それは違うと思う。同じなのが行き過ぎると、依存や受け身になってしまうから。考え方に食い違いはあるんだが、会社（仕事）はやるという認識、そこでの責任も平等になるというのが大事だと考えている。たとえば地域雇用を心がけることで、パートの方とか、主婦の方の視点なんかも入ってくるから。考え方に違うところはあっても、違いがあるということで、逆にうまくいくことだってあるんだと思っているのさ。

（構成／黒田　暁）

3　震災後の地域農業の展開と生業復興

黒田　暁

1　はじめに――震災後の地域農業のゆくえを考える

人びとにとって、震災によってダメージを受けた生活（暮らし）を回復させようとするとき、地域の生業・産業をどう再生させるかということが非常に重要となってくる。どこ（に住ん）で、何をして暮らしていくのか、というのが生活の根幹であるからだ。ところが、住宅再建や生業の再生といったいわば生活の復興の中枢にあたるところが、広大な復興事業全体の枠組みにおいては、ほんの一部分としてしか位置づけられていない面がある。「創造的復興」をかかげる宮城県でも、インフラやハードの整備が率先して進められている一方で、被災地の復興のなかでもとくに人びとの暮らしぶりの復興の遅れが指摘されている（塩崎［二〇一四］、岡田［二〇一五］）。暮らしの復興を図るためには、長期的な視点で地域コミュニティの再編という課題を見据えながら、他方で人びとが当面の生活をどう組み立てていくか、という課題にも向き合わねばならない。

北上町でいうと、石巻の中心部へ勤めに出るサラリーマン層も多いが、地域の基幹産業としては、おもに地域の自然を対象とした生業――漁業や農業が暮らしの中心となっていた。北上町は、大きく太平洋岸に面し漁業が中心の十三浜地区と、北上川河口から内陸側にあたる農業が中心の橋浦地区の二つに分かれる。田畑の多くは橋浦地区にあるが、もともと橋浦地区の農地を十三浜地区の人びとが所有し、場合によっては耕作もしているというケースも多く、現在でもそのようなかたちとなっている。

震災から五年目を迎えた二〇一五（平成二十七）年現在、津波によって冠水・塩害といった被害を受けた北上町の農地の多くは復旧し、耕作や田植えにいそしむ人びとの尽力によって、青々とした田園風景を取り戻したかのように見える。しかし、その風景の向こう側には、地域農業にかかわる人びとがその数を大きく減らし、農業の復興がままならない実態もまた浮かび上がってくる。地域における農地の復旧と、農業の復旧・復興との間には、どのような関係があるのだろうか。ここでは、北上町における農業がもともと抱えていた構造的な課題を明らかにしたうえで、震災後の地域農業の展開と今後の方向について考えてみたい。

2　北上町の生業としての農業

北上町ではどのような農業が営まれていたのだろうか。まずは震災前の北上町の農業概況について触れておきたい。

その特徴としては、震災前の時点で農業の担い手となるべき農家の数が減ってきていた（図1、2）ことがひとつと、さらに、世帯あたりの耕地面積が小さい（図3）ことがある。それに加えて、北上町の農

図１　震災前の北上町の経営耕地推移（出典：農業センサスなど）

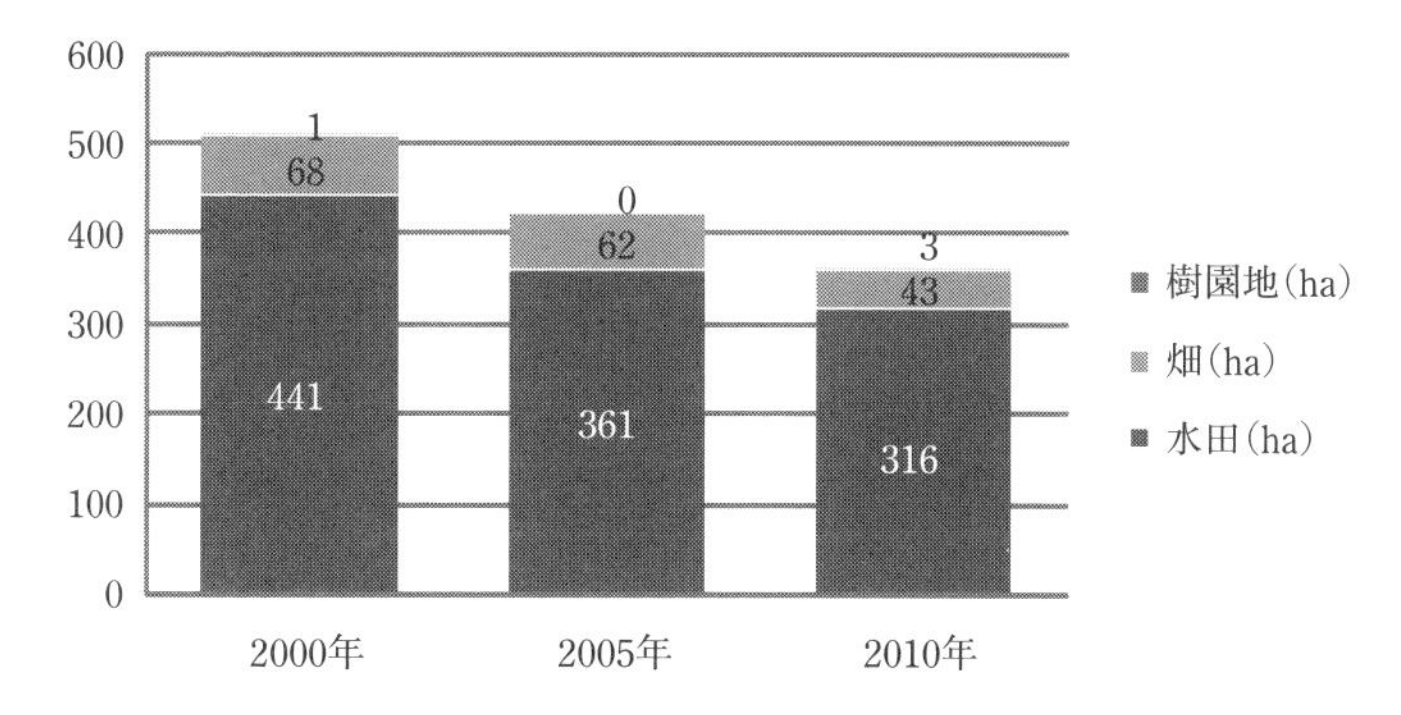

図２　震災前の北上町の販売農家数の推移（出典：農業センサスなど）

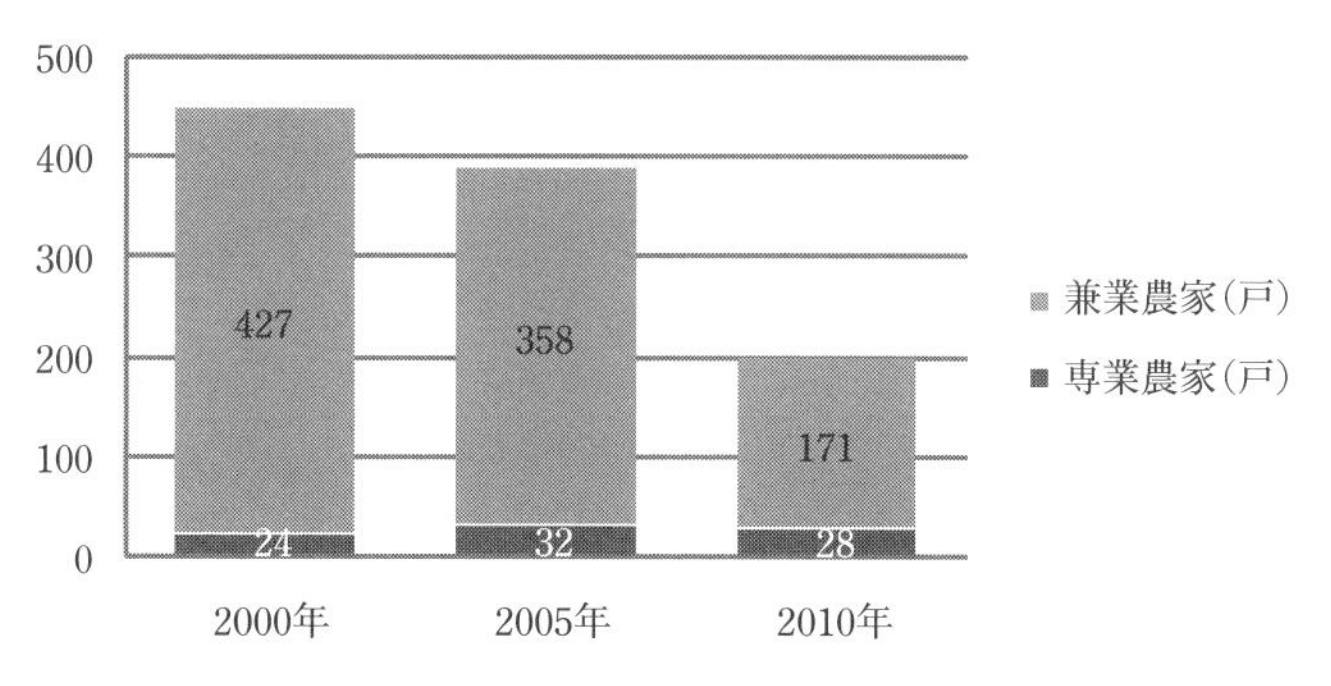

地は水田がほとんどであった。他に畑で野菜、畜産や酪農も若干見られるが、基本的には稲作が行われてきた。ではもともと稲作が盛んな地域であったのかというと、歴史的な古文書には、北上川沿いの低湿地帯の新田開拓に苦労した経緯が綴られているような地域であった。河口に近い海抜ゼロメートル地帯であり、昔から大雨が降るとすぐに水に浸って水害となってしまう。人びとはもともと生産性が高くないところを、なんとか高める努力と工夫に取り組んできた。とくに橋浦地区では、水田だけで食べていくのは難しかったことから、集落ごとに周囲の山や川、湿地帯でのさまざまな資源利用を

図３　北上町の経営耕地面積規模別経営体数
（2010 年，戸数）

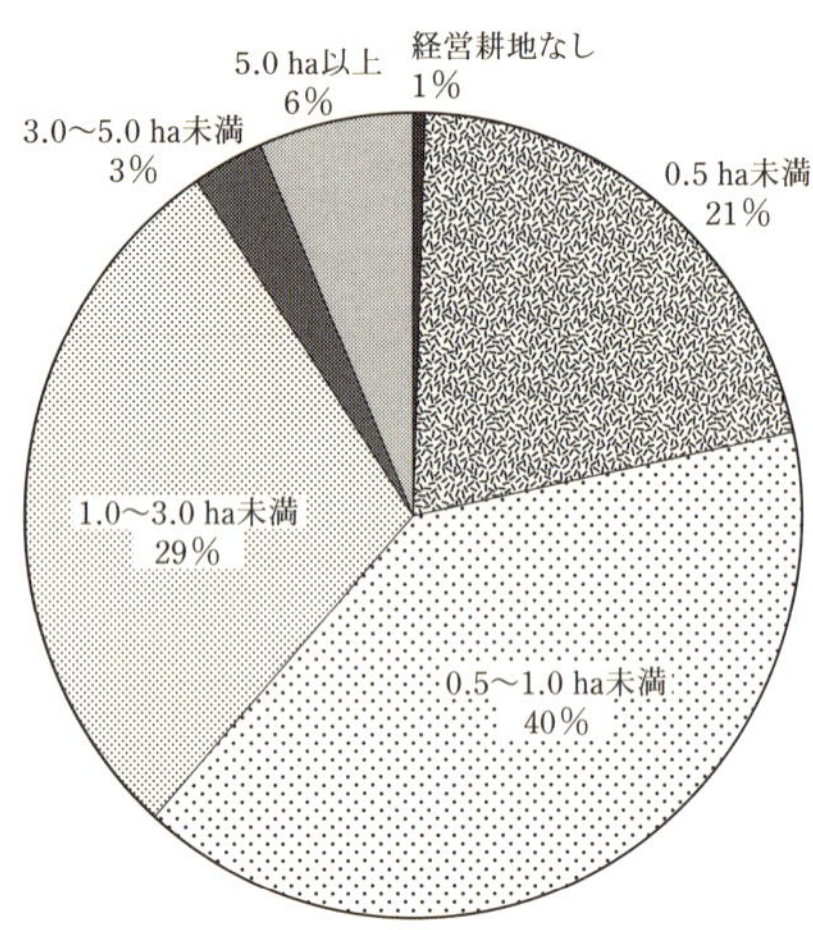

（出典：農業センサス）

組み合わせてきた（生業複合をしてきた）経験がある（黒田［二〇〇九］、［二〇一〇］）。

水田をある程度軸としながらも、それだけでは暮らしていくのは厳しく、時代の状況に合わせてたとえば養蚕や酪農を農業の副業として営んだり、季節に合わせて冬季には日本各地の土木工事に出稼ぎに行ったり、河川敷のヨシ原でカヤ刈りの仕事をしたりしてきた。山沿いの集落では炭焼きや山菜採り、川辺の集落では北上川でサケやシジミ採りといった内水面漁業を行うなど、集落によってもさまざまな組み合わせがあった。

3　東日本大震災による農地被害と復旧事業

そのような状況・条件にあった橋浦地区の農地であるが、津波によって、そのほとんどが冠水してしまった。冠水は、農地にさまざまな被害をもたらす。海水の塩が入ってきたことで農地として利用できなくなったり、用排水路が損傷したり、全体で一メートル程度の地盤沈下を引き起こしたり、といったように。震災時点、北上町全体で三一六ヘクタールあった農地のうちおよそ三〇〇ヘクタールが冠水し、五五六人の地権者や耕作者が被災（被害）認定を受けたという（北上総合支所地域振興課）のだから、北上町の農地のほとんどが冠水したということになる[1]。

このように大きな被害を受けた北上町の農地であるが、ハード面の復旧は比較的早いペースで進んでいった。ここでいうハード面の復旧とは、おもに国の制度や復興交付金を利用した農地の作付けを可能にする復旧事業や農業施設の設置を指す[2]。実際にはまず津波被災を受けたエリアの農地やその関連施設の用排水機場の復旧が進められた。また、生産手段を失った農家の所得確保のため、被災農家経営再開支援事業として農家の人びとによる瓦礫の撤去作業が行われた。被災農地では、冠水した土を入れ替えて除塩対策を施したり、畦畔の補修などを行ったりして復旧作業に取り組んだ。農地の復旧は、冠水と地盤沈下が甚だしかった海辺の地区（一九一頁の図4を参照）を除いて、比較的スムーズに進み、震災から二年経った二〇一三年度には、北上町の水田二三〇ヘクタールで作付けが行われ、水田に関しては順調に復旧していると評価されている（北上総合支所地域振興課）。この要因としては、震災前の二〇〇二年から地域で区画整理や土壌の改良、農道の整備などの圃場整備事業（担い手育成基盤整備事業）が進められていたことが大きい。この事業の延長線上に復興交付金事業を組み合わせることで、農家の費用負担をなくして復旧作業を迅速に進めていったのである。

橋浦地区にたたずむカントリーエレベーター
（2014年5月，髙﨑撮影）

4　農地の復旧が農業の復興ではない

しかし、こうして農地が復旧し、景観としての田園風景が復活しても、そのことがただちに北上町の農業の復旧や復興を意味するものではない。というのも、肝心の農地を耕す人びと、つまり地域の農業を担っていく人びとが減少していく一方だからである。田畑などの耕作地がハード面で次々と復旧したとしても、実際に水田を所有して耕作し、収穫までを行う一連の地域農業の営みが復旧、復興しないということだ。

このようないわば農業のソフト面の復旧方針として、復興庁は農産物の高付加価値化や農業経営の低コスト化、さらには多角化戦略を打ち出した（「東日本大震災からの復興の基本方針」二〇一一年七月）が、そこでは農地の集約・高度利用や法人化などといった農業経営の見直しが重要なものとして位置づけられた。具体的には「集落営農組織への農地集積」が基本条件とされ、そのアクターとして、営農組織の法人が想定されたのである。この場合の「法人」とは、農事組合法人、有限会社、株式会社など、農地を取得できる一定の要件を満たすいわゆる「農業生産法人[3]」を指す。

二〇〇一（平成十三）年の改正農地法の施行による規制緩和から、近年農業生産法人の設立が増加している。全国的には、二〇〇〇年代の一〇年間でその数はほぼ倍増した。その背景の一つに、従来の主たる農業経営者であった個別家族経営農家が高齢化によって耕作放棄したり、離農したりという地域農業の構造的な課題があった。これに対し、「法人化」することで、家族経営農家は一戸一法人化、集落営農は特定農業法人化して農業生産法人となることができる。こうして農地を集積していくことと、「地域ぐるみ

図４　石巻市北上町の被災農地概況と復旧見込み
2013年度時点

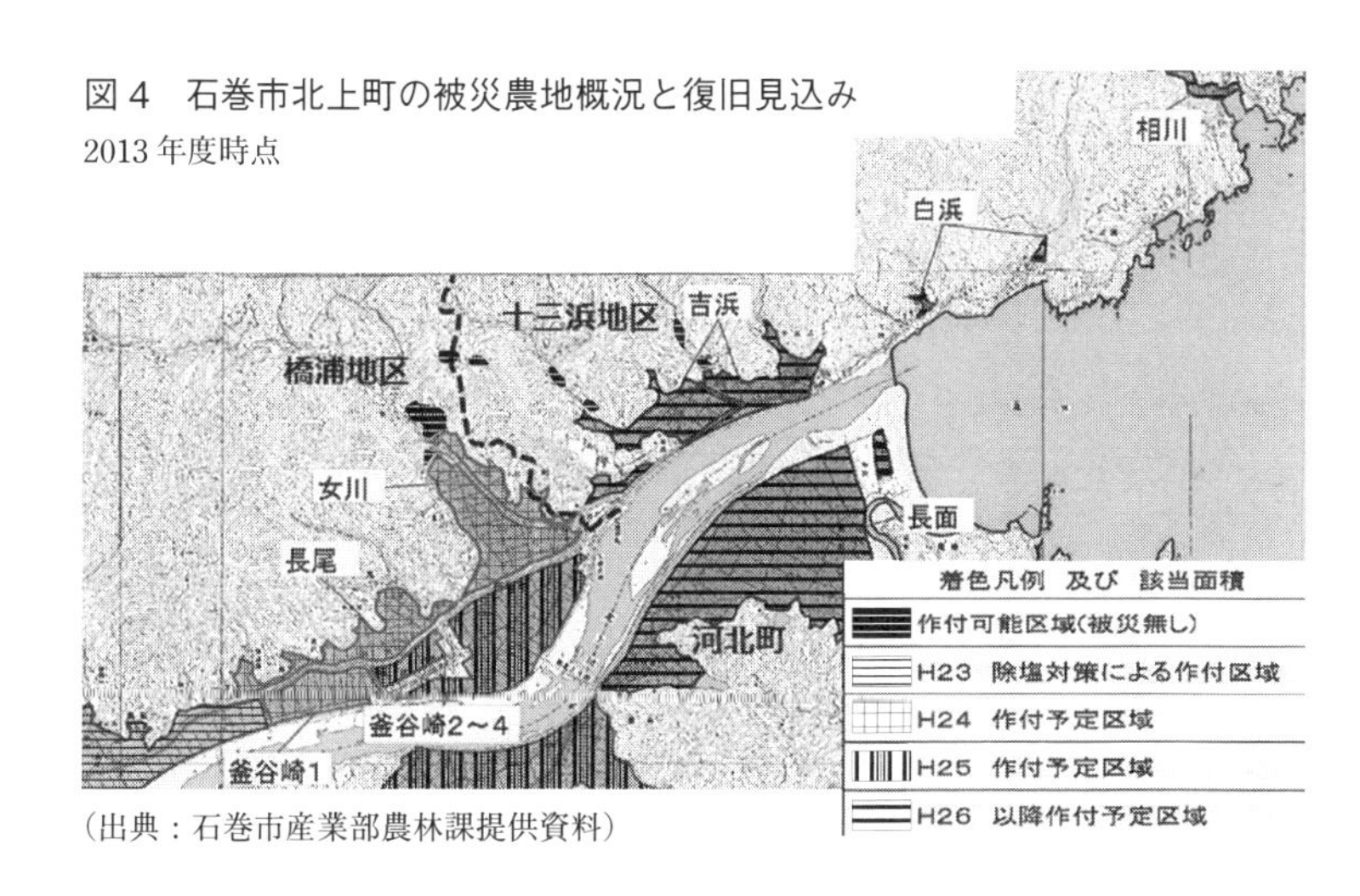

（出典：石巻市産業部農林課提供資料）

の営農体制」を構築することの双方を目指した「集落営農」は、実際には地域に少数の個別経営者の「担い手」と、「農業生産法人」のような協同組織の人びとに耕作の委託をするという、大きく二つの方向で進んでいった（田代［二〇一二］、［二〇一四］）。

集約化の事情と理由

震災後、東北地方全域で販売農家数が減少しているのに対して、従来の営農組織の法人化や、新たな法人設立が相次いだ。二〇一〇年の段階で東北地方（青森、岩手、秋田、宮城、山形、福島の六県）における農業生産法人数は一三六三だったが、二〇一四年には一六九四（東北農政局）まで増加している（宮城県だけで二〇一〇年一九六→二〇一四年二五四。宮城県農業振興課）。被災地にはとくにそうせざるをえない事情があった。

いちばん大きいのは、従来の農業の担い手が震災前の時点ですでに少なくなりつつあったのが、震災でさらに少なくなってしまったということだ。もともと地域では高齢化で兼業農家が占める割合や耕作放棄地の面積が増大しつつあったが、その傾向が震災で拡大化した。水田耕作が不可能になった人びとは、地域内で比較的若くて大きな規模の農業経営者に耕作を委託せざるをえない状況になっていた。委託先の一人であるAさん（一九六三〔昭和三十八〕年生まれ）は、震災前の地域農業の状態を「とにかくもう農業には若い人がいないってことでね、それをどこからか連れてこなけりゃならないっていう話だったね」と表現している。地域農業の一つの方向性である「集落営農」に取り組もうとしても、地域の若者が出て行ってしまう傾向が強まり、Aさんも同じ年代で農業に取り組む人たちがいなくなってしまったという実感がある。現在の北上町の農地のほとんども、個別で比較的大きな規模で経営をする農家ないし農業生産法人が耕作する水田になっている。小さな規模で個別経営を続けようとする世帯は急速に減っていった。こうした地域農業の構造の変化自体は震災前からあったが、その緩やかな変化の進行速度が、震災が地域農業にもたらしたインパクトとダメージによって、にわかに加速化したのだ。

津波による冠水の被害として、塩害も然ることながら、営農に必要な生産基盤が軒並み大きな打撃を受けたことが挙げられる。数字上は明らかになっていないが、個別農家の農業機械、施設などの流出被害が甚大であった。小規模面積で耕作を続けていた高齢農家が、高額の農業機械や関連施設をすべて津波で流されてしまったら、独力で農業を再開するのはほぼ不可能に近い。このことが、ますます地域の耕作地の集約化を生んでいった。農事組合法人BのメンバーのCさん（一九六四〔昭和三十九〕年生まれ）は、「津波でトラクター六台とコンバイン三台がすべてダメになったときは、もう（組織を）解散するかという話もでた。機械購入の補助を受けるためには十人ぐらいでグループを組まないといけないが、すでに農業組合法人であったので受けることができ、助かった」と震災直後を振り返っている。震災前から法人化していたがゆえに、補助金を受けられてなんとかサバイブできた。農業用施設・機械の購入や貸与などの復興施策を利用するための条件が、農業の組織化(4)・法人化の誘因となっていったのである。このことからも、耕作地を耕す担い手もまた農業生産法人などに集約化していった(限られていった)。

では、震災後は耕作地と担い手双方ともにひたすら集約と拡大路線で進めていけばいいのかといえば、それも正解とは限らない。個別経営者や農業生産法人にとって、耕作面積を増やすことが、ただちに生産の効率化につながるとは限らない。まずは、それぞれにとって適正な経営規模の実現や安定経営を目指すこととなる。というのも、規模を大きくしたからといって収益が即座に大きく上がるというわけでもないからだ。短期的に経営を軌道に乗せ、安定化させるのは簡単なことではない。また中長期的には、存続のための後継者確保も懸念される。集約と拡大をするにも課題は山積みである。ただし、それでも集約せざるをえないという状況があった。震災により、もともと地域が抱えていた高齢化や農業離れの構図に拍車がかかり、時計の針が加速したというのが実情だった。

ではそのなかで、震災後、人びとはどのような対応をすることによって、農業の存続を図っているのだろうか。

5 震災後の地域農業の展開

「集約せざるをえなかった」地域農業の実情について見てきたが、ここではそのような状況下において、震災後も北上町で意欲的に農業を続けている人びとの取り組みについて、具体的に四つのケースを見ていこう。

いまは無理をしてでも請け負う（個別経営農家Aさん）

一つ目のケースは、家族経営を続けてきたAさんである。Aさんは一九八八（昭和六十三）年に父親から受け継ぐかたちで農業を始めた。当初の耕作面積は〇・七ヘクタールほどで、それほど手広くやっているというわけではなかった。しかし二〇〇〇年代に入ると、周囲から耕作の委託を引き受けるようになった。耕作面積が徐々に広がり、手広くやるようになると、さらに他の家からも生産委託を頼まれるようになり、震災直前の段階でおよそ二〇ヘクタールほどの水田耕作を手がけるようになっていた。震災でほぼすべての面積分が津波により冠水したが、翌年には震災前と同じ水準まで回復しただけでなく、二〇一三年には倍増し、七二戸分約四三ヘクタールの耕作を受けることとなった。委託七二戸のうち、二〇戸ほどはもう北上町を離れてしまい、自分たちでは耕作できないという人びとだ。耕作委託されている水田面積の多くは一戸あたりが〇・一ヘクタールにも満たず、最大でも二・六ヘクタールと、一つ一つはたいへん小規模である。また集約化といっても、耕作地は一箇所に集中しているとは限らず、離れたところに分散しているケースもある。

Aさんは「地域農業の担い手」として農業を続けてきたが、震災直後は助成金が取りにくかったという。個々の農家に対する制度的な補助は充分ではないと感じてきたが、「水田の復旧が進んでいるが、そのときに誰が水田を担うのか。受託面積が増えていくと手が回りきらなくなり、苦しくもなるが、自分たちは地域の農業を助けたいという気持ちでやっている」。Aさんのように集約化をせざるをえず、本人もやる気があって取り組むが、耕作委託を引き受けるのには限界があり、たくさん作ればそれだけ効率が上がるのでもないので、ぎりぎりのところでの奮闘が続くこととなる。Aさんは、耕作委託の他にも「ヨシ腐葉土米」や「復勝米」といった生産品のブランド化にも取り組み、たんに拡げていって大きくするのではない努力もしている。二〇一四年にはAさんの息子二人が中心になって株式会社を立ち上げた。

集積させて大きくつながっていく（農事組合法人B）

震災後に東北地方全域で増加した農業生産法人だが、北上町には震災前から農事組合法人（農家によって構成され、農作業の共同化や施設の共同利用化を図る法人）Bが存在していた。二〇〇六年に設立されたBは、三名ないし最大四名の農家によって運営され、震災直前には最大約五〇ヘクタールの耕作を請け負っていた。震災で農業機械が流出してしまい、冠水した水田が使えなくなったが、法人のグループに対する農業機械購入の補助を得ることができた。二〇一二年には約二二ヘクタールまで回復し、その後二〇一四年度の段階で約四三ヘクタールに規模が戻ってきた。

代表のDさん（一九五三〔昭和二十八〕年生まれ）は、「今ある面積は集積してやるしかない。国の方針でそうしようという姿勢なんだから、従わねばならない。もう少し（面積を）拡げていく。しかしただ拡げればいいのではない。採算がとれるように、工夫をせねばならない。集積させて大きくつながっていかねばならない」と話している。Bは冬季にはビニールハウスでつぼみ菜などの野菜栽培を行い、市場に出して経営の通年化を図ろうとするとともに、野菜を地域に開放したり、耕作の働き手として地元の女性を中心に季節雇用をしたりなどの展開をしている。メンバーのCさんは、「個人農家はこの震災で辞めた人が多い。今後も集約化が進むだろうから、農事法人でできるだけ受け入れたい」と考えている。

震災後に法人を立ち上げる（農事組合法人E）

法人Bが震災前から設立されていたのに対して、震災後に新たに法人を立ち上げたケースもある。農事組合法人Eは、もともとは代表のFさん（一九四九〔昭和二十四〕年生まれ）が二〇〇五年に退職してから仲間たちと任意の組合をつくり、約一〇ヘクタールの水田を始めたものが基盤となっている。津波の冠水により水田が使えなくなった際には、残った農業機械を使って二〇一一年内に二ヘクタールほどを耕作した。しかし震災直後、失った機械の分を新たに購入しようと補助を申請したときには、水田の面積や規模が条件を満たしていないことを事由に、申請を却下されてしまった。

そのことが、大きな転機となった。EのメンバーのGさん（一九四四〔昭和十九〕年生まれ）は、「個人でやって中途半端な面積でやるよりも、法人にして計画的にやろうと考えた」と振り返る。代表のFさんによれば、助成の対象となる条件が、震災直後は八ヘクタール以上の耕地面積だったのが、翌年には一〇ヘクタール以上に引き上げられたのを見て、やるなら法人だと決意したのだという。農地の集積に見合うだけの追加投資も難しかった。そこで農業改良普及センターの指導を受けながら、二〇一三年に農事組合法人を立ち上げた。耕作委託を受けるようになり、北上川を挟んだ対岸の河北町側でも小規模の水田を集積しつつある。復興交付金により農業機械購入の補助も受け、二〇一四年時点で約二五ヘクタールまで面積を広げた。

「これからいかに軌道に乗せていくか。コストを下げて収益を上げるには、ある程度大規模にしないといけない。これから十三浜地区でも田んぼの復旧が進んでいくと面積も増えるから、最終的には四〇ヘクタール以上はやらないといけないと考えている」と代表のFさんが語るように、法人Eではこれからの農業経営の「適正規模」を探る試みが始まっている。農地の復旧が進むにつれ、受託面積は予想以上に増えていき、早くも農業機械の使用が追いつかないほどだという。メンバー自身「まだ走り出したばかりだから」と表現するEだが、立ち上げや運営では先行して震災前に法人化していたBを参考として、お互いに作業を手伝う関係にある。Eもビニールハウスで苗づくりをした後、チヂミナ、ツミナ、モロヘイヤなどの葉物野菜を実験的に栽培している。パートや従業員を年間通じて地域で雇用することを視野に入れてのことだ。

新たな大規模ハウス農業を（農業生産法人H）

法人Eと同じように農業生産法人を新たに立ち上げながらも、これまでに地域になかったような形態の農業経営と復興を目指す動きもある。一九四七（昭和二十二）年生まれのIさんは、地元のヨシ業者として、刈り取ったヨシを売るという仕事に携わってきたが、津波により家屋を失ってしまった。震災でとくに大きな被害を受けた地元の集落の人びとは、散り散りにならざるをえなかった。Iさんも他の地域に移転したが、居住のための建築物の建築が制限される津波危険区域に指定されたふるさとの土地を、なんとかしたいと考えていた。そこで施設園芸の構想を温めていたところ、二〇一三年にオランダ型の次世代施設園芸の普及を図る国際的なプロジェクトの話があり、事業案が採択されて実現へと急展開していった。植物工場を拠点として、トマトやパプリカ等の野菜の生産（養液栽培）から販売までを取り扱い、高効率の生産を目指す計画を進めている。まとまった地域雇用の場として、地元の復興のシンボルとしての大型農業施設を実現させようとするIさんは、「この地域は水田（農業）だけでやっていけるのかというのが昔から気になっていた。もっと効率的に、年間収入が計算できるような形を考えなければならない。その成功モデルを地域でつくりたいんだ」と話している。

6 「農地集積」に適応すること

ここまで、震災後の地域農業の展開を具体的に見てきたが、それらの方向性について「適正規模」、「協業化[5]」、「地域農業の受け皿」という三つのポイントから今後のゆくえを考えてみたい。

まず、取り上げてきたケースとそれぞれの担い手たちはいずれも「農地集積」の流れにどのように対応すべきか、ということに取り組んできた。例えば、個別経営の「担い手」農家が実際に担うことができる水田面積には限界があり、また限界ぎりぎりのところで担い続けることの困難が見えてきた（Aさん）。農業生産法人のBやEでは、急速な「農地集積」に対する農業経営の「適正規模」の形成が喫緊の課題とされている。規模拡大にともなって早期に経営を安定させることができるかどうかが鍵となる。農業生産法人Hの取り組みの本格化はこれからだが、地域農業の新たな軸の構築が目指されている。このように、「農地集積」という大きな方向性に適応するために、農業経営および耕作の「適正規模」をめぐって地域農業の試行錯誤がなされているのが震災後の実態である。

地域農業の協業化

「農地集積」にどう対応するかということを捉えかえすと、そもそも今後の地域農業を誰がどのようにして担うのか、という課題も見えてくる。震災後の地域農業の担い手が少なくなったのであれば、大規模に手がける個人経営や、農業生産法人などの協同化・協業化によって拡げていけばいい、という単純な話ではない。家族による個別経営を続けてきたAさんはこう指摘する。「農業機械購入のための便宜的な協業化であればやりましょうとなるけど、そういうので立ち上がったところは、数年後になっていくつ残るのか」。震災直後、機械購入のための補助を受けるために、まずはグループをつくってそれを受け皿にしようと図った動きの中には、グループは名義上のことだけで活動の実態はないというケースも多かった。

また、震災前から協業化に取り組んできた農事組合法人Bの代表Dさんも「共同で機械を購入するってのと、仕事を一緒にやって運営も一緒にするのとは違うから」と区別をしたうえで、協業化について「最初はいいけど、運営するうちに思わぬコストが新たに発生するようになっていく。コストが前倒しになっていくから」と注意を促している。グループで経営や運営を共にすることに合意したとしても、実際に始めた後に必ず生じる予想外のコストや不確実性にも共同で対応していかねばならない。そうした状況に対応しきれないと、前のめり・前倒しの経営になってしまう恐れがあり、現場では協業化の持続性について懸念する声も大きい。

地域農業の新しい軸をつくろうとする農業生産法人HのIさんの取り組みも、果たして地域に根づいて持続できるのかという点において慎重な見方もある。

「昔からよく知っている農家に「一緒にやろう」と声をかけたが、そこで「じゃあやろう」とはならない。新しい取り組みをすぐに理解してもらうのは難しい」とIさんは感じている。

「受け皿」になること・まとまること

震災後の北上町全体では、農業の大規模化を目指す方向で協業化が進められてきている。ただし、（加速的な）大規模化も協業化も、一連の震災による変動を受けて人びとが構造的・制度的な制約のなかでやむなく選択したり、対応を余儀なくされたりした結果として生じている状況であることを見落としてはならない。その中で少数ながらも、担い手であろうとする人びとが地域の内外にいることは、地域農業復興の希望と言えるだろう。農地が復旧しても、その耕作と経営を担う人びとがいなければ、北上町の農地は放置され、いずれ荒地となってしまう。また、震災前から取り組んできたことを続けている人びとはもちろん、震災を受けて新たなかたちで農業にかかわろうとする人びとも、震災前までの北上町での生活やかかわりに基づいて、そこでの経験や知見を活かした取り組みを展開しようとしている。こうした人びと、担い手や法人が、震災による大きな変動と急速な農地集積に対応するための「受け皿」を構築していくこと、地域の生産基盤を補強するためのまとまりを再編していくことこそが重要である。農事組合法人Bの代表Dさんは、「個人が個人の農業を受け継ぐのではなく、法人などの組織が地域の農業を受け継いで、支えていく姿勢が必要」だと考え、「五年後、十年後に地域農業の一つの受け皿になる集約的な組織をつくる」ことを視野に入れている。地域農業の今後のあり方として、家ごとの農地の所有と耕作から、地域規模での組織による土地利用への転換が図られようとしている。ただ、その際ポイントとなっているのは、農業生産法人がたんに生産（耕作）を受託するだけではなく、地域の人びととの信頼関係に基づいて、地域農業の存続に深くかかわろうとすることである。

7　おわりに――地域農業を支え合う

震災後に「地域ぐるみの営農」の体制をつくるのが、ますます厳しくなっていることは事実である。北上町でも、意欲ある生産者や農業生産法人への集積が進んでいるが、この集約化は、必ずしも農地の所有者である地域住民の合意や積極的なかかわりのうえで進められているのではない。むしろ、地域や農業から離れていく人びとの動きによって生まれた状況とさえ言える。

東北地方の被災地全体で、農地をめぐる所有と経営の分離、あるいは生活と生産の分離が進展してきている。とくに耕作・田植え・収穫以外のこれまで集落単位で行い、担ってきたような共同作業や水路の維持管理などを誰が担うのかといった課題も表面化しつつある（行友［二〇一四］）。北上町では、震災前から地元で農業やさまざまな生業に携わってきた人びとが、震災後の地域農業の展開をも担おうとしている。たとえば農事組合法人Eの代表Fさんは、土地改良区で役員（理事）を務め、Eで地域の農地まわりの作業や水路の維持管理なども行い、便宜を図っているという。EのメンバーのGさんが「Eで離れた集落の田んぼを耕作するときにも気を遣う。集落ごとに従来の田植えや用水管理のやり方が違ったり、世代によってもそれぞれのやり方があったりする。それに合わせるんだ。ここ（北上町）の農業に、たとえば外からいきなり企業が入ろうとしても、うまくやり繰りできないだろう」と表現するように、地元におけるこれまでの農業と人びととの生活とのつながりや連続性が強調されている。(6)

楠本［二〇一〇］は、「集落営農の二階建て方式」で、今後の「地域ぐるみの営農」を行うためには、地域資源などの共同管理や調整機能を「一階にあたる地域自治組織」が担い、多様な形態での生産活動・実践活動を「二階にあたる営農組織」が担うという地域営農システムを想定している。この方式は、集落の構成員と、農業生産にかかわる構成員とが必ずしも同一ではなくなっていく構造に対応しようとするものだった。ところが震災により、「一階にあたる」はずの地域自治組織の多くがその機能を失い、地域の人びとの多くは、生業としての農業から離れていってしまった。その急速な流れによって、地域農業を営農組織がまとめて担うという集積化が一気に進んだが、北上町でいま取り組まれているのは、従来想定されていたような「地域ぐるみの営農」によるものではない。震災後の大きな変動に対応し、地域農業を存続させようとするための新たな「受け皿」づくりであると理解できる。

ここまで取り上げてきた四つのケースは、それぞれ別個に経営しているが、お互いに融通しあっている側面がある。実際にAさんの息子二人（後継者）および農事組合法人HのメンバーがBの耕作作業を手伝い、作業の共同を行う関係にある。さらにAさんの娘は大学を卒業した後、農業生産法人Hに就職することとなった。このような担い手同士による個別の協業化と支え合いについて、Eの代表Fさんは、「法人化は、数年でやめるという感じではない。協業化はただの手段ではないし、デメリットはないと考えている。基本的には後継者のいない農業だけど、そういう皆で手を組んでいけば、なんとかこの状況を凌げるのではないか」と話している。農業の「協業化」傾向自体には、補助金などの制度利用のための便宜的な構えも含まれるが、地域農業の復興を目指す現場において実質的に展開されている多層的な付き合いの関係（和田［二〇一二］）と、そうした「協業関係（支え合い）」のネットワークがつながりはじめているところが重要である。

地域農業の「受け皿」となるようなまとまりを再編するべく、株式会社や農業生産法人の設立、地域雇用とそのための農業通年化、あるいは新事業化などの試みが、お互い支え合い、展開されていく。そうした地域農業の新たな試みのゆくえに注目していきたい。

〈注〉

（1）宮城県では全耕地面積のおよそ一割、石巻市ではおよそ二割の農地が流失や冠水の被害を受けた。

（2）二〇一三年十一月には、震災復興交付金を活用して北上町に対象面積五百ヘクタール、処理能力三千トンのカントリーエレベーターが設立された。

（3）一九六二（昭和三十七）年の農地法改正によって規定された「農地に関する権利の取得が可能な法人」を指す。農事組合法人や株式会社などのうち、一定の要件を満たすもので、これまで農業経営実態の変化に応じて要件の見直しが重ねられてきた。個別経営がままならない地域において、生産を組織化することで経営の効率化が図れるメリットがある。

（4）たとえば二〇一三年度の「東日本大震災農業生産対策交付金」の場合、事業実施主体は農協や農業生産法人などの組織とされ、事業の対象の要件としても、受益農家三戸以上であることが定められている。

（5）協業化の意義としては設備費用の節減・合理化や分業による作業の効率化、規模の拡大化などが見込まれる。また、協業化の範囲としては、機械購入の協同から、施設の共同利用、組織化、協同経営までの段階がある。

（6）宮城県名取市の被災農地をめぐる事例では、集落営農が実質的に生産組織による営農体制に特化されようと、集落の「農業コミュニティ」にかかわる人すべてが、わずかであっても集落の農業と接点を持っておくことの重要性が指摘されている（落合ほか［二〇一四］）。

〈文献〉

岡田広行［二〇一五］『被災弱者』岩波新書

落合基継・小野寺淳・成澤嘉明［二〇一四］「東日本大震災の津波被災地での新たな農業コミュニティ形成」『農村計画学会誌』三三（四）、四四三―四四五頁

楠本雅弘［二〇一〇］『進化する集落営農――新しい「社会的協同経営体」と農協の役割』農山漁村文化協会

黒田暁［二〇〇九］「生業と半栽培――河口域のヨシ原は何によって維持されてきたのか」、宮内泰介編『半栽培の環境社会学――これからの人と自然』昭和堂、七一―九二頁

――［二〇一〇］「半栽培から引き出される資源管理の持続性――宮城県北上川河口地域における人々とヨシのかかわりから」『サステイナビリティ研究』創刊号、一六三―一七七頁

塩崎賢明［二〇一四］『復興〈災害〉――阪神・淡路大震災と東日本大震災』岩波新書

田代洋一［二〇一二］『地域農業の担い手群像――土地利用型農業の新展開とコミュニティビジネス』農山漁村文化協会

――［二〇一四］「法人化推進政策の功罪」『農業と経済』八〇（六）、一四―二〇頁

行友弥［二〇一四］「宮城県における圃場整備を巡る問題点――ヒト・モノ・カネが復興の隘路に」『農林金融』六七（三）、四六―五九頁

和田健［二〇一二］『協業と社会の民俗学――協同労働慣行の現代民俗誌的研究』学術出版会

第5章
コミュニティを再生する

はじめに

西城戸誠

津波は地域に住む多くの人命を奪っただけではなく、家屋や公共施設、仕事場などのインフラなどを失わせた。そして、震災後に地域の住民は、自らの生活を少しずつ立て直しながら、失われた「コミュニティ」を取り戻し、時には新たに作りだそうとしている。

本章の「6　コミュニティの再生へ」に詳しく示されているように、「コミュニティ」という言葉はとても多義的であり、さまざまな人間関係、集団の関係、ネットワークを指し示している。例えば、震災前から存在する地域集落の伝統的な集団（契約講や観音講）や、地域の青年層のまとまりを作ってきた消防団など、地域集落の存続のために形成されたつながりが挙げられる。また、親族ネットワーク、姻戚関係のネットワークといった血縁のつながり、小中学校区を通じたネットワーク（同級生、先輩後輩）といった学校を通じたつながりなども、この北上町ではコミュニティを考える上で重要になってくる。

この章は、こうした多義的に使われる「コミュニティ」の再生に関わる聞き書きと論考から成っている。まず、「1　佐藤尚美さんの聞き書き」は、震災によって最愛の家族を亡くしたこと、その後、WE ARE ONE北上をはじめとする、地域のさまざまな活動に関わるようになったきっかけや背景が語られている。そして嫁ぎ先である白浜への思いと、その復興の活動を通して、「北上の人」になっていく覚悟が示されている。また、「2　武山喜子さんの聞き書き」からは、地元出身の女性（居娘〔イムスメ〕と呼ばれる）として、この地域で子育てをしてきたが、震災によってこれまで当たり前に考えていたことを考え直すようになったこと、地元で新たな女性のネットワークを作ることの大切さと、同時に若干の不安も語られている。

この二人の女性による聞き書きは、被災地のコミュニティ再生における女性のかかわりや、その果たした役割について、従来の震災と女性に関する議論が看過してきた点を示唆している。「5　震災復興と女性」で詳述されているが、震災と女性に関する議論の多くは、女性を支援の対象とするか、女性を活用した形での復興という議論が大半であった。また、震災による性別役割分業の強化を総論として批判する議論も多い。だが、個々人のレベルではむしろ性別役割分業の強化を読み替え、子育てなど「抱えなければならないもの」を受け止めたなかで、今の生活をしている現状がある。例えば、それは震災前に当たり前と思っていた子育て環境が、実は課題があることがわかり、子育てサークルなどに積極的に関わるようになった武山さんの事例や、震災後により活発化した子育てサークルを通じて、女性たち自身が新たな活動の展開を意識するようにもなった事例もある。このような生活におけるさまざまなつながり、人間関係の再構築、子育て世代の女性たちの新たな居場所、コミュニティづくりが、今後のコミュニティの再生を考える上で重要になる。

三つめの聞き書き（「3　佐藤満利さん」）では、北上町十三浜の復興においても象徴的な大室南部神楽の復活と、北上まつりの開催について語られている。震災によって失われた命とのつながり、世代間のつながり、集落を越えたつながりなど、重層的なつながりの場としての神楽の役割が理解される。最後の聞き書き（「4　横山宗一さん」）には、本人が経営している追分温泉の誕生から、震災時の対応、そしてこれからの北上町の観光のあり方から考える、地域のコミュニティの再生や復興の方向性についての指摘がある。

「6　コミュニティの再生へ」では、ここまで述べてきたような震災以降のコミュニティの再生という動きだけではなく、集団高台移転によって、複数の伝統的なコミュニティのあり方が、ともすれば対立する状況もあることも論じている。また、個人や世帯が求めるコミュニティ像と、実際のあり方が異なる場合もコンフリクトが生じる。このようなコンフリクトは、復興のさまざまな局面で意識される「コミュニティ」のあり方を模索するなかで不可避である。しかしながら、そのコンフリクトを一つ一つ解決する試みを続けていくことが、コミュニティの再生そのものであるともいえるだろう。

1 「自分が楽しくてやっている、ただそれだけです」

〈語り〉 佐藤尚美さん

わたしが仲間になりたかった

WE ARE ONEを本気で考え出したのは二〇一一年の十月ぐらいです。最初は八百屋でもやろうか、というぐらいの本当に漠然としたスタートで、事業を成功させよう、という気負いはありませんでした。ただ、失敗しても今より悪くなることはないとは思っていましたね。二〇一二年六月から仮設店舗で住民マーケットの運営を始めて、本施設ができたのが翌年の一月です。半分はマーケットで、半分は子どもハウスやフリースペースとして運営し、子どもたちの学習支援などを行っています。

WE ARE ONEを立ち上げたのは、わたしが仲間になりたかった、というのが一番の理由です。私は震災後、蛇田の実家にいたんです。北上に通ってはいたけれど、やっぱり北上の人たちと話す機会っていうのはすごく減っていたんですね。市内で買い物をしていて偶然北上の人たちに会ったりすると、とても嬉しかった。

蛇田には自分の友人はいます。だけど子どものこととなると、やっぱり北上の人たちが話し相手ですから。たとえば、震災前は子どものスポーツ少年団の活動とかで、毎週末になるとお母さんたちが集まると

佐藤尚美さん

一九七三（昭和四十八）年、石巻市蛇田生まれ。北上町白浜集落出身の男性と結婚後、震災まで白浜に住む。震災後、地域の女性を中心にコミュニティ再生活動を行う住民団体「WE ARE ONE北上」を立ち上げ、その代表を務める。ほか、白浜海水浴場の本格再開をめざす「白浜海水浴場再開実行協議会」事務局、住民による地域づくり団体「きたかみインボルブ」代表、石巻市北上地区まちづくり委員会委員。二〇一二年より北上復興応援隊（二〇一五年度末まで）。

いうのが習慣みたいになっていました。それはそれで疲れることもあるんですけど、なくなってしまうと寂しい。誰かとしゃべりたいな、という気持ちはありました。子連れで集まれる場所というのが北上総合支所にあったんですけど、それもなくなってしまったので、そんな場所があるといいな、とも思いましたし。

ただ、震災で仲のよかった学区内のお母さんたちってみんな亡くなってしまったんです。吉浜学区といって、被害が大きかった。生徒数が四十九名で、そのうち七名が亡くなりました。あのエリアは支所が避難所でしたから、支所に避難した親や子どもが多かった。もともと、何かあればとりあえず支所に行け、というのが普通でした。だからみんな支所に避難したというのは何も不思議なことではないんです。そんなふうにお母さんたちが亡くなったり出て行ったりするなかで、自分の居場所っていうのかな、そういうのが欲しかったのかもしれないですね。

最初はまずいところに来た、と思った

生まれたのは石巻の蛇田（昭和三十―四十年代に開発が進んだ住宅地）です。両親とも雄勝出身で、父親は商船の船乗りでした。蛇田では向かいも隣も誰

が住んでいるか本当に知らなかった。中学生の時は学年が九クラスありました。

高校は石巻市内で，卒業後仙台のタイルメーカーに勤めました。二，三年で石巻に戻って建築関係の会社に入り，その後何回か転職しましたが，どれも建築関係でした。結婚してからは，上の子が生まれて一年は家にいて，その後は事務員，それから税理士事務所やソフトウェアの開発会社で経理の仕事をしていました。

平成九年に白浜集落というところに嫁いだんですが，それまでは北上のことはまるで知りませんでした。最初はまずいところに来た，と思いましたよ。婦人の消防団とかいうのはあるし，あといらない役割とかあるじゃないですか，集まりとかで男の人たちが食べるものを女性が準備しなければいけないとか。そういうのを私がなんとかしてやろう，という気はありましたね。

婦人消防団の誘いを嫁で断ったのは私が初めてです。もともと，男の人たちは消防団に入るんです。旦那も入っていました。でも旦那より下の世代は入らない家も出始めていたんですね。消防が地域に必要なことは分かるけど，四〇数世帯しかない集落で，一軒から数名入る家と一人も入らない家があるのがおかしいと思ったんです。それで，どうしてうちは二人も入らなくちゃいけないんですか，一人も入っていない家が火事になったら消さなくていいんですか，私は絶対入りませんから，って言った（笑）。そうしたら，一度引退していた義母が，いいいい，私が入るからって，消防団に戻ったんです。本当はおばあさんが辞めたから私が入るはずだったのに。結局，私の下の世代のお嫁さんたちもみんな私に右習えしたので，引退したおばあさんたちがこぞって出戻ることになって。もう笑い話ですけどね。そのころからですかね，私もちょっとそういう空気とかに合わせなくちゃいけないかなって思い始めたのは。

ただ、今考えると北上の人たちは最初から好きだったんです。お年寄りがとにかく明るい。天性の明るさだと思いました。お年寄り同士があだ名をつけて笑ってるとか、ちょっと蛇田では考えられない。白浜のおばあさんたちもおもしろくて、女契約（観音講のこと）なんかも全然嫌じゃなくなっていました。震災前に女契約を解散しましょうという話になったとき、私が最後の移動契約（地区外に出かけ食事などをして遊ぶこと）の幹事をやっているんですよね。私が場所決めをして、みんなをひっぱっていった。だからそのくらいにはなっていたんですよね、今思えばですけど。

現実味がない。意味がのみこめない

震災の時には、長男が中学一年、次男が小学四年、長女が小学二年。子どもたちは学校で、私は仕事で石巻市内にいました。市内にいると津波なんか全然分からなくて、津波警報を聞いても、「嘘でしょう?」みたいな感じでした。当時の会社はセキュリティが厳しくて、地震で全員外に出たら電子錠がかかってしまったんです。慌てていたので誰も鍵を持っていなくて、会社から完全に閉め出されてみんなで笑った、そのくらい余裕がありました。

警備会社に鍵を開けてもらうのに時間がかかって、結局、北上に向かったのは地震から一時間半くらい経った後でした。北上川の途中まで行ったところで、前の車がどんどん引き返して来るんです。どうしたんだろう、と思ったら、なにかこう、北上川から白いのがざわざわとのぼって来るのが見えたんです。「え? これが津波なの?」という感じで、しょせん私の見た津波ってその程度なんですよね。とにかく進めないから、道の駅（石巻市小船越の「上品の郷」）まで引き返して、どうしよう、って。携帯電話も全然つながらないし。今思えばその時北上って津波に呑み込まれていたんですよね。警察が来て、北上方面

は行けません、というので仕方なくとりあえず実家に向かったんです。

　次の日の朝早くに裏道から北上に入ったんですが、車では途中までしか行けなくて、そこから先は歩いて向かいました。北上からこちらに向かって歩いてくる人たちが子どもたちの居場所を教えてくれたので、子どもたちにはすぐに会うことができました。子どもたちの無事を聞いてほっとしていたら、「ただ一栄（かずよし）がいねえんだや（いないんだ）」って聞いたんです。一栄は旦那の名前です。私の一つ上で、地震のときは仕事で大川（石巻市釜谷地区）にいました。

　なんだろう、その「いねえんだや」っていう言い方が、ただ「いない」んじゃなくて駄目だった、っていうのがなんとなく分かったんです。でも、まあまあ、まさかな、まだまだ、みたいな感じもありました。どちらかというと、被害がひどかったエリアにいた子どもたちの無事を聞いて、一段落してしまったんですね。あとから聞いたのですが、旦那は一度家に戻ってきて、うちのおばあさんと娘に山に逃げろと言っているんです。その後、地震で壊れた水門をなんとか閉めようとしているおじいさんに、いいから逃げろ、あとは俺が閉めるから、と言って替わった。通りかかった消防車の人が、もう逃げた方がいいと声をかけたときには手をあげて応えたそうなんですが、その後のことはまるきり分かりません。ずいぶん探してもらいましたよ。偶然出会った潜水捜索士さんたちにお願いして、月に一度のペースで一年以上は探してもらったかな。たぶん出てこないだろうという感じは最初からあったんですけど、それでもね。

　あの時は、まったく何が起きているかわからない。というか、「え、なんで？」という感じでした。「なんで？　なんで？　なんで？」みたいな。現実味がないんです。とにかくなにか恐ろしいことが起きているというのは分かるんです、でもあまり意味が飲み込めない。涙が出るというか、そういうのではないんです。ああいう時は人間はうまく感情に蓋をされるというか、そういうふうにできているんだな、と思いましたね。

復興応援隊になって、いろいろ整理させられた

二〇一二年十二月に復興応援隊になりました。これは二〇一六年の三月で終わりです。当時北上総合支所にいた今野照夫さんに声をかけられたんです。今まで私がやってきたようなことに給料が出るようになるからやってみないか、という感じでした。引き受けた当時はそれほど深く考えてはいなかったですね。ただ、もしあの制度がもっと早くできていたら、やらなかったと思います。そんなことをしている場合じゃないというのもありましたし、自分たちでどうにかしていかなければいけないという気はそれほど強くなかったと思いますし。本当に少しだけですけど余裕が出てきたころに来た話でしたので、タイミング的にはよかったのかもしれません。

それまでもいろいろやらなくてはいけないことは見えていたんですけど、する条件もそろってないし、WE ARE ONEとしてやらなければいけないとも考えていませんでした。それが、復興応援隊になって、いろいろ整理させられたんですね。やはり行政のやることですから、しっかりした計画を立てなくてはいけないし、報告もしなくてはいけない。それまでなんとなく感覚でやってきたようなことを、きちんと文字にしなければいけなくなったんです。かなり勉強したし、させられました。業務量に対して、給与額を考えたらとても引き合いません。ただ応援隊で得られる人脈とか情報とか、そういうことが自分には大きかったですね。それに、応援隊になると名乗れるようになりますよね。それまでも高台移転の住民ワークショップの手伝いや復興市の支援なんかをしていましたが、WE ARE ONEという看板がそれほ

ど浸透していたわけではないし。応援隊は立場が分かりやすいので、動きやすくなったというのはあります。

私の立場って、WE ARE ONEでもあって応援隊でもあって住民でもあるんですよ。考えると、応援隊って私を助けなくてはいけないんですね。WE ARE ONEみたいなところを助けなくてはいけない。あとからはそれが割り切れるようになって、他のメンバーに、あなたたち私を助けなさいって素直に言うようになりました。応援隊そのものの活動は、直接支援ではなくて間接支援をするべきだと考えます。例えば子どものことにしても、応援隊がイベントに連れて行くとかではなくて、子ども会を立ち上げる、運営できるような支援をする。そういう流れをつくるのが応援隊の役割だと思います。

WE ARE ONE マーケットの外観
（2013年2月，髙﨑撮影）

住民を巻き込んだ地域づくりを

二〇一四年の夏から、三〇代から四〇代の仲間を集めて地域づくりの活動を始めています。チーム名は「きたかみインボルブ」、最初は住民がつくる北上地域復興計画書プロジェクトとしてスタートしました。

計画書づくりは当初は応援隊の事業として考えていたのですが、二〇一四年というのはちょうど、これからは住民主体にシフトしていかなくてはいけないと話し合っていた年なんです。そうなると、計画書という完成物そのものよりも、それをつくるプロセスが絶対大事になってくる。プロセスが一番大事だと考えると、これは住民たちで取り組んだ方がいい。それで、応援隊にはあくまでもサポートとして入ってもらう形で、八月に第一回目の会議をしました。それからほぼ週に一度、普段はだいたい八名くらいで話し合いを重ねています。

いざ集まって話をしてみると、私たち一人一人の北上に対する思いって意外と違ったり、あるいは同じだったりするんですね。なので計画書づくりはいったん先延ばしにして、コアメンバーのなかの認識とか思いを共有する作業から始めました。まずは私たち自身がやりたいことをはっきりさせることにしたんです。その第一弾として、四月に行政配布で「きたかみをおもしろくする提案書」というのを住民全戸に届けました。私たちはこういう地域づくりをしたいと思っています、提案するので一緒にやりませんか、とみなさんに問いかけることからスタートを切ったところです。

計画書づくりが終わってもインボルブの活動は続けていきたいですし、メンバーはもっと増やしたいと考えています。コアメンバーは今のままでいくとしても、サポーター的な人たちを、住民をどんどん巻き込んでいきたい。住民を巻き込む、という意味を込めて名前をインボルブ（「巻き込む」の意）にしたんです。問題はその巻き込まれる住民をどうやってつくるかです。

それで、二〇一五年一月に「北上大同郷会」というのを開いてみました。もともと北上は山側の橋浦地区と海側の十三浜地区というのは接点がほとんどないんですね。インボルブのメンバーも海側が中心で、山側の人たちが少なかった。だからとにかく一度、みんなかきあつめて飲んでみようと。端から端までとにかく口コミで広げて、三〇名くらいになったかな。今は北上に住んでいなくても、北上出身であればいいいことにしました。そこで初めて互いに知り合う人たちも多かったんですが、これは想像していた以上に盛り上がりました。こんなに人と会ったのはすごく久しぶりだった、と喜んでくれる人もいて、やってよかったと思いましたね。

合併前に発行されていた「広報きたかみ」を見ていると、合併したらこういうまちにしよう、とか、住民でまちづくりをしよう、とかやっているんです。昔にもそういう取り組みがあったというのはおもしろいなと思います。これからは聞き書きのスキルを身につけたいと思っています。聞いたことを地域づくりにつなげるにはどうしたらいいかがよく分からないので。結局はやっぱりそこしかないんですよね。聞いて、考える。そろそろ昔のことでもですけど、今の暮らしのことなども聞いてみたいと考えています。

「インボルブ」結成にむけた第一回目の集まり
（2014年8月，髙﨑撮影）

折れないでやってきてよかった　インボルブへとつながっていったのは、だんだんと仲間が増えていったことが大きいですね。WE ARE ONEのころは、まだ相談相手がいませんでした。それが応援隊という制度ができて、まずひとつ助けられた。応援隊の活動のなかでいろんな人と知り合って、またそこでもひとつ広がった。それからまたさらに広がって、私が応援隊ではなく私自身の活動としてやっていきたい仲間ができた。そんな感じです。

着実に地域のなかに仲間が増えたな、と感じたのは二〇一四年の夏ごろですね。震災から三年過ぎて、七月の白浜のHondaビーチクリーンのあたりかな。その前の年から協議会を立ち上げて二日間だけの海開きというのを白浜でやっているんですが、二回目の海開きにむけてビーチクリーンをすることになったんです。

県外からホンダの社員ボランティアが一〇〇人くらい来る予定で、それに対して地元の住民が少なかったらちょっと格好がつかないな、でも盆前の忙しい時期だしな、なんて思いながらあまり声をかけずにいたんです。そうしたら、当日すごくたくさんの人が来てくれた。考えたら私もその年の五月に「きたかみ春まつり」(第5章「3　佐藤満利さんの聞き書き」を参照)の手伝いに行ってるんですよ。そんなつもりで行ったわけじゃないけど、したことによって返ってくるものをあのとき初めて実感したんですね。それで、今だったらみんなに声をかけて一緒にやろうっていうタイミングだな、って。その時期がやっと来たような気がしました。

ほかにもそのころって、いろいろ一人でやっていくことに限界を感じ始めていたんです。協議会にしても、仲間は多いんですが、申請書づくりとかは全部私一人でやっていたので。これはいつまでもはできないな、と思っていたところに、佐藤満利さんなんかも、俺たちけっこう疲れてきてるよね、みんな疲れてきてるよね、って。周りもそういう時期だったんです。だったらみんなそろそろ一緒にやらない?　みたいな、そういうのもありましたね。

疲れるって、支援の疲れもあるんです、たぶん。震災後、私たちはいろいろな支援を受け、助けられてきました。とくに直後というのは、外の力というのは絶対的に必要でした。人手や物理的にもそうですが、外から来た人たちが頑張っているから自分たちも頑張らなきゃって、逆に引っ張られてやったところってみんなあると思うんです。満利さんなんかも、いろいろな支援の人たちがいて、多分すごく助けられてきた。でも、それが続くとだんだん疲れてくるんですね。そろそろ俺たちは俺たちで頑張るんだというものをつくらないと、ずっと今年もよろしく、今年もよろしく、と言い続けることになるなあ って。だから自分たちは住民で頑張るんだというのをひとつ形にしてみせるというか、そういうことをやった方がいいよね、そうじゃないともう疲れるよね、そういう話もしました。それに、支援で来る人たちはいずれ減っていきますしね。

あとは、応援隊の終わり方というのも考えました。三年間税金を使ってきたその成果として、なにをどういう形で住民のなかに残していこうか、と考えたときに、応援隊のようなものがこのまま住民のなかに根付いていけば、それはひとつオッケーかな、と。

でもまあ、こうやっていろいろやってきて、だんだんと仲間が広がってきた。お金にはならないけれど、折れないでやってきた結果がこうしてインボルブにつながってよかったな、というのは思います。

北上にいるために、やれることをやってきたらこうなった

これからもずっと北上で仕事はしたいですね。少なくとも自分の居場所はここだと思っています。仲間たちと一緒にやりたいことをここでやっていければ理想ですが、世の中はそんなに甘くないのでやりたくないこともやらなければいけない。やりたいことをやるためには必要なことはしないといけない、と思っています。

震災前は、北上というのはとにかく不便な場所だと思っていました。コンビニもないし、交通機関もな

い。震災前から北上地区のまちづくり委員会に入っていたんですけど、当時は北上に不満も多くて、あれもない、これもない、というようなことを言っていました。でも震災になって蛇田に戻ると、欲しかったものが全部あるはずなのに、何か違う。震災になってやっと、ないものはなくて構わないんだとか、そういうことに気づき始めたのかな。

それでも始まりは北上をどうしようって、そんなになかったと思います。どちらかというと白浜を向いていましたし、WE ARE ONEの場所も今のにっこりサンパークのふもとじゃなくて、白浜でいいかな、なんて考えていたくらいです。北上全体に目がむいたひとつのきっかけとなったのは、小学校の合併ですね。それまでは相川、吉浜、橋浦と三つの学区があって、他の学区とはほとんどかかわりがなかったんですが、合併で「北上の子どもたち」というふうに見る範囲が強制的に変わったんです。保護者同士がつながることにもなりましたし。

私はもともとは石巻から来た嫁ですが、私の子どもたちは北上の子どもなんですね。北上というか、俺は白浜出身、みたいな。そういう意識はいつかここを離れたとしても多分ずっと持っているんだと思います。もともと自分になかったこともあって、郷土愛って以前はいまいちよく分からなかったんですが、最近になってそういうのはもしかして大事なのかな、と考えます。子どものころにそういうのがあるというのは。私たちが年寄りになってここに住んでいても、子どもたちがやっぱりここが帰ってくる場所だよね、ということでたまにでも帰ってくる。そうすれば生きていけるんじゃないかと思います。これからは、その辺に少し挑戦してみたいですね。北上の子どもたちに対してどういう取り組みができるか。

こういうことをしていると、地域のためにやっているということでたくさんの取材を受けます。でもそうではないんです。私が北上にいるためになんです。そのためには何をしていかなくてはいけないかと考えて、やれることをやってきたら結果こうなっていた、という感じです。楽しいですよ。自分が楽しくてやっている、ただそれだけです。

（構成／髙﨑優子）

2 「一体いつになったら落ち着くのだろう、と考えてしまいます」

〈語り〉**武山喜子さん**

幼少期〜高校卒業後、二〇歳で結婚、出産

吉浜小学校に通っていた頃は、とにかく山で遊びました。北上中学校、飯野川高校と進学、一六歳で免許を取って高校には実家からバイクで通学しました。高校卒業後は工場勤務、ウェイトレスなどいろいろな仕事をしました。そして二〇歳で結婚、妊娠、一人目を出産し、それからずっと子育てです。四人の子どもたちは全員四歳差で、一番上が高校、一番下が保育園に入った今、やっと一段落です。

「イムスメ」である自分

私は生まれも育ちも月浜集落で、結婚してからも月浜集落に住んでいます。旦那は女川集落出身なので私も戸籍上は女川集落の人間ですが、居住はずっと月浜集落で、「イムスメ」(結婚後も自分の実家で生活を続ける女性の呼称)です。

私は「お嫁さん」ではないので、幼なじみも知り合いも周りに多く、ママ友を作らなきゃいけないと考えたことはありませんでした。近所のお嫁さんたちの中には年齢が近い人もいたと思いますが、その方た

武山喜子さん

一九七八（昭和五十三）年、北上町月浜集落に生まれる。結婚後も月浜集落の実家に暮らし、震災発生時もそこにいた。仮設住宅での暮らしを経て、集団移転に参加、移転後も月浜集落に暮らす予定である。

ちとの交流は特にありませんでした。子どもが保育園に入園して初めて、「あそこのお嫁さんなんだ」とわかったりする程度でした。

地域の行事などで一軒から一人が出なければならないときには必ず母親が出て行くので、行事での決まりごとなどについて、私は誰からも何も教えてもらっていませんでした。だから、母親が急に行けなくなったときに「代わりに来て」と言われると、「どこに？　何をするの？」とすごく困りました。葬儀にも手伝い的なものにも出たことがなかったので、服装が違うことさえ知りませんでした。そういう状態なので、お姑さんからいろいろ教えてもらっているお嫁さんたちの中に突然混ぜられると大変でした。

東日本大震災発生時、自宅で被災　震災のとき、私は四人目の子どもを妊娠中でした。その日は、三人目の子どもと午前中に二時間程度、近所を散歩しました。いったんお昼に家に戻り、そのうちに上の子たちが帰ってきて、その直後ですね。幸い、子どもたちは全員一緒でした。

今考えると、妊娠していなかったら、子どもたちはダメだったと思います。当時、たまたま三人目の子どもが保育園に通っていなかったので家にいて一緒に逃げられたけれど、保育園に通っていたとしたら保育中の時間帯なので、小学生だった上の子たちを家で待たせて、私は保育園に飛んで行ったと思います。揺れはものすごかったのですが、津波が来るなんてことは頭にありませんでした。津波が来たときの想定の高さが一応は示されていましたが、津波といってもジワジワと下から水が湧き出てくるようなイメージしかなかったので、川から少し溢れる程度にしか思っていませんでした。

子ども三人、祖母も一緒に必死に逃げました

大津波警報が出ても、その目安を少し超える程度にしか考えていませんでした、揺れがすごかったので、先に家の倒壊を覚悟し「とにかく外に出なければ」と思って屋外に出ました。地震対策で大きなものは倒れないようにしていましたが、何気なく置いていたものは全部落ちてしまい、「片付けるのが大変」と思いました。でも、津波で家ごと流されてしまいました。

自宅から少し離れたところに住む祖母も、急いで迎えに行きました。子どもたちを周りから何かが崩れてくる心配のない近所の畑のど真ん中で待たせ、私は祖母を迎えにお腹を抱えて必死で走りました。足が悪く、まだ家の中にいた祖母を外に連れ出し、近くからビールケースを取ってきて座らせて、子どもたちをそこに連れて来るまで待たせていました。私はまたお腹を抱えて田んぼ道を必死で走りました。子どもの靴を取りに、上着を取りに、携帯電話を取りに、と何度も家に戻りました。その途中で地割れしていくのを見たときには、すごく怖くなりました。

大津波警報が鳴り響く中で

どこに逃げるか迷っているうちに大津波警報が発令されました。とにかく車がないとダメだと思い、お腹を抱えて鍵を取りに家まで走りました。走行中も電柱などが倒れてきそ

うで、「アレに当たったら死ぬ」と思いながら運転しました。その間に何度も大きく揺れるので、こんな波打つ道路を走れるのかな、と思いました。ものすごい揺れで、車ごと倒されそうな気もしました。電話もかかって来るけれど、ボタンを押しても全然反応しませんでした。それでもひたすらボタンを押し続けていると、福岡の叔母からの電話につながりました。安否を聞かれ、「今のところ生きてる」と答えたのを覚えています。「高いところに逃げなさい」と言われたけれど、咄嗟には高いところがどこなのか思いつかず、また悩みました。そのとき、たまたま向かいの家の人が車で走っているのを見かけて、「今なら車で走れる」と思い、その車について行きました。普段なら山に行く道がすぐにわかるはずですが、そのときはT字路のところで、「どっちに行くか？」と考えたのを覚えています。「みんなが行くから、あっちに行こう」という感じで、山の方に車を走らせました。その十分後に津波が到達しました。家が流される様子を見て、頭の中は真っ白になり、ただ呆然と立っていました。吉浜小学校の体育館の一番高い窓ガラスも割れ、壁もなくなり、目の当たりにした光景を信じることができませんでした。

長観寺で過ごした三月十一日の夜

初日は長観寺に避難しましたが、早く出たかったです。何もわからず子どもたちが騒いでいると、お年寄りたちからは「うるさい」「怪我をしたら危ない」と言われました。妊婦だった私も、「ここでは産めないのだから」「産まれたら困るから動くな」と言われ、動くのをすごく制限されました。善意で言っているのだろうけど、当事者の私にはそういうふうには聞こえませんでした。ただ一人、九十歳近い祖母だけが、「ここで産まれる時は、私が取り上げなければ」と笑って言ってくれました。「大丈夫？」と声をかけてくれる人はいませんでした。

翌日に夫が迎えに来てくれました

三月十二日の十四時頃、夫が迎えに来てくれました。来るとしたら普段の仕事で着ている作業着で来ると思っていたのですが、義姉の夫に借りたジャージを着ていたので、「似たような歩き方をする人が来るけど、服が違う」と思いました。どんどん近づいて来るうちに、「あの帽子、見たことがある」などと思い始め、気付いたときには子どもたちに「パパが来たよ！」と教えてあげました。

夫は仕事中に東松島市で被災し、水の中を歩いてずぶ濡れの状態で蛇田の義姉の家まで歩いて避難したそうです。義姉の車で蛇田からなんとか車で北上町までたどり着き、追波集落まで来たときに絶望的な景色が広がっていたので、「家族は死んだかもしれない」と思ったようです。自宅のあった場所に近づくにつれて「何もない、これはダメかもしれない」と思った、と聞きました。たまたま私たちが避難していたお寺から外に出た人と夫が遭遇し、そこで私たちの避難している場所を教えてもらい、迎えに来てくれました。私は「来た！」と思いました。

二〇一一年三月二十六日に四人目が産まれました

四人目を妊娠してから、市街地の個人病院で診てもらっていましたが、その病院も被災してしまいました。三十四週目が震災前に受けた最後の妊婦検診で、震災の頃がちょうど三十六週目の検診の時期でした。逃げるのに必死でたくさん走ってしまったし、お腹も張っていたので、「少しでいいから診てもらいたい」と思って日赤病院に行きました。でも、病院の玄関を入る前に断られ、「陣痛が来たら来てください」と言われました。そして言われた通り三月二十六日、陣痛が来てから病院に行きました。でも、出産前に必要な検査が私の場合はまだできていないということがわかったときに、「なんでもっと早くに来なかったの?」と言われました。でも、「陣痛が来なきゃ診られないって言われました」と答えたら、「そんなこと言わないですよ」と言われてしまいました。結局、病院に着いて一時間ぐらいで出産しました。ですが、その当時はわが子の誕生より、悲しみ、罪悪感の方が大きく、病室で子どもに寄り添って寝ながら涙が止まりませんでした。

北上町を離れての生活

しばらくは、蛇田の義姉の家にお世話になりました。一週間ぐらい経ってから、初めて北上町に戻ってみました。北上町にいないと情報が何も入ってこず、一番目の子どもの卒業式の話も、そのとき偶然会った人に聞きました。そのときにその話を聞いていなければ、うちの子どもは卒業式に出られませんでした。

津波を経験していない蛇田の子どもたちは外で遊んでいましたが、私にはそれが信じられず、「なんで笑って遊べるの?」と思いました。震災後は眠れない日が続き、ちょっと寝てはふっと目が覚めるたびに、地震も津波も嘘かもしれないと思ったりもしました。携帯電話のワンセグだけがつながって、ワンセグをつけては現実を確認していました。その頃、子どもたちは家の中からは出さなかったし、子どももたちが外に遊びに行きたいと言うこともなかったです。ヘリコプターの飛ぶ音や救急車や消防車のサイレンが聞こえると、子どもたちもすごく不安がるので必死でなだめていました。学校が始まったときは、蛇田からの送迎が大変で、北上町の叔母の家にお世話になりました。震災後、最初にホッとしたのは仮設住宅に入ったときです。

「震災のことを考えなくてよい時間」を見つけましたcocomaに入ったのは、仮設住宅に入ってからです。私はイムスメで、そういう場所はお嫁さんたちが行く場所だと思い、自分には関係ないものだと思っていました。子育てに関しても、ずっとそこに住んでいたので人が集まる場所に敢えて積極的に出て行く必要もなかったし、友達も知り合いもいるし、子どもが進学すれば学校関係のお母さんたちとは必然的にかかわるようになるので、その時に「ママ友」になればいいと思っていました。以前から誘われて行ってみたこともありましたが、「やっぱり私の行く場所ではない」と思いました。だから、cocomaの存在も聞いて知ってはいたけれど、「私は絶対に入らない」と思っていました。

それでも友達が諦めずに誘ってくれるので、だんだん申し訳なくなってきました。支援を受けられると言われて行くようになりましたが、心のどこかで「私はお嫁さんとは違う」と思っているから、なかなか他の人のように毎週は行けませんでした。その頃は日中、毎日仮設住宅に四番目の子と二人だけでいた時期だったこともあり、オモチャがたくさんある広い場所で子どもも私から離れてすごく楽しそうに遊んでいる様子を見て、「たまに連れて行こうかな」と思えるようになりました。自分がちょっと情緒不安定になっていた時期でもあったので、誰かとしゃべっている間は震災関係のことを考えなくていいということに気付き、そこから今度はひたすら行くようになりました。

何回も参加するうちに、AさんやBさんのように、「友達」と呼べる人たちとも出会えました。今では、よくBさんの家に行って三人でしゃべっています。三人で会っているときはいつも、「共通点も似ているところもないけれど、居心地がいい」という話をします。cocomaに行くことがなくなってもつながっているから、今でも仕事が休みのときは会っています。そういう意味で、私にとってcocomaは良かったです。でも、震災がなければ行かなかったし、行く必要がなかったと思います。

にっこり仮設団地で遊ぶ子どもたち
（2014年6月，宮内撮影）

これからの生活を考える　地元に住んでいるのに、コミュニティをまた最初から作るというのは、年配の人たちには良いかもしれないけれど、若い人たちには厳しいなと思います。たとえば、新しいコミュニティには親年代の人たちが多いとなると、その人たちとどのように付き合っていけば良いのだろうか、と考えてしまいます。以前の月浜集落では同年代の親類関係がわりといましたが、その人たちはすでに北上町を出ていたり、亡くなったりしているし、若い世代の人も戻ってくるかどうかわかりません。だから移転に関しては、不安の方が大きいです。「夢はマイホーム」ではなく、家が建たなければ何もできないところからのスタートなので、難しいです。急いで家を建てなくても良いかなと思うけれど、でも仮設住宅も出ていかなければ今度はここ（にっこりサンパーク）に学校が建てられません。

集団移転が終われば、我が家が移転する地域では子どもがいる家はうちだけになってしまいます。震災後に新たに築いた人間関係やコミュニティは、もしかすると遠ざかっていくのかな、と思うところもあります。今のように「遊ぶ友達」がすぐ近くにいるというのは、子どもたちにとってすごく良い環境だと思います。私自身も、同じ世代の人たちと「ママ友」としてお付き合いしたのは初めてでした。仮設住宅に住み始めて最初の頃は、「早く出たい」「家が欲しい」とばかり言っていましたが、だんだん日が経ってくると、「これが一時的じゃなければ良かった」「もっと隣の家と離れていればずっと仮設でも良い」と思ったりします。

以前は、高台移転後も若い世代の人たちが集落に残ると思っていましたがどんどん出て行ってしまい、私は「自分がここに残る意味」を考え始めてしまいました。なぜ集団移転に参加し、そこで新しい生活を始めるのかが見えなくなってしまいました。それには、仮設住宅での生活に慣れてしまったのも関係していると思います。最初はどうしても震災前に我が家のあった場所に戻りたかったけれど、親のこと、子どものこと、いろんな状況を踏まえると、日が経つごとに悩んでしまいます。一体、いつになったら落ち着いた生活が送れるのでしょうね。

(構成／武中桂・庄司知恵子)

3 「ずっと伝わってきた神楽が、自分たちの代で終わるのはいやだった」

〈語り〉佐藤満利さん

子どものころから自然が好き

子どものころから自然が好きでした。釣りが好きで、学校から帰ると行っていましたね。漁港でおかずになるような魚を釣るんですけど、隣のおばさんや本家の方に持っていくんです。そうするとお小遣いがもらえる。釣りの先生みたいなおじさんがいました。僕たちの中では崇拝するお師匠さんです。とりあえず竿さえ持っていけば、あとは餌とか分けてもらって、隣で釣ったりして。

僕が小学校三年生のとき、六年生の佐々木茂樹くんと、茂樹くんの家の船外機に乗って二人で海に出ました。茂樹くんがエンジンをかけて、ちょっと出てみるかって。出てみたら、何があたったのかな、ゴンって音がしたんです。それであわてて、戻ろう戻ろう、ってなって。親たちはもちろん、僕らが勝手にやってるのは分かってましたよ。まあ、今の小学生で同じことをしたら大騒ぎになりますよね。

隣の家の佐藤寛(ひろし)くんとはいつも一緒に遊んでいました。寛くんは僕の三つ上です。ぼくたちはゲーム機を買ってもらえなかったから、よけい自然で遊ぶことが多かったんですよね。二人で蛇探検もしました。

山にクワガタ獲りにいって、木を蹴ったらスズメバチがいて、二人して何百メートルって走って帰ってきたこともあったなあ。あとは、大人たちの神楽のまねごとで、画用紙にお面を描いて、それをつけて遊んでいました。

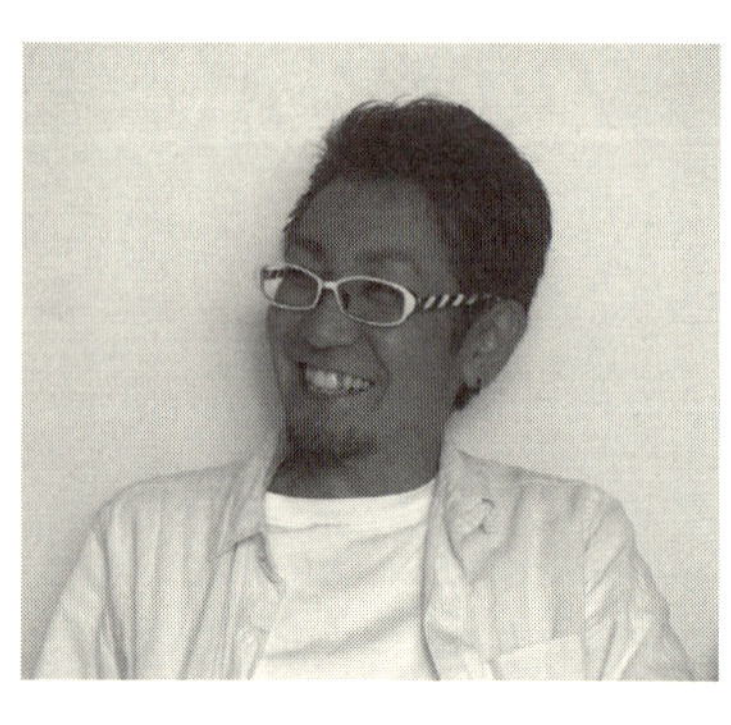

佐藤満利さん

一九七九（昭和五十四）年、北上町大室集落生まれ。石巻市社会福祉協議会勤務。二〇一二年から三年間、大室南部神楽保存会の事務局長を務める。満利さんは初代子ども神楽のメンバーで、震災の翌々年に彼らが中心となって大室南部神楽を復活させた。

自分たちも神楽をやりたい

子ども神楽が始まったのは、僕が小学校一年生、七歳のときです。僕たちがお願いして始まったんです。当時、神楽の師匠は佐藤清次（きよつぐ）さんという方でした。僕たちは「じっち」と呼んでいました。清次さんも、僕たちがやりたがっていることは耳に入っていたから、ある晩家に飲みに来たんですよね。突然です。「それでどうなんのや（どうするんだ）？」みたいな感じで。

「僕たちやりたいんだけど、教えて下さい」ってお願いしました。じゃあいついつからやるか、ということになって、夏休みだったかな、初日は寛くんと二人で行きました。次の日から僕の姉や寛くんのお姉さんが加わったり、茂樹くんも入ったりして、だんだん増えていって、結局十人になりました。一年生は僕一人、二年生が二人、三年生がいなくて四年生が三人、五年生がまたいなくて、六年生が四人です。

あのころ、神楽の練習は清次さんの家の小屋でやっていたんですよね。

七畳半くらいの細長い小屋で、子どもたちならいいけど、大人たちなら手がぶつかってしまうくらい天井が低かった。練習はもしかして毎日やっていたのかな。清次さんは、震災で亡くなりました。八七歳でした。

子ども神楽は楽しかった

大室の神楽は決まった日にやるというのではないんです。まあ、娯楽ですね。もちろん、始める前に舞台を塩で清めたり、そういうやらなければならないことはやります。でも、娯楽の意味あいが強いんじゃないかな。子ども神楽を始めて、一度集落のみんなの前でお披露目をしてからは、他の集落の祝い事に呼ばれたり、文化祭に呼ばれたりしていました。石巻の神楽大会には毎年出ていましたね。

大人たちもやっていましたよ。大室南部神楽が呼ばれたら、まず、人気のある子どもたちが行く。子どもの都合が悪かったら大人が行く。そんな感じです。まあ、大人たちは子どもにうまく教えて、儲けてっていうね。僕たちは猿回しの猿みたいなものですね（笑）。

あとから他の子たちも入ってきたんですけど、大室以外の子もいました。昔はどうだったかは分からないですけど、あのころはやりたいと言えば、ぜんぜんかまわなかったですね。ただ、神楽は相川と長塩谷にもあったから、あまり遠くからは来ていませんでした。

子ども神楽は楽しかったですよ。いただいたご祝儀で、みんなで旅行に行ったりもしました。年代もいろいろだし、ずっと年上の大人の人たちと話すのもおもしろかった。他ではなかなか経験できないことだったな。

もう一度やろうと話をしていた、その矢先に

子ども神楽って、だいたい小学生から中学生までなんです。高校受験のときに抜けて、その後進学で北上を離れて、という感じなので。僕たちが抜けた後も、下の世代はしばらく続いていたんですけど、そのうち休止状態になりました。神楽をやる機会も少なくなっていたんですよね。もう少し需要があればずっと続いていたのかもしれないんですけど、大人神楽も子ども神楽も、七年くらいはやってなかった。

それまでも波はありました。昔も一度休止状態になって、集落の若い人たちを四、五〇人集めてまた始めて、って聞いています。そこから残った人たちが続けていって、今、五〇代、六〇代になっています。僕らが子どものころにやっていたのはその人たちなんですけど、そこから僕らの年代まで世代が飛んでます。

ただ、そろそろやらなくちゃいけないね、という話は出ていました。春祈禱（はるきとう）（初春に行われる集落行事）の時なんか、練習のあと若いやつらが集まって飲むんですよ。そんな時に、熱くなってきて語るんです。自分たちの子どもも神楽ができるくらいの年になったから、またもう一度集めてやろうよ、って。僕もね、何かあったときのために、四月くらいになったらカメラを買って、面とかを全部写真に残そうって考えていたんです。みんな、ちょっとずつでも何かやりたいね、って話をしていた、震災はその矢先のできごとでした。

パズルのピースがはまっていくように進んでいく

震災のあと、みんな心の中では神楽の復活を思って

はいました。でも、まだかな、とも思っていた。面も衣装も神題本（神楽の台本）もみんな流されて、建物もないから練習する場所もない。それに娯楽のイメージが強かったので、せめて高台移転が済んでからの方がいいのかな、とか。そうこうしているうちに、当時パルシックにいたボランティアの日方里砂さんが、教育委員会にかけあってくれたんです（第6章「2　日方里砂さんの聞き書き」を参照）。日方さんつながりで、みんな感じあったんですよね。それで動き出しました。

二〇一二年の三月に教育委員会と東北歴史博物館の人たちが話を聞きにくるというので、まずは記憶頼りに、自分たちで調べられるだけ調べ始めました。フェイスブックやネットを使って、こうだったよね、ああだったよね、って言い合いながら。そうしたら、たまたまうちのところと同じ師匠の流れを組む面彫り師さんが見つかって、偶然入った生地屋で着物の生地も見つかって、というように、本当に、まるでパズルのピースがはまっていくように、どんどん進んでいったんです。夏ごろには、おばあさんたちが仮設に集まって衣装を縫い始めていました。僕としてはそれも狙いのひとつだった。今まで隣近所で毎日顔を会わせていたのに、震災でばらばらになっていましたから。

秋ごろには練習する場所もうまい具合に見つかりました。ちょうど、堤防工事に来ていた業者さんが作業小屋を建てたいというので、自分の家があった場所を貸していたんです。その小屋の二階を貸してもらえることになりました。

そのころにはそろそろ復活の目途が立ち始めていたので、心の中ではこれは来年のゴールデンウィークだな、と決めていました。同じころ、朝日新聞文化財団の助成が決まって、朝日新聞の取材を受けたんです。取材で復活の予定を聞かれたので、まだ誰にも言ってないから何とも言えないんですけどゴールデン

聞き書き

ウィークくらいですかね、って答えたら、それが新聞に載ってしまって。

仲間たちは、まあいいさ、やろうやろうって。長老たちからも、早すぎるという意見は出ませんでしたね。上の世代は、僕たちに任せる、という感じでした。これをやったら駄目だ、というのはまずなかったなあ。分からないところは親父たちに聞きながら、僕たちはこんな感じにしたい、ということで進めていきました。仲間たちはほとんどが北上を離れていたので、ずいぶん遠くから練習に通っていました。僕は当時石巻の鹿又(かのまた)にいた姉のところに避難していたので、そこから通いました。

それまでたくさんあった思いが叶っていった　二〇一三年五月四日に、「大室南部神楽復活祭」をやりました。千人くらいの来場者がありました。三百人分用意した手づくりの昼食が、あっというまになくなってしまった。大室だけじゃなく、いろんなところから来ていましたね。北関東とか、関西からも。あの数は全員予想外でした。

やってよかったことですか? 一番はなにかなあ。ほんとうにいっぱいあります。こうすればこうなってくれるんじゃないか、っていう思いがたくさんあって、それが叶っていってくれたから。例えば、ずっとこっちに来なかった身内が来て身内同士が集まるとか、同級生に会って久しぶりだね、って言いあうとか。普段出てこないような人も出てきてくれたし。あとは、小室の若い衆があんなにたくさん来て手伝ってくれるなんて、思っていなかったんですよね。あれはすごく嬉しかったな。

運もよかったんです。練習場ができたりね。上の世代の人たちには、終わってから「おまえたちのおかげだ」って言われました。嬉しかったですね。本当にいろんな方に助けてもらいました。舞台や神題本は、

その日，大室集落には1000人近くの人びとが集まった（2013年5月，髙﨑撮影）

兄弟神楽の下大籠（しもおおかご）南部神楽から借りました。岩手県一関市にあって、僕たちとは兄弟神楽になります。普通は神題本って貸さないんですよ。自分たちだけのものだから。だけど、下大籠は前に一度火事で全部なくしているんです。だから僕たちの思いというのも、やっぱり。同じような思い、全部なくして、また始めてっていう、そういうのがあったと思うんですよね。心残りとすれば、来てくれた人たち全員にはお礼ができなかったことです。

自分たちが媒体になって北上のPRになればいい

二〇一四年は、同じく五月四日に、「きたかみ春まつり」としてやりました。大室南部神楽だけではなく、白浜のお獅子や、女川（おながわ）法印神楽（北上町女川地区に伝わる神楽。大室南部神楽と同じく石巻市無形民俗文化財に指定）も出てくれました。会場の出店も、いろいろな集落の人たちにお願いしました。やっぱり実際動けるメンバーって限られているんですよね。だから自分たちだけで続けていくのはちょっときついかなって。協力者をもっと広げていって、まちのお祭り的な感じにしていきたいと思って、意識して広く声をかけたんです。

本当に、見に来る人たちはいろいろなところから来てくれるんですよね。もちろん神楽を見たいという人たちもいるけれど、被災地のために、って足を運んでくれている。だから頂いたご祝儀は自分たちだけではなくて地域全体に還元していければいい、と考えていました。自分たちが媒体になって、北上という場所のＰＲになればいいかな、と。

その次の年も、北上まつりとしてやりました。間口を広げたことで、来やすくなった人たちがいたから、そういう面でもよかったですね。あの場でつながった人たちもいましたし。ただ時間が経つと、いろんな意見が出てきます。この先どう続くかは、まだ分からないですね。

伝えたら、もう託すしかない

今また、子どもたちが神楽をやっています。復活祭の後で練習を始めて、一回目の北上まつりから舞台に上がっています。子ども神楽はやっぱりいいですよね。なんていうのかな、学校とは違う、小さな社会ができるんです。仲間意識が強くなって、何でも言いあえる。親たちが一緒に遊んでいた、その子どもたちがまた一緒に遊んでいる、それを見ているだけでも嬉しくて。神楽がなければ、子どもたちはなかなか会うこともなかったんですよね。僕たちのころとは違って、住んでいるところもばらばらだし。もしこれが、震災がなくて、みんな違うところに住んでいて、神楽をやろうって言ったら果たしてやっていたかな、って思います。

やってみて分かったんですけど、こういうのは平和だったら必要なかったのかもしれない。ただ、神楽をなくすっていうのは、結局自分たちの代でなくすってことなんですよね。ここにずっと伝わってきたのに、道具がなくなりました、終わりました、ってなったら、最後が自分たちの代だということになる。自分たちの代で終わる、それは嫌だったんです。

伝えてしまえば、すっきりしますね。もちろんこれからも伝えていかなくてはいけないんですけど、受けついだ子らで途絶えようがなにしようが、もうそれは託すしかないんです。何があっても受けついでいけよ、というのではないですから。

神楽を舞う子どもたち
（2014年5月，髙﨑撮影）

今こうなっているのは、やっぱり、自分たちが子ども神楽を始めたころに、あの仲間がそろっていたのが大きいですね。イベント好きっていうか、盛り上がるにはいい仲間です。

これからはまちづくりに力をいれたい

今年（二〇一五年）の二月で、事務局長を退きました。面倒な仕事は一通り落ち着いたし、ちょっと疲れてきたかなって。僕は先頭を走るタイプではないんです。子ども神楽のころも、年上の兄さんたちの下にくっついて歩いていた感じだから。下準備とか、ちょっと気の利いたことをするとか、そういう方がいいんです。これからはまちづくりの方に力を入れたいですね。もともと地域のために働きたいというのは昔からあったんですけど。今は白浜の佐藤尚美さんが立ち上げた地域づくりのグループ、きたかみインボルブ（「1　佐藤尚美さんの聞き書き」を参照）で活動しています。なんだろう、人見知りなんですけど、人には興味があるんです。顔覚えがいいんですよね、それだけはもう、誰にも負けない特技です。一度見たことがある人にはすぐに声をかけることができる。だから僕は、生涯つなぎ役ですね。あっちとこっちをつなぐっていう。北上まつりでもたくさんの人たちがつながりましたけど、分からない人同士が、人を介してつながっていくっていうのは、やっぱり大事なことなんじゃないかと思います。

僕は、震災直後には石巻の災害ボランティアセンターにいたんですよね。専修大学にあった備品倉庫でした。その経験は大きいですね。ボランティアさんたちに対する感謝もそうだし、外から来る人に対して全然抵抗もないし。自分もボランティアさんたちを介して本当にいろんな人とつながったんです。ただね、寂しさはあります。僕は震災の時からずっと見送る立場なんですよね。この三月でも、相当いなくなるんじゃないかな。倉庫にいるときから言っていたんです。僕も手伝いにくる方だったらよかったなあって。そうしたら、みんなを見送らなくていいじゃないですか。寂しいけど、こればっかりはしかたがないですね。

今やりたいことは、コンクリートでもいいから、潮だまりをつくりたい。地震のあと、地盤沈下で沈んでしまいましたから。僕が子どものころ、潮だまりが一番の遊び場だったんです。今の子どもたちにも、遊ばせてあげたいですね。

（構成／髙﨑優子）

4 「土地のものをまず充分に理解して、活用するということしかない」

〈語り〉 **横山宗一さん**

追分温泉のはじまり

うちは創業は昭和二十三年です。戦後間もなく、初代の祖父が始めました。ここらは北上町女川といいますが、追分温泉の追分は、隣の集落に行く山道の峠越えする分岐点という意味です。当時はランプで電気もなくて、地域の人たちだけを対象とした湯治場でした。沸かし湯ですけれども。地域の人というのは、近場でこういう場所が欲しかったのか、うちのような沸かし湯の宿も、沿岸の方に何軒かあったんですよ。昔は農家の人たちが農閑期には、体を癒しに、米、味噌の食料や布団を持って、安い料金で長く湯治をするという風習がありました。ただ、近年、このような宿を維持してゆくというのはなかなか難しくなったみたいで、ほとんどゼロに等しくなりましたけどね。

私は地元の商業高校を卒業し、一八歳で調理師学校に行き、二〇代前半まで料理人の修行をしていました。旅館業は、ちょっと仙台や石巻に出れば、近代的な旅館が乱立している時代でしたから、とにかく当時は経営も大変で、自分が旅館をやっているというのが嫌でね。もう恥ずかしくて(笑)。ただ、家を守るのは必ず長男でないといけないというのがあったので、親の経営の手助けをしている形で、厨房で奮闘

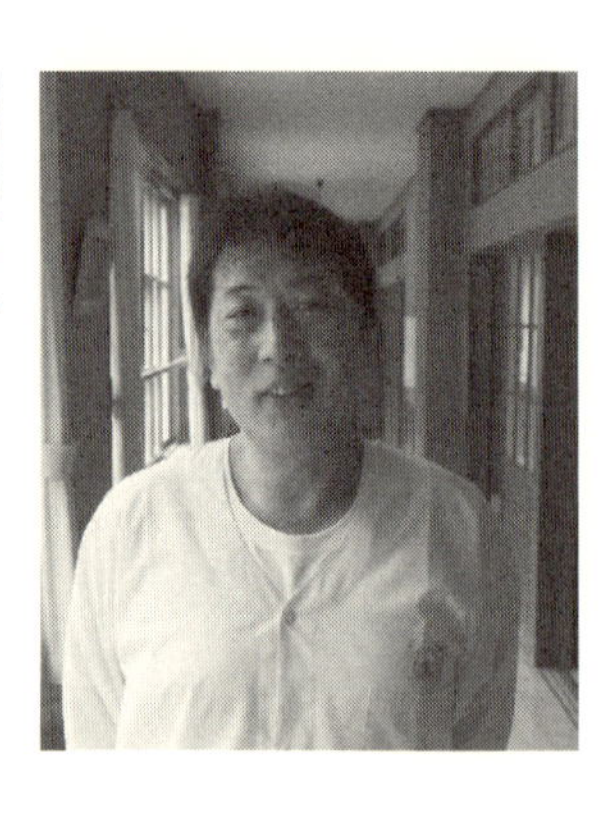

横山宗一さん

一九五六（昭和三十一）年、北上町女川生まれ。昭和二十三年に「ランプの宿」として開業した石巻市北上町女川にある旅館「追分温泉」の経営者。バイクやスポーツカーが好きで、厨房で忙しくする傍ら、地元のシンガーソングライターの渋谷修治さんらとバンド活動も行っている。現在、一般社団法人石巻観光協会副会長。

していましたね。家業を守るには戦略として手薄な部分――調理場ですとか、経理面ですとか、そういう関係で商業高校をでて、調理師学校をでて、すぐ実践でした。家の経営も苦しいし、二〇代前半で早く仕事を覚えてと、もう駆け足でしたね。

「秘湯」をつくる

私が結婚したのは三三歳の時でしたが、そのちょっと前に追分温泉の事務系の仕事をしていた父が大病をしました。そして父が他界した時に、本腰になって自分でここをどのようにしようかと考えるようになりました。年も四〇代だしね、このときに勝負かけないと、年とれんよな、みたいな。もう怖いものなしという感じですね。今まで改装をやらなかった分、一気にやろうということで、まず、お風呂どういう風呂にしようかとそこから始まったんですね。

実は、当初は、なぜか旅館やホテルを目指してましたね。うちのおふくろなんかも大型ホテルじゃないとダメなんですよ。私も当然のごとく設備投資して、金があればどんどん立派にする、設備の競争みたいなものが絶対、旅館の使命だと思っていました。それが、私がちょっと「アレ？」と思ったのは、秘湯ブームですね。

私は最初、秘湯ブームのイメージって全然わからなかったんです。

スキーが好きで雪山に行って。「秘湯」と呼ばれるお風呂に入ろうっていったときに、そこで「えっ!?」と思ったんですね。「秘湯っていうのはこれが秘湯なのか」と。「何のことはない自分のうちと同じじゃないか」って。秘湯ブームは、自分のコンプレックスが一気に世の中に認められる、不思議なもんだなと感じました。そして、秘湯をつくる人がどんどん入ってきて、でも、モノマネはしたくなかったから、自分流でいいのかなと考えていました。ブームに乗った「秘湯づくり」という感覚とは違って、昔のうちの旅館の経営の仕方を土台として、それは動かしちゃならんなと考えていました。ホテルのマネするんだったらら、それは、いったんやめよう。昔の建築でいいんじゃないかと思ったいました。

「秘湯」追分温泉の外観
(2015年8月，西城戸撮影)

そうした時に実際にここの建築デザインをしてくれたのが、シブちゃん(渋谷修治)なんですよ。彼は、音楽だけではなく、建築デザイナーだったんです。それから、役場の今野照夫君は、ここを建てる前から知ってたんですけれども、結構、仲が良かったんですよ。それでここを建てる時に、彼はいろんな知識があるので、「いいお金借りる方法はないかな」なんて相談して、いろんな形で自分にアドバイスしてくれましたね。そうしたときに、シブちゃんにあわせてくれたのも彼なんです。

もともと昔からうちの建築は町内の人でやってました。地産地消って言葉がありますけど、もともと地域というのは、地産地消が当たり前なんですよ、本来。ふるさと財団の融資を受けるためには、当然のごとく、町の承諾ももらえなくちゃならないし、銀行さんの承諾や、そういう手続きがものすごく難しいんですよ。そんなことで、すごく運が良くてね。町の人たちに、当時の町長さんとか、議会の人たちに理解してもらってですね。とにかく町の雇用を生む職場であることとか、いろんな条件がありましたね。みんなそういうことをクリアしていきましたね。

震災直後の様子　ちょうど昼休憩の時間帯で厨房に誰もいなくてみんな休憩してて、自分も茶の間にいたときに地震がありました。相当揺れましたね。ちょうど歓送迎会のシーズンだったので、うちにとっては良かったんですよ。お客さんのチェックインが遅いんですよ。普通の一般のお客さんだと、早い人だと二時頃には入りますから。昼間の日帰りのお客様もちょうど帰る時間帯で、そんなこんなでお客様に対しての被害っていうのはなかったんですよ、一安心でした。

地震で揺れて厨房もぐちゃぐちゃでしたが、営業できないほどではないんですけど、壁にヒビが入ったりしました。宮城県沖地震の時と同じくらい揺れましたが、そのときの被害も、正直言ってほとんどなかったんですよ。地震に対しては、自分は大丈夫かなって確信はしてましたね。

でも、まず電気が消えたからテレビはダメだし、ラジオで被害の大きさはわかってきました。ただし津波が来た頃は、ここにいては全然わからないものですね。地震がきて三十分以内に、避難者がなんでうちまで来るのかなっていうのが、最初は疑問だったんですよ。チリ津波のときは、私は全然小さかったし覚えてはいないんですけども、誰しもがチリ津波っていうものを前提に津波に対しての備えっていうか構えっていうのが、絶対にあると思うんですよね。それに、前の北上支所を造るとき、私も建設委員会に入っていて、「北上川は大きいから、これくらい高くすれば大丈夫だ」という話を今でも覚えています。自分もチリ津波以上大きいのが来るわけないって思ってるから、うちまで逃げてくる必要ないだろうなって思ってましたよね。それで、来た人の話を聞くと、これはすごい地震だとわかりましたが、それでもまだ、ちょっと自分は実感っていうのか、信じられなかったですね。

おにぎりを握って、家族との再会

ここには多くの人手があったのと、食糧があるし、ガスもあるし、まず食糧だ！ってことで、従業員は残り、みんなで寝ないで、朝まで、おにぎり握りました。それで、北中（北上中学校）に子どもたちがいっぱい避難しているという情報を女川の消防団が知らせてくれましたが、ただそこには行けない、って言うんですよね。でも、子どもたちがいるので、ダメ元で届けようとしました。その後、学校の先生が毛布とか丹前がないかってきたので、消防団の人と地域の建設関係者の人が、おにぎりと一緒に真夜中の二時ぐらいに届けてくれました。

震災当日の夜、女房と娘は、北中にいました。卒業式の前日だったので娘は北中にいました。ちょうど確定申告の時期で、北上の支所は跡がないような大惨事だったけれど、うちの女房が支所に行く予定だったんですよ。「あぁ、この頃北上支所にいるなぁとか、そうじゃなかったら途中で車ごとやられちゃったかな」みたいなことを思いました。当日は連絡が取れなかった。でも、そういう家族とか娘の心配するどころの騒ぎじゃ全然なかったのです。ちなみに二人が戻ってきたのは、地震の次の日の午前中でした。友達に車で乗っけられてきて、そのときにあぁ！　無事だったんだな！って。それまでは全然ですよ。今でも、あのとき心配した？って聞かれるんですけど、心配しねぇ！って（笑）。

一次避難所としての復旧のための活動

地震発生の日に対策本部が作られて、次の日に市の職員が「ここを避難所にしていいですか」ってそういう確認をしにきたんですよ。でも、うちはそれ以前に当然、受け入れをしました。最大で一〇〇人以上の人が来ました。北上の人で知っている人が多かったですが、それ以外の地域の人もいました。受け入れは大広間にしました。というのは、震災用に買っていた新品の石油ストーブ五台で暖房をしていたからです。怪我をしている人もいましたが、診療所のお医者さんが避難していて応急処置をしてくれました。震災の当日は予約で満員で、当然キャンセルとなりました。でも連泊のお客さんもいたので、当然、避難者として大広間に来てもらいました。個々に部屋に入ってしまうと、目が届かないし、私だけ事務所でひとりで、家族（母親）も大広間にいました。

うちの従業員は、女川の人たちは自宅に帰っていましたが、大須のスタッフは逆に家族を連れてきて、避難している人の中にスタッフが三〜四人いたっていうのは、私もすごく心強かった。彼女たちはもう日々、そういう避難者のために動いていました。でも、うちは十人の正社員の他にパートの方も雇用しているけれども、連絡がつかなかったり、こられなかったりしたので、基本的に営業は、震災の日からストップしました。

避難してきた人は、最初は結構入れ替わりました。もうとにかく大広間入れるくらいってことで、雑魚寝でしたからね。それで普通に受け入れてましたから。あとは一時避難所として認定なってからは、名簿もきちっと作らなくちゃならないし、届けなくちゃならないし。でも決して、何人で定員だよとは、しなかったんですね。

電気がストップしたので、雪をかき集めて氷温冷蔵庫にしたんですよ。震災があったのが金曜日だったので、お客様用の食材は、冷凍庫の分から全部入れちゃうと五〇〇人分以上あった。うちの場合は、お客様用としてもそれくらいのストックはしてます。米も玄米で持ってるし（精米したものは大した量がなかった）、味噌はあるし、水はあるし。あとはプロパンガスあるし、「生きるための食事」は、当分は大丈夫って思いました。

震災後，避難所として多くの人びとを受け入れた
（2011年8月，高﨑撮影）

でも、うちのお風呂はボイラー循環して沸かす時に電気がいるんですよ。電気がないから、最初は風呂が沸かせない。電気なくても浴室の水道が出るので、女川の知っているところに行って、家庭用のユニットバスを見つけて借りてきました。あとはちょっと仕切りをつけて、薪でお湯を沸かして、それに汲み入れてお風呂にしました。それから、昔は必ず味噌をみんな自宅で煮たので、絶対に味噌を煮る釜があるなと思って、それも借りてきたんですよ。

二次避難所として申請する

一次避難所の場合だとどうしても予算的な面でボランティアになりますからね。二次避難所になると、災害救助法で全国一律、一人五〇〇〇円という助成金が受けられるのです。二次避難所のリストを見ると多くは、内陸の方の大型ホテルとか、あと九州の方とか全国で受け入れていました。でも、石巻管内で二次避難所で受け入れる場所がなかったので、二次避難所に申請して認定をもらいました。当時、正直言って、「旅館業はもう完全に終わりだな」と思って、避難所を続けて、家族で自給自足しながら自分がやりたかった畑作って、本当に一〇〇%地産地消ができるなって、かえって嬉しくなっていました。錯乱状態だったからね（笑）。ところが、少し落ち着いたときに、スタッフどうするのと考えたのです。パートの人たちには落ち着いたときに来てねと謝り、正社員の人たちのために、二次避難所として仕事として赤字でも、利益なくてもいいから、営業を再開しようと思いました。

二次避難所として、宿としての機能をしっかりするために、電気が必要でした。そこで発電機を調達してきてもらって。ボイラーが回り風呂が動き、厨房の冷蔵庫が動きました。通うことができるスタッフを集めて、二次避難所を始めました。五月のことです。そのときは、復旧工事をする人たちの宿もなかったんですよね。報道関係とか、お世話になっている方々のためにスペースを空けておいたんですよ。でも、普通の営業ではないから、食事は「避難所定食」にして、とにかく一律一泊五〇〇〇円で始め、十一月まで続きました。ただ、うちは復興関係の工事関係者は三〇人ぐらいって限定で決めて、避難者を優先していました。ボランティアの人も結構来ていました。

通常営業への道のり　一般のお客さんからの宿泊の問い合わせもありました。でも、自分が通常営業に前向きではなかったのは、ひとつは食材なんですよ。今は便利な世の中で何でも揃うんですけど、自分の主義はやっぱり土地のものっていう部分で、それがまず壊滅状態だったっていうことで、それで十一月からオープンしたんです。

実は「避難所定食」作ってたときに通常営業の料理を作るのが嫌で嫌でね。嫌で、っていうよりも、基本的に違うんですよね。「食事」と「料理」って違うと思うんですよ。「食事」っていうのは簡単に言うと満腹になってほしいっていうもの。「料理」っていうのは文化であれ、芸術であれ、自分のこだわりを無視できないでしょ。やっぱり通常営業に戻った限りは、前と違うねって言われるのも嫌だし、いくら被災地は食材が大変だって言いながらも、やっぱりここは食材の宝庫だよっていうのを絶対に崩したくなかった。

廊下に並んだメッセージ
(2011年8月, 髙﨑撮影)

イメージ通り料理を作れるようになったのは、結局北海道のものとか青森のものとか北のもので何とかカバーした翌年の春頃からで、本当に土地のものが揃いだしたのは丸一年から二年ぐらいたった後でした。でもね、思った以上に海の人たちがパワーがあって、それをもらいましたね。あんなに海に痛めつけられても、俺たちは海を憎まない、負けるもんか!みたいなね。

それから、通常営業を始められたのは、スタッフの兼ね合いでした。結局みんな地元の人で頑張ってきたのに、宿の都合で解雇とか、一時的といえどもそういうこともできないし。でも、今考えると、それしなくてよかったですね。それをやっちゃって、あとでまた再度仕事しましょうってなったときに、誰も戻ってこなくて困った、なんて会社がいっぱいありましたから。

震災後の営業スタイルの悩み

うちの場合は、秘湯の宿で、ゆっくり不便さを味わいながら楽しもうかって宿なんです。それが急に、そういうビジネス用の宿に変身していいのかな、っていう疑問も自分の中にあったんですよ。というのは、普通のボランティアさんであれ、仕事で来た人たちとか、それなりに宿も必要なんですよね。でも、自分は、本質的に自分自身のスタイルは守るべきなのかなと。これが本当に、そういう業者向けの宿にしちゃえば、経営は成り立つんですよ。一二〇％に稼働率を上げれば、その方が絶対に利益率もいいし。当時、宿がなかったですからね。ただ何ていうのか、自分はその方向をとるべきじゃないな、って判断したんですね。いいか悪いかはわかんないですけども。そんなこと言ったら、そういう方向転換をした人に悪いですけどね。実際は業者向けの宿という方向へ転換せざるをえなかったところがほとんどです。

これからの観光のあり方

結局震災になったからといって、基本的なものは絶対に変わらないと思うんですね。その土地のものをまず充分に理解して、活用することしかない。もともと自分はね、今の観光スタイルに疑問は持っていたんですね。観光会社がいて、なんかこう、必ず作っちゃうでしょう。まあディズニーランドは徹底的でいいんですけどね（笑）。でも、そういうスタイルの観光を、関西であれ、東北であれ、どこであれ、作っちゃうんですよね。当然北上町もそうでした。震災で流されましたけれども、やっぱり施設がないとダメみたいな、そういう考え方がある。それから、駅に降りると日本中必ずみんな一緒みたいになってしまったんですよね。なんか、地域の特色がほとんどなくなってきていると思うんです。

秘湯もそうなんですよ。秘湯っていうのはいいにつけ悪いにつけ、絶対おんなじところはないんですよ。ただ、大きなホテルは違います。石巻でもどこでも、南三陸町でも、なんか同じ感覚でしか、みんな進んでないんですね。お客様のニーズじゃない、自然あふれるところで宿を設計するのに、山を見たり動物を見たりしないで作っちゃう、そういうスタイルがあまりにもあるんじゃないのかな、という気がするんですよね。だから、観光は震災をきっかけにして、もっともっと独創的であっていいんじゃないかという気がします。

若い人を応援したい。でも、自分も自分のスタイルを追求します

これからどうなるかわかんないけども、若手がどれだけ働けるかがまちづくりの鍵じゃないかなぁ。若い世代は理想は持っていますから、それをどんどん、どんどん入れていくべきかなって。むしろ自分なんかはもう保守的になってきてますからね(笑)。自分だって、もう還暦間近ですけども、経営者としてはまだまだヒヨコだと思うんです。ただそれが、自分のスタイルでずっとやっていていいのかなとか、いろいろ考えますね。この温泉をこういう作りをして、これが正解だったという感じに、自分まだ決めていないですから。決めたくないですね。もっともっと、別のやり方があるのであれば、考えて続けていきたいと思っています。

娘が追分温泉を継ぐ

最後に、私たちには一人娘がいるのですが、女房と話して、ここ(追分温泉)の

跡取りにはしようとは思っていなかったんです。旅館は二十四時間体制の仕事でつらいので、継がせようとは思っていなかったのです。でも、震災以降、町のために娘に帰ってきてほしいと思うようになりました。そんな中、追分温泉について書かれた新聞記事で、娘がここを継ぐことを知りました。仙台の高校に行き、今は東京の大学に通っている娘ですが、どうやら震災前からここを継ぐことを決めていたようです。帰ってきたらすべてを任せてもいいと思っています。今は、とりあえず幅広い視野を得てほしいし、北上の若い人と地域を盛り上げてほしいと思います。

（構成／西城戸誠）

5　震災復興と女性――子育てを通した女性の営み

庄司知恵子
武中　桂

1　「支援」と「活用」の狭間で動く女性たち

この章では、地域社会の復興過程での女性の役割について考えたい。震災・復興過程において、女性は避難直後「支援」の対象として位置づけられてきたが、復興期である現在は「活用」の対象として論じられることが多い。しかし現場に足を運ぶと、必ずしも「支援」／「活用」という単純な枠組みでは捉えきれない女性の姿に出会う。

震災後に北上町を訪れたとき、生活の再建が必要であることを頭ではわかっていても、実際何から手をつけてよいのかわからずに戸惑う人びとに出会った。それは私たちも同じであり、何を明らかにし、地域社会とどのようなかかわりを持つことが、生活再建に結びつくのだろうかという問いに回答できずにいた。課題を洗い出していく中で、次第に私たちは被災地の女性に焦点をあて、起業のあり方を捉えていくことになった。その背景には、先の通り、復興過程で「女性」が注目されていたということもあるが、甚大な津波被害を受けた太平洋沿岸地域では、女性の働き場であった水産加工場や観光関連施設が被災し、もともとの労働市場の脆弱性も相まって、女性が経済的に弱い立場におかれていた（竹信［二〇一二］）という現実がある。そのため、女性の起業は社会的にみても当事者にとっても、生活再建に必要であり、そのあり方を捉えて「モデルケース」を提示することが、自分たちに求められている作業であると考えていた。しかし、現場で女性の話を聞くにつれて、「起業」というキーワードで彼女たちの営みを捉えること、また、起業に結びつかない女性を「エンパワメント」の対象として捉えることの困難に直面した。そして、彼女たちの営みを「起業」に結びつけること、また賞賛されるべき活動として制度や政策に結びつけることには果たして意味があるのだろうか、という疑問が残ったのである。

前述の通り、女性の営みを「支援」／「活用」という単純な枠組みで捉えることは難しい。なぜならば一口で「復興」と言ってもそこには段階があり、また、その中で生きる個人にはそれぞれの時間が存在するからである。個々の生活再建の過程で、彼女たちが何に向き合い、どのように行動してきたのか、その営みの意味をどのように紡ぎだしてきたのかということを丁寧に読み取り、社会の復興の過程に位置づけていく必要があるのではないか。彼女たちが置かれている現状を基礎とし、彼女たちにとって求めるべき環境のあり方から、復興における女性の役割が描き出される必要があるのではないか。それが、私たちが北上町に足を運ぶ中で見えてきた、現場とのひとつのかかわり方であった。

2 「抱えているもの」があるなかで

阪神淡路大震災以降、災害支援・復興過程において、ジェンダーの視点を盛り込む必要性が指摘されてきたにもかかわらず、東日本大震災でも「非常時」であることを理由に、男女共同参画の理念は無効化されている。復興計画の策定や推進のための委員会等に占める女性委員の割合も軒並み低い状況である。このように男女共同参画という理念はあくまでも理想でしかないが、それは平時も変わらない。意思決定の場に女性の参与が低いという状況は問題視されるべき事柄ではあるが、なぜ女性はその場に参加しないのか／できないのかということを捉えなければ、根本的な問題の解決には至らない。

彼女たちが参加しない／できない背景のひとつには、社会構造上置かれた女性の立ち位置がある。つまり、女性は親密圏におけるケアを担わされており、非常時にはそれがより強化される傾向にある。女性を復興のプロセスに組み入れることが重要であるならば、女性本人だけではなく、ケアを担う女性が抱えているもの（たとえば、子育てであれば「子ども」）との組み合わせで、女性のかかわり方を考えていく必要があるだろう。ただし、この点に関しては、性別役割分業の強化をいっそう進めるという批判もあるだろう。しかしながら実際に多くの女性は、子ども、要介護者、障がい者を抱え生活をしている。彼女たちは、生きる上で求められるさまざまな場面での選択において、抱えているものの存在を考慮しなければならない。この点を見落としてしまっては、男女共同参画の理念は理想で終わってしまう。すなわち被災地訪問における「現場主義」にもみられるように、親密圏でのケアを抱える女性は、「「行ってみること」が簡単にできない人」であり、そのような人を意識的に工夫して支援・復興過程に組み込んでいかなければ、そのプロセスはケアを女性家族員に任せることのできる男性の占有となってしまう（海妻［二〇一一］、八三頁）。

cocomaに集まる女性たち
（2016年1月，北上保健センター，武山理沙撮影）

「まちづくり委員会、なんで夜にやるんだろう。小さい子どもがいると七時からなんて参加できない」。これは、北上町で三人の子どもを育てているAさんの話である。彼女は自分たちが住む地域について考えるための会合に参加し、自分の意見を伝えたいと思っている。しかし、時間の設定上、子どもの世話から離れることができず、参加は難しい。このように女性は、自分が抱えているものとの関係から、日々の生活を組み立てなければならない。そのことが、男女共同参画を論じる際に抜け落ちてしまっているのである。

これまでみてきたように、女性の生き方を考える際に「抱えるもの」の存在との関係から捉えなければならないことを私たちに気付かせてくれたのは、北上町で子育てをしている母親たちとの出会いであった。私たちが彼女たちと出会ったのは、彼女たちが参加する子育てサークルcocoma（ココマ）を訪問した二〇一二年のことである。

cocomaは、震災前の二〇〇八年から、北上町で母親と子どもが集まる場を月二回、親子に提供してきた。震災後、活動が活発化し、月四回の開催となり参加者も増えたが、現在は月二回の開催に戻っている。

以下では、彼女たちがcocomaを求めた理由、そして震災後、その活動が活性化したにもかかわらず、現在は縮小した理由をみていく。その前に、北上町の子育て環境についてみていこう。

3 子育てを通した地域への気づき・地域の築き

北上町での子育て

一般的に私たちは、地方の子育て環境は良いものとして認識している。北上町で子育てをしている女性も、私たちの期待を裏切ることなくその環境を高く評価している。それにはいくつかの理由がある。

まず、家族規模の大きさが挙げられる。北上町では三世代世帯が多く、家族員数が多いことから、子育てに関する実質的な支援を家庭内で得ることができる。「長男」であることを理由に、夫には家事や育児にかかわらせないといった性別役割分業が固定化している様子もみられるが、それを補てんしているのが舅・姑である。実質的な支援を得られているからか、夫に対する不満はあまり聞かれない。

地域住民の声がけも理由として挙げられる。子どもを連れて歩いていると「地域のおじいさん、おばあさんが声をかけてくれる」。買い物の荷物を家の中に運び入れたり、洗濯物を取り込んだりと、子どもからちょっと目を離さなければならないときに、子どものことをみていてくれる人がいるというのは、子育てをする女性にとっては「安心だ」という。この点について、仙台市から嫁いできた女性は、「仙台では考えられない」と話す。

もちろん不満もある。少子化の進んだ北上町では、徒歩圏内に子育てをしている世帯が少なく、なかなか子ども同士・親同士の交流を持つことができない。保育園で仲良くなった子ども同士を遊ばせたいと思っても、「(友人の家まで）車で四〇分くらいかかる」という。こうした人たちと定期的に交流を持つことは難しい。たとえ徒歩圏内に子育て世帯があったとしても、子どもをつれて友人宅に遊びに行くとなると、「うるさくすると迷惑になる」「お菓子を準備させてしまうのが申し訳ない」など、おじいさん・おばあさんである第一世代に遠慮した付き合いがみられた。同居家族員が多いことは、子育てに関する実質的な支援を得られるという点では母親たちの助けにはなっているが、交友を広げ維持するという点では難しい側面もある。

また、子育てをしている女性であれば誰もが抱く不満として、息抜きできる環境が欲しいということ、専業主婦であれば日々の張り合いの場が欲しいということ、また、北上町に嫁いできた女性であれば、ネットワークを広げる場が欲しいということが、聞かれた。

子育てサークル cocoma

先に挙げたような母親たちの不満の受け皿として機能しているのが、二〇〇八年に結成されたcocoma[1]である。結成に際しては、サークル活動が盛んに行われている隣町の河南町からきた子育て支援センター「パプラ」の指導員の勧めが大きかった。

当時北上町には子育て支援センターがなく、パプラの指導員が派遣され、月に二回程度、母親たちに集まりの場を提供していた。集まりへの参加理由は、子どもとの関わり方を学ぶため、息抜きの場を求めて、子どもを遊ばせるため、とさまざまである。指導員の進め方もうまく、活動自体は好評であったが、「子育て支援センターの活動は子どもと親がかかわるきっかけは提供してくれるが、母親同士がかかわるきっかけは提供してくれない」「活動が終わるとみんな帰ってしまう」「もう少し子育てについての悩みを母親同士で相談したい」という思いが母親たちの中にはあった。そのような思いの受け皿として、cocomaが結成された。

cocomaの活動は社会福祉協議会からの助成を受け、隔週金曜日に地域の保健センターを会場として行われた。初年度は、誕生日会や季節のイベントに力を入れてきたが、「イベントをこなすので精一杯」となってしまい、次年度以降は子どもたちを自由に遊ばせ、母親たちはその様子を見守りながら「おしゃべり」することに重きを置いた活動にシフトした。活動内容の変更は、「誰かと話したい」「ママ友が欲しい」という結成当初の思いに戻り、話ができる場所の提供を第一の目的として考えた結果であった。

震災後、会場が被災したため一時は活動を中断したが、二〇一一年六月から再開した。それ以降、「活動が活発になった」とメンバーは話す。活動回数を増やすことを望む声が聞かれるようになり、それまで隔週で行っていた活動を毎週行うようになった。震災前は親子二、三組程度の参加であったが、震災以降は十組程度の参加がみられるようになった。集まりには、子どもたちが学齢期に達し育児が一段落した親も参加するようになり、北上町の若い女性の集いの場となっている様子がみられる。

仮設の軒先
（2012年8月，髙﨑撮影）

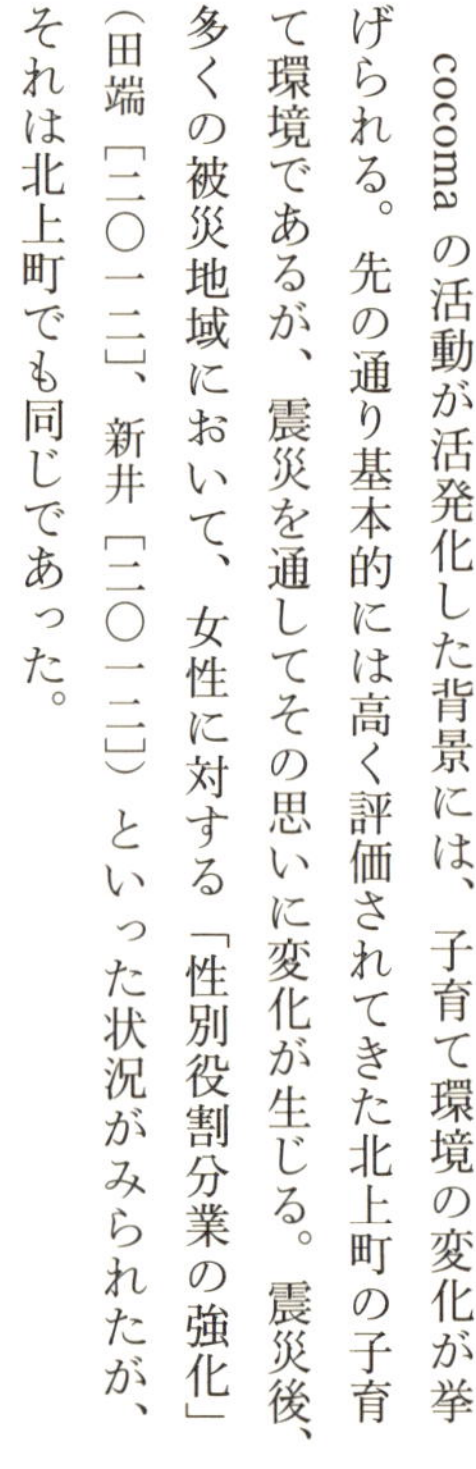

震災と子育て――母親役割の強化

cocomaの活動が活発化した背景には、子育て環境の変化が挙げられる。先の通り基本的には高く評価されてきた北上町の子育て環境であるが、震災を通してその思いに変化が生じる。震災後、多くの被災地域において、女性に対する「性別役割分業の強化」（田端［二〇一二］、新井［二〇一二］）といった状況がみられたが、それは北上町でも同じであった。

避難所では、騒ぐ子どもに対して、「子どもを静かにさせろ」との注意を受け、必死に耐えた母親の姿があった。他にも、長期的な避難のなかで、子どもたちに可能な限り震災の情報に触れさせないように（たとえば、テレビを見せない、救急車両等を目にするため外遊びを控えさせる、など）配慮したという母親の話も聞かれた。

避難所から出た後も、母親たちには、子どもに関するさまざまな要求がなされた。当時、大きな余震が続いていたこともあり、地震発生の際には保育園にいる子どもは親が迎えに行くことがルール化された。そのため、「遠出を控えなければならなかった」という。仮設住宅に入り、生活にとりあえずの落ち着きは得られたが、狭い空間の中で子どもたちが抱えるストレスへの対応は母親に任された。また、自身にとってもそのような状況での子どもとのかかわりは、ストレスとなった。

子どもを持つ女性にとって、震災をどう乗り切ったのかということは、「抱えているもの＝子ども」との関係から捉えることの必要性がここからもみえてくる。今後の生活への不安があるなかで、子どもに張り付いて日々を過ごさざるをえない母親にとって、憤りや不満を解消する場所が cocoma の集まりであったといえる。

個別のネットワークの限界とコミュニティの不在

cocoma の活動が活性化した背景には、これまで築いてきた人間関係の変化も挙げられる。震災前まで、母親たちは子育ての不安や不満を、結婚前に住んでいた場所で築いてきた「地元」の友人に電話をしたり、直接会ったりして、個別に解消していた。しかし、震災以後、「仮設住宅での生活を地元の友達に話しても分からない」「自分たちの経験したつらい思いを地元の人に話しても分からない」「他の地域の友達とは被災経験を共有できない」といったように、震災経験の共有においては個別のネットワークには限界がみられた。また、子育てを通して築いてきた友人を亡くすということもあった。このような個別のネットワークの限界のなかで、彼女たちにとってそれを補完する関係性が地域に存在しないことも露呈した。子どもが少ないために、徒歩圏内に子育てを通した交流の機会がなかったということは先に述べた通りであるが、彼女たちから話を聞いていくなかで、集落には若い女性同士がつながる機会が皆無に等しいということもみえてきた。

北上町には、「観音講」という組織が集落単位で存在する。観音講は、「お嫁さんが参加する会」として認識されており、各家のなかで、姑から嫁へと参加が引き継がれ、北上町に嫁いだ女性にとっては、集落との関係を結ぶ最初の場であった。観音講では、冠婚葬祭の際に出される集落の料理を習ったり、集落の家々の関係を知ったりと、いわば北上町に嫁いできた女性にとっては再社会化の基盤であったともいえる。観音講が行われる本来的な意味は安産祈願であったが、その後、次第に親睦の意味合いが強くなった。かつては参加が強制されていたが、生活の変化にあわせて活動内容も徐々に変化し、現在では参加は自由なものと考えられている。参加が「強制的」であり「厳しい」と評されていた観音講ではあったが、かつてはどの女性にとっても集落の中に居場所が用意されていたともいえる（武中・庄司［二〇一五］）。

このように、若い女性にとっては、生活を送る身近な空間に、震災以前からコミュニティの不在といった状況があったといえる。生活を送る上での不満や不安の解消、課題の解決に関して、個別のネットワークが機能しているうちは、それは問題としては顕在化しない。しかし、今回のように非常時が長く続く場合、個別のネットワークの限界がみられ、それを補完する関係が存在しなければ、女性は悩みや課題を解消することは困難となる。震災をきっかけとして、個別のネットワークの限界を感じ、母親たちは「場」を通した人間関係が必要であることに気づいた。そのひとつの形がcocomaであったといえる。

活動縮小が意味すること

このように個々の思いを受け入れて活発化したcocomaであったが、二〇一四年四月から活動を縮小した。月四回の活動を月二回とし、助成金の申請を中止した。この選択に関しては、代表が代わったことも影響している。

二〇一三年度から代表となった女性Cさんは、出産を控えていた。出産後は、子どもを抱えながら助成金申請のための煩雑な資料を作ったり、会議に参加したりすることは簡単なことではなかった、と当時を振り返る。震災以降、cocomaがあることにより、日々の不満や不安を解消できる場を得られた自身の経験から、活動自体の重要性は認識していた。だからこそcocomaを次の世代に引き継ぐ際に、書類作りなどの面倒な作業が障害になってしまってはよくないと考え、作業を簡略化し、活動を縮小したと話す。

cocomaは、現在も活動を続けている。就職、復職などを理由に参加しなくなる人はいるが、新しい人がそのつど加わり、メンバーの循環がみられる。また、子育てから手が離れた人も、機会をみつけては参加している様子が確認される。活動回数は減ったが、子どもを自由に遊ばせながら、母親たちは自由に会話を楽しむというスタイルは変わらず、母親たちが「ゆったりとした時間」を味わう場となっている。この様子は、震災から四年が経過した現在、女性たちが徐々に「平常」を取り戻しつつあるあらわれともいえよう。

客観的に、活動の縮小はネガティブなこととして受け取られがちである。しかし、個々の動きを見てみると、活動をきっかけとした「副産物」を手にしている様子を確認できる。

たとえば、cocomaでの活動をきっかけに新たなつながりを見つけた人たちがいる。「cocomaがなければ絶対友達にならなかったよね」と笑って話す三人は、「自分の友達（＝結婚前から付き合いのある地元の友だち）とは違う、集まりの場に顔を出さないと、何かあっただろうかと不安になり連絡を取る」というように、お互いが子育ての不安を共有することでつながっていることを認識しているだけに、お互いを気遣っている様子がみられる。

地域へのかかわり方を変えた「イムスメ」もいる。「イムスメ」とは、結婚して戸籍上は夫の籍に入るが、自身が生まれた家で生活を続ける女性のことを指す（詳細は「2　武山喜子さんの聞き書き」を参照）。

彼女は、ずっと北上町で生活をしてきたことから、「自分には友達もいるし、そういうもの（＝子育てサークル）は必要ない」と考えていた。しかし震災以降、先に述べたように個別のネットワークの限界を経験し、自分には地域とのかかわりがなかったことに気がついた。以前に、参加をしたことはあったがしっくりとせず、足が遠のいていたcocomaに、いとこのお嫁さんからの勧めもあって再び通うようになり、今では彼女にとって「なくてはならないもの」となっている。彼女は子育てがひと段落し、パートで働き始めたが、機会を見つけてはcocomaに顔を出し、新しく入ってきた人たちが居心地よく過ごせるよう対応している。それだけではなく地域の行事や活動にも積極的に参加するようになった。

彼女たちの営みは、多くの人にとっては目にも留まらぬものかもしれない。しかし、参加者個々において、生活や地域を見つめなおすきっかけをcocomaは提供しており、地域社会で「場」を持つことのなかった若い女性たちにとっては、ひとつのコミュニティとして存在している。それは、震災前の日常を取り戻すというよりは、震災を機にコミュニティの綻びに気づき、それを埋め合わせる営みであったといえよう。

新たな活動の展開

cocomaでの気付きを、「形」として築き始めた人もいる。

cocomaを立ち上げた女性Dさんは、cocomaの代表を退いた後、北上町に「子どもの遊び場」を設置する団体を立上げ、活動している。団体結成のきっかけは、震災後、cocomaが北上町での子ども関係のボランティアの受け入れ先となり、そのひとつである日本冒険遊び場づくり協会と出会ったことであった。

震災以降、北上町では三つあった小学校が一つに統合され、子どもたちの遊びの環境は変化していた。登下校はバスとなり、子どもたちは通学途中の遊びの楽しみを失っていた。また、仮設住宅での生活は子どもたちの動きを制限していた。そのような状況のなかで、日本冒険遊び場づくり協会の活動に触れ、北上町の遊びを見つめ直してみると、自然が豊かであるにもかかわらず、自然とかかわることが少ない北上町の子どもと大人の存在に、Dさんは気がついた。この気づきをきっかけに、子どもに対する遊び場の提供だけではなく、大人に対しても子どもが遊ぶことへの理解を深め、遊びの大切さを伝えたいと考え、有志を募って、橋浦小学校の裏山に遊び場を設置した。有志の会を立ち上げ、民間の助成金を獲得し、小学校や冒険遊び場協会とつながりながら、組織立てて対応しており、Dさんは、「cocoma での経験が生きている」と話す。

カフェを開店した女性Eさんもいる。彼女は二〇〇八年に第一子出産後、雄勝町から cocoma に通っていた。第二子出産後、家業の手伝いを休んでいたときに、被災し、震災後、東松島市の夫の実家で生活をしていた。cocoma 再開の連絡を受けたが、住まいが遠くなったため、参加できずにいた。「社会とかかわりたい」と思っていても、「子どもを連れていけるところがない」ということで悩んでいたときに、石巻復興支援センター主催のパソコンスクールに「託児がある」ということで、通うことになった。そこで出会った人から女性の起業に関する助成金の情報をもらい、カフェを開こうという考えに至った。その背景には、以前から趣味でベーグルを焼いていたこと、震災を機に子どもを抱えながら働くことのできる場所の必要性を感じたこと、そして cocoma に参加し、子どもと母親が気兼ねなく集えることの大切さを感じていたことがある。

彼女はcocomaについて、次のように話す。「(子育てについて) ストレスとかそういうのが随分あったと思います。それでcocomaでみんなでお話ししたりすると、うん、良かったなぁって思って。朝バタバタして忙しいのにとか思っても、行くとすっきりして帰ってきてね。本当ものすごい良い集まりでしたね」と、cocomaが子育て中の女性にとってさまざまな思いを共有する場として機能していたことを振り返る。

二〇一四年三月に石巻市の日和山(ひよりやま)公園近くの民家を改造し、カフェを開いた。当初の予定よりも遅いオープンとなったが、「震災後すぐは生活について考えることで精一杯で、今になってやっと現実に向き合える」と話す。このような語りからは、震災を受け入れるには時間が必要であり、それを経てようやく、「今」に至っている女性の様子がみえてくる。

このカフェのスタッフは、Eさんと Eさんの母親、そして子育て中の女性一名である。Eさんは、二〇一四年八月に第三子を出産後、二週間で仕事に復帰をしている。仕事をしている最中、子どもの面倒は店舗でEさんの母親がみている。スタッフの女性も子どもを連れて店に通う。カフェには、cocomaのメンバーが作った子ども服を販売するスペースも設置し、cocomaの女性が間接的に活躍する場にもなっている。

子育てサークルの継続については、代表が退いた後、活動が停滞し、消滅してしまうということが指摘されている (小木 [二〇〇〇])。子育ては期間限定のものであり、そこにかかわっている人たちが感じている課題が解決すれば、そこから離れてしまうことは当然といえる。その結果として、活動の停滞は避けられない。これを単純に「ネガティブ」なものとして捉えることは簡単だが、「子育てサークルは次のステップへとつながるいわばプライマリーな経験を与えてくれた場」（品川［二〇〇四］、二二二頁）であると捉えることが重要である。その意味で、母親たちは次なるステップへ踏み出すためのいわば助走期間をcocomaで過ごしたといえよう。すなわちcocomaは、生活が落ち着き次なる活動が展開されるまでの母親たちの思いをつなぐパイプの役割を果たしたといえる。

4 「場」の創出

個人の復興と社会の復興のすり合わせ

では復興の過程で、女性たちが果たしてきた役割とは一体何なのであろうか。これまで述べてきたことから捉えれば、個人が集う「場」の創出とそれを維持する役割であったといえるだろう。その「場」は彼女たちにとって、そして北上町にとってどのような意味を持っていたのだろうか。

ひとつは、「つながりの復興」といえる。阪神淡路大震災の被災者を対象とした調査から導き出された生活再建の課題として、「すまい」「つながり」「まち」「こころとからだ」「そなえ」「行政の対応」「景気・生業・くらしむき」の七つの課題が出された。そのうち、最も割合が高かったものが「すまい」であり、次いで「つながり」であった（田村［二〇〇〇］）。「すまい」については課題はありつつも、震災後、避難所が準備され、仮設住宅が設置され、移転事業が行われるというように、制度的な枠組みの支援はある。しかし「つながり」については、制度が対応できるものではない。彼女たちは、震災をきっかけとして個別のネットワークの限界を経験し、コミュニティの不在にも気づいた。cocomaを基盤とした彼女たちの営みは、個人が遭遇した課題をみんなの課題として共有し、解決していくプロセスであったといえる。彼女たちは、「場」を創出することにより、制度的支援が対応できない「つながり」の復興に対応してきたのである。それは同時に、震災をきっかけに、課題として顕在化したコミュニティの綻びを埋め合わせる営みでもあった。

もうひとつは、個人の「生活の組み立て直し」の過程を、社会の復興に結びつけるということである。彼女たちはcocomaでの気づきを、個々の生活を組み立て直す際に利用してきた。それは結果として、新たな関係、新たな活動への結びつきをもたらした。cocomaは子育てという期間限定の活動の足場であり、機が熟したときに社会の復興の枠組みの中に個々の活動を位置づけていくという点で、個人の時間と社会の時間をつなぐ、パイプとしての役割を果たしたといえる。

彼女たちの営みを振り返っていえるのは、母親たちは、性別役割分業の強化というなかで、性別役割分業を積極的に読み替えてきたということである。今、子育てをしなければならないなかで、何ができるのか、何が必要なのかということに向き合い、生きる場である「北上町」のこれからを捉えてきたといえる。そして、彼女たちは個々の生活再建のスピードと、社会の復興のスピードの擦り合わせをcocomaに身を置きながら実践してきた。「今だからできる」「今だから振り返られる」と彼女たちはよくいうが、cocomaを通していわば「蓄える」時間を持つことによって、自分たちが動けるようになったときに、個々の気づきを形として結びつけてきたのであろう。

その意味で、復興のなかで女性たちは、つながりの復興を「場」の創出を通して実践し、個人と社会を、そして今とこれからをつなげる役割を果たしてきたといえる。

地域社会の復興において女性の役割が求められる理由

地域社会の復興における女性の役割について考えるとき、子育てを軸とした彼女たちの営みは、「コミュニティ」のあり方や意義について、いろいろな視点を私たちに提供してくれる。

第一に、「コミュニティ」とは何なのかという根本的な問いについて、ひとつの形を提示してくれる。地域社会の復興にとっては「コミュニティ」の復興が重要であると言われながらも、復興すべき「コミュニティ」とは一体何なのか、という点はなかなかクリアにならない。それは「つながり」のことを指しているようなのだが、「つながることの根拠」がはっきりとしないため、ある種の「ノスタルジック」のような議論に回収されてしまいがちである。このようななかで、彼女たちは生活の必要性から「つながり」を求め、cocomaを形作ってきた。女性であることによる「日々の暮らしを担う生活者」(清原［二〇〇六］)としての視点から、実践的に「コミュニティ」を作り上げてきたのである。

第二に、生活の視点から必要とされる実践的な「コミュニティ」には「柔軟性」が求められるという点である。震災の前後を通して、cocomaの活動はメンバーの思いを汲み取り、活動の変更を柔軟に行ってきた。日々刻々と変化する「抱えるもの」との関係から、自分の立ち位置を考えなければならない女性にとって、「柔軟性」を備えたコミュニティでなければ身を置くことは難しい。そのひとつの例として、集落の集まる場である観音講への参加の停滞が挙げられる。人のつながりを基礎に成立している「コミュニティ」は多くの人たちの生活が交錯している場でもある。復興過程にあって、個々の生活の変化は一様ではない。個々が身を置く「コミュニティ」は、緩やかな営みのもとに形作られなければならない。

第三に、「柔軟性」を持った実践的な「コミュニティ」をまとめ上げるためにある種のシンボリックな「コミュニティ」が必要とされる、ということである。彼女たちにとって、「きたかみ」がそれである。彼女たちは自分たちの活動の意味を私たちに話してくれるときに、「「きたかみ」にとって」「「きたかみ」のために」というように、その語りの端々に「きたかみ」という枕詞をつける。それが実際に北上町全体をカバーしていないことであっても「きたかみ」という言葉を使う。「きたかみ」で生きていくことを根拠として cocoma の意味を語り、「抱えているもの」との関係性の変化に伴いさまざまな営みにシフトするときもまた、「きたかみ」という言葉で語る。「きたかみ」の今を生き、これからを生きることを受け入れた実践ともいえ、ある種の「覚悟」のあらわれのように感じる。そして、女性たちには「抱えるもの」があるからこそ、その「覚悟」はいっそう深みを増す。

復興のなかで女性の役割や視点が求められる理由は、実践的であるがゆえに柔軟性を備えている点や、「抱えているもの」があるからこそ地域で生きることを前提とした意味づけがなされている点にあるだろう。子育てを軸とした彼女たちの営みは、その様子を私たちに伝えてくれる。

〈注〉

（1）子育て支援センター（呼び名はさまざま）とは、平成十九年度に国が示した地域子育て支援拠点事業により設置された拠点である。設置主体は、市町村であり、「地域において子育て親子の交流等を促進する子育て支援拠点の設置を推進することにより、地域の子育て支援機能の充実を図り、子育ての不安感等を緩和し、子どもの健やかな育ちを促進することを目的」としている。

〈文献〉

新井浩子［二〇一二］「災害・復興と男女共同参画――女性が主体となっていくこと」、村田晶子編『復興に女性たちの声を』早稲田大学出版部、一―二二頁
海妻径子［二〇一一］「かくて「女性」は排除された――被災地近辺から見えた、支援復興におけるジェンダー視点の欠落プロセス」『インパクション』一八〇、八二―八五頁
清原桂子［二〇〇六］「基調講演：防災・災害復興に活かす女性の視点・女性の力」、「災害と女性のエンパワーメント」『国立女性教育会館研究ジャーナル』、三一―三九頁
小木美代子［二〇〇〇］「一九八〇年代後半から顕在化する新しい子育て・子育ちグループの誕生とその背景」、小木美代子・立柳聡・深作拓郎編著『子育て学へのアプローチ』エイデル研究所、三八―五一頁
品川ひろみ［二〇〇四］「子育てサークルの解散要因に関する研究――活動の経緯と成員の意識に注目して」『北海道大学大学院教育学研究科紀要』九三、一九七―二一三頁
武中桂・庄司知恵子［二〇一五］「集落における女性の組織　観音講と念仏講　宮城県石巻市北上町を事例として」『女性学評論』二九、九一―　一八頁
田村圭子他［二〇〇〇］「阪神・淡路大震災被災者の生活再建課題とその基本構造の外的妥当性に関する研究」『地域安全学会論文集』二、二五―三二頁
竹信三恵子［二〇一二］「震災が露呈させた「女性ケア労働」の壁」『女性労働研究』五六、六四―七四頁
田端八重子［二〇一二］「被災地における女性労働問題」『女性労働研究』五六、七五―八三頁

6　コミュニティの再生へ

宮内泰介

1　はじめに――「コミュニティ」への思い？

震災の年の十月から十二月にかけて、私たちは、集団高台移転の話し合いのお手伝いをしていた。集落ごとに、集団移転をどうするか、住民の間で話しあいを進めるための側面支援だった。

私自身はそこで司会（ファシリテーター）のようなものをしていたが、なるべく難しい言い回しはしないように、カタカナ言葉などは使わないように、と心がけていた。ところが、話し合いが始まると、みんなが「コミュニティを維持していきたい」「コミュニティが大事」と、「コミュニティ」というカタカナ言葉を多用する。これには少し驚いた。

住民たちが「コミュニティ」という言葉を使いながら表現したいことは何だったのだろうか。集団移転という、自分たちの将来を決めるような事業だからこそ、また、そこでの合意形成が大事だということがわかっているからこそ、地域のつながり、人間関係の大事さを強調していたのだと私は理解した。「コミュニティ」という言葉は、「集落」や「地域」と同義というより、地域の中のつながり、助け合い、あるいは地域の伝統を強調しているように思われた。

震災直後の避難所生活について人びとに聞いたときにも「コミュニティ」は強調された。北上町内のある避難所では、震災当日にすぐ役割分担が決められ、女性たちは炊き出し、若者層は消防団として遺体捜索の任に当たった。米や衣類、それにストーブも集められ、当日の夜からちゃんとご飯が食べられた。その後も、自治会長のリーダーシップのもと、統制のとれた避難所生活が営まれた。ある四〇代の住民（男性）は当時をふりかえってこう語ってくれた。「あのときのまとまりはすごかった。コミュニティがちゃんとしていたので、今こうしていられる。この地域について、これは本当に自慢できることだ」。

「コミュニティ」は確かに機能していた。その後の復興プロセスでも「コミュニティ」は住民たちから強調された。「みんな一緒に、が人事」「みんなで支え合っている」。そういう思いが伝わってきた。

しかし、一方で、その「みんな」がどの範囲の人たちのことなのか、誰のことなのかは、話している人によって少し違っていることに徐々に気がついた。さらには、その「コミュニティ」への思いにも幅がある。あるいは、同じ人でも、復興プロセスの時期によって「コミュニティ」への思いは微妙に揺れていることにも気がつかされた。

果たして人びとにとって「コミュニティ」とは何だろうか。どんなコミュニティが必要とされるだろうか？　コミュニティは再生するだろうか？

この節では、震災前・震災後のコミュニティのありよう、人びとのコミュニティへの多様な思い、そして、今後の「コミュニティ」の展望について考えたい。

2 「伝統的」コミュニティ

北上町のコミュニティは、集落ごとのまとまりが基本であり、その中心に「契約講」が置かれている。契約講は、各家の戸主や長男によって構成される、集落の最高意思決定機関と言ってよいだろう。年一回の「総会」でさまざまなことを決めるが、それ以外には会長や書記などの役員がそのつど集まってものごとを決めることが多い。役員はおよそ二年ごとの持ち回りで改選される。

長男による構成という側面（次男は契約講のメンバーになれない）など、契約講は少し時代に合わなくなっているのではないか、という議論は震災前からあった。すでに震災前に、相川、吉浜、白浜、長塩谷などの集落では、契約講を自治会に衣替えしていた。しかし、多くの住民はこれを契約講の解体とは見ない。契約講の精神は引き継ぎながら、形式が自治会に変わったと考えている。また契約講は財産（山林や金銭など）を持っているので、自治会に変わるときに、自治会がそれを引き継いだ集落もあれば、財産管理についてのみ「契約講」の形を残して対応している集落もある。

集落の組織は、契約講だけではない。女性たちの組織として「観音講」がある。観音講は、嫁たちの会であり、もともとの目的は安産祈願であった。年二回共同飲食を行い、神様を拝む。同時に、嫁同士の親睦の場としての機能も果たしてきた。もう一つ女性たちの組織として「念仏講」がある。念仏講は姑たちの会であり、家に嫁が来た時点で女性たちは観音講を脱退して念仏講に移る。こちらはもともと祖先の霊を弔うことが目的で、数珠や太鼓を用いての儀式が行われる。念仏講もやはり女性たちの親睦の機能を強く果たしてきた（武中・庄司［二〇一五］）。

親族関係もコミュニティの重要な要素である。北上町で言うシンルイ（親類）は、集落内の親族グループであり一門である（民俗学で言う「同族」）。本家と別家（分家）がある。必ずしも血のつながりがなくても関係を結び、そのシンルイ（一門）の中に入ることができる（「タノミシンルイ」）。冠婚葬祭、あるいは、屋根の葺き替えの際の共同作業（「ユイ」）などは、主にこのシンルイを単位に行われる。一方北上町で言うシンセキ（親戚）は、ただ血縁関係にある人びとやその関係を指す。あるお寺の住職によると、「法事のときは向かって右はシンルイ、向かって左はシンセキ。また本家、分家は分かれて座る」という。

消防団も、集落の中でたいへん大きな位置を占める。比較的若い年齢層の男性が入り、地域の消防を担うのが消防団だが、北上町では消防に限らず水防（洪水の予防や洪水時の対策）も担ってきた。さらに消防団は青年団的な役割も大きく、地域の青年層のまとまりを形成する上で大きな役割を果たしてきた。一九一八（大正七）年生まれのある男性は、「消防団が忙しくて家の田んぼの面倒を見る暇がなかった」と若いころをふりかえる。地域の中のこうした仕事は、人びとにとって大きなウェイトを占めていた。

もちろんこれ以外に個人的な友人関係、近所づきあいもある。集落の中の集団やネットワークは、契講を軸にしながら、重層的に折り重なっていることがわかる。

さらに集落を越えたコミュニティも存在してきた。

集落間の関係の第一として姻戚関係がある。あの集落とあの集落はお互い嫁に行ったり嫁にもらったりが多いという関係である。また隣接する集落が密接な関係をもつこともある。たとえば、釜谷崎・二丁谷地・行人前の三つの集落は、運動会でも一つのチームになるなど、もともと強いつながりを持ってきた。

また学校の存在は集落を越えたコミュニティに大きな役割を果たしてきた。震災前まで北上町には三つの小学校があり（東から順に相川小学校、吉浜小学校、橋浦小学校）、それぞれの学区は「相川学区」「吉浜学区」「橋浦学区」と呼ばれていた。学区内にはそれぞれ数個ずつの集落があるが、それぞれの学区内では集落を超えたまとまりが存在していた（津波で相川小学校、吉浜小学校の校舎が使えなくなったので、震災後は三校合同での授業が行われ、そののち、二〇一三年度から正式に合併して北上小学校となった。しかし「学区」意識はまだ強く残っている）。とくに子供たち同士は学校で同級生や先輩・後輩との関係を築き、それが成人後も続いていく。住民たちの話にはよく、同級生や先輩・後輩の話が上がる。この場合ほとんどが地域の小中学校の同窓生のことを指している。そして、その関係がさまざまな場面で機能している。とくに集落を越えた関係のときによく機能している。

反対に、学区を越えた関係は決して強くない。北上町としての一体感よりも、集落内、そして学区内の一体感の方が強いのが特徴と言えるだろう。

こうした集落内、集落間（学区内）のコミュニティは、震災を機にどう変化しただろうか。

3　仮設住宅のコミュニティ

北上町では、震災直後、橋浦小学校、北上中学校、相川子育て支援センター、大指林業生活改善センター、それに追分温泉を避難所として、避難生活が送られた。それぞれその近隣の被災者が避難した。

二〇一一年五月下旬から順次仮設住宅への入居が始まった。北上町では大指、相川、にっこりの三つの仮設住宅が建設された。大指、相川はそれぞれ近隣の被災者、それ以外は主ににっこりに集まった。仮設住宅に入らなかった人も少なくないが（「みなし仮設」を利用）、多くが北上町内の仮設住宅に入った。

仮設住宅、とくににっこりの仮設住宅は、これまでの集落ごとのコミュニティとは違うコミュニティを生み出すことになった。にっこり仮設住宅（「仮設にっこりサンパーク団地」）は一六七戸四四六人（二〇一四年六月の数字）という、これまでの北上町になかった規模の「集落」である。住民たちはこの大きな「集落」をどう感じているのだろうか。

仮設の生活は、音が響く隣との壁の薄さ、もともとの家に比べて狭小であること、経年変化でだいぶガタが出てきているということなど、困難も多い。「仮設住宅は六人で暮らすには狭いし、小さい子どもがいると両隣に気を使うので肩身が狭い」（TYさん、二〇一三年八月）、「最初は仮設に入れてほっとしていたが、時間が経ち慣れてくるにつれて、狭い、暑い、音の問題などを感じるようになってきた」（ESさん、二〇一三年八月）といった意見はよく聞かれる。

しかし、コミュニティとしての仮設住宅については、肯定的な感想が多い。

> 震災直後はアパートで九人で生活していて大変だったが、仮設住宅に移ってからは、北上町の人が多く、知り合いもいる。コミュニティの中での生活で、暮らしにゆとりが出てきた。（SKさん、二〇一二年八月）

> にっこり仮設は、集落ごとではなくばらばらになっているが、近所がまったくよその人というわけでもない。どうせおなじ地域だから、なんとなく、どこかでつながっていたり、分かったりする顔。だからやりやすい。にっこりは雰囲気が良い。（CSさん、二〇一三年八月）

仮設にいたらお茶っこ（お茶を飲みながらの談笑）できる。ちょくちょく行き来できる。団地内のベンチのところで集まって語らったり。

（ＳＭさん、二〇一三年八月）

北上町の仮設住宅は、町内の人がほとんどで、みな近隣の集落からであるということがまずその背景にありそうだ。同じ集落出身、あるいは、近隣の集落出身が多いということが安心感をもたらしているが、同時に、次の語りのように、これまでほとんどつきあいのなかった人とのつきあいを楽しんでいる向きもある。

この仮設には、浜の方から来ている人も多い。その人たちから浜の方の話を「なるほど」と興味深く聞いています。いろんな人に会えるのが楽しい。同じ北上町でもまるっきり知らない人だったが、いろんな人とお友達になれた。ここでクラフトを一緒に作っている人とは震災がなかったら一生会っていなかったと思う。震災がよかったとは言えないが、人との出会いに関してはよかったかもしれない。

（ＴＣさん、二〇一四年八月）

もちろん仮設のコミュニティといっても、それは一つではなく、小さなまとまりやネットワークがさまざまにあるということだ。たとえばその一つに、にっこり仮設住宅の隣で行っている共同農園がある。この共同農園は、支援に入っているＮＰＯ法人パルシックが始めたもので、仮設住宅の女性たちが参加している。参加している女性の一人は、「農園の活動を楽しんでいます。家にいてこまごまやっているよりは大空の下で働くのはいいことだと感じています」（TCさん、二〇一四年八月）と語ってくれた。

しかし、仮設内のこうしたさまざまなコミュニティに入れない人もいる。ある六〇代の男性は、「仕事をしていて昼間は仮設にいないため、人づきあいがほとんどない。会っても元の集落の人と話すくらい。新しい友達もできない。仮設ではイベントも多くあるが、子供向けが多くて」（NTさん、二〇一三年八月）と語った。

にっこり仮設団地には週に数日，移動販売が訪れる（2011年8月，宮内撮影）

にっこり仮設に住んでいる別のある男性は、気を紛らわす意味もあって、「毎日浜に行っている」（SKさん、二〇一四年八月）と語ってくれた。ここで言う「浜」とは、この男性の元の集落のことである。「浜に行けば、誰かしらがいるので話したりしている」と言う。仮設のコミュニティよりも元の集落のコミュニティが選択されているのである。

とはいえ、仮設住宅はこれまでにない新しいつながりを生んだと言えるだろう。北上町では、地区内から集まったこともあり、新しいつながりは比較的うまくいったと見られる。しかし、仮設住宅はいずれなくなる。仮設住宅で培われたコミュニティが今後どういう役割を果たしていくかは未知数である。

いろいろな場所でいろいろな集まりが生まれている
（14年5月4日，髙﨑撮影）

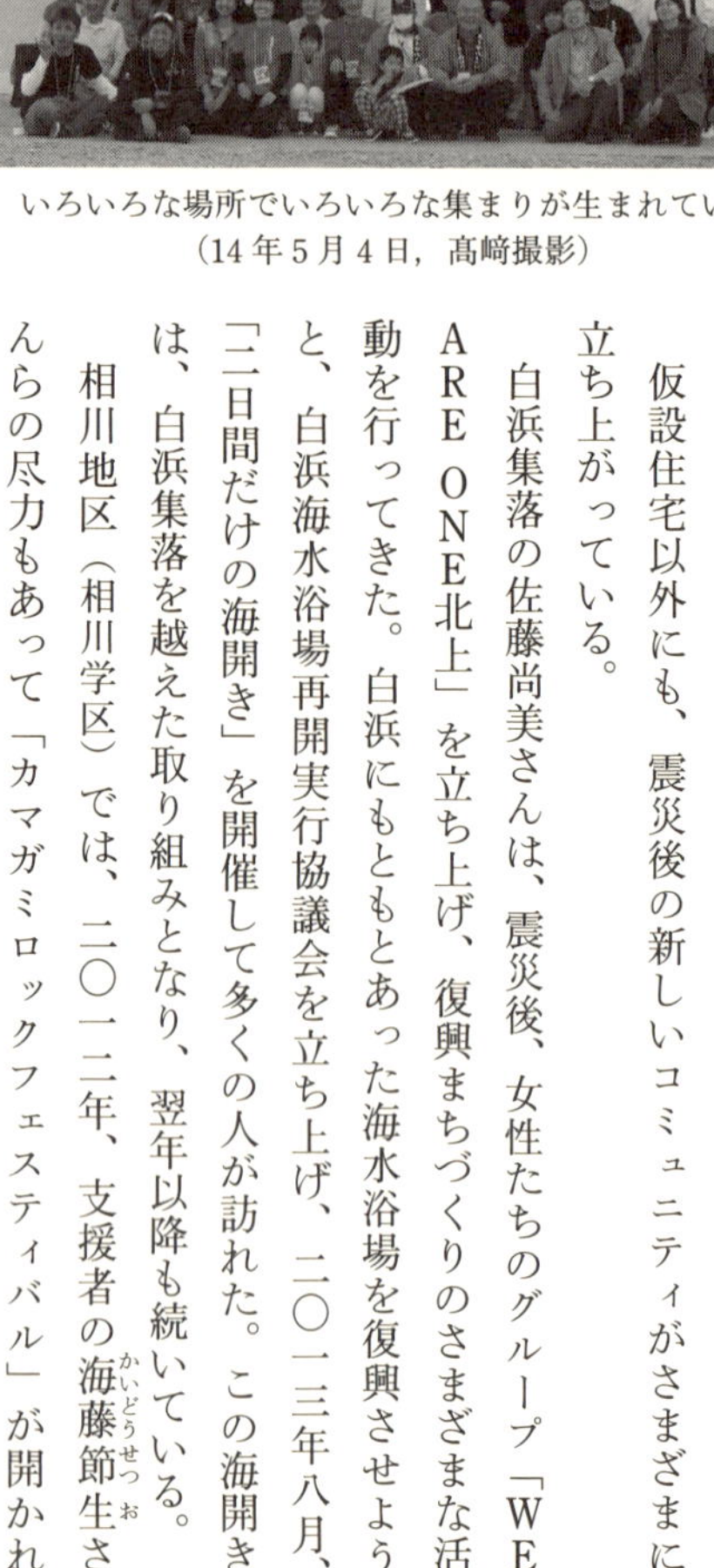

4　さまざまな新しいコミュニティ

仮設住宅以外にも、震災後の新しいコミュニティがさまざまに立ち上がっている。

白浜集落の佐藤尚美さんは、震災後、女性たちのグループ「WE ARE ONE北上」を立ち上げ、復興まちづくりのさまざまな活動を行ってきた。白浜にもともとあった海水浴場を復興させようと、白浜海水浴場再開実行協議会を立ち上げ、二〇一三年八月、「二日間だけの海開き」を開催して多くの人が訪れた。この海開きは、白浜集落を越えた取り組みとなり、翌年以降も続いている。

相川地区（相川学区）では、二〇一二年、支援者の海藤節生（かいどうせつお）さんらの尽力もあって「カマガミロックフェスティバル」が開かれたが、翌二〇一三年には「十三浜夏祭り」となり、地域全体のお祭りとして定着した。

大室集落で、佐藤満利さんらが始めた「大室南部神楽復活祭」は、子供神楽経験者の佐藤さんらが、しばらく演じられていなかった大室南部神楽を復興のシンボルとして復活させようと始めたものだった。二〇一三年五月に開かれた「復活祭」はたいへん大きな賑わいを見せた。翌二〇一四年からは「きたかみ春まつり」と名前を変え、他集落の神楽も加わって北上町全体のお祭りになった。

二〇一二年から毎年十二月に行われている「北上復興市」は、北上町の産業復興のためのイベントだが、これも集落を超えたお祭りとして定着しつつある。

こうしたイベントだけでなく、集落や校区を超えた大小さまざまな動きがある。子育てグループのcocomaは、震災前からあったものだが、震災後も、集落を越えた若いお母さんたちの集まりとして機能している（「2　武山喜子さん聞き書き」参照）。前述の佐藤尚美さんらは、北上町のまちづくりを考える「きたかみインボルブ」というグループを二〇一四年から始め、集落や校区を越えて三〇代〜四〇代が集まっている。

集落ごとのさまざまな伝統行事を大切にしてきた
（15年2月，高﨑撮影）

集落や校区を越えたコミュニティは、震災前からも存在していたが、震災後、復興のプロセスの中で増え、また、さらに必要とされるようになった。

ある女性は二〇一三年八月の聞き取りのときに、「昔は「おらたち」は一つ一つの小さい集落を指して言っていたが、今の「おらたち」は北上全体になっている」と語ってくれた。

5　移転をめぐる「コミュニティ」問題

住まいの復興は、復興プロセスの中でも最重要なものの一つであるが、そこには幾重にも「コミュニティ」の問題がからんでいる。

北上町の場合、仮設住宅にいる（いた）人と「みなし仮設」の制度を利用して民間の賃貸住宅に居住している（いた）人の両方がおり、また、そこから、集団移転に参加する人、集団移転に参加しないで自力で地区内に住居を建てる人、「がけ近」制度（がけ地近接等危険住宅移転事業）を利用して転出する人、自力で転出する人などのパターンに分かれる。集団移転に参加する人も、まず北上町内の集団移転に参加する人と、石巻市内の他地区（多くは石巻の中心部に近い地区）の集団移転に参加する人とに分かれ、さらにそれぞれが自宅を建設する人（防災集団移転促進移転事業）、公営住宅に入る人（災害公営住宅整備事業）に分かれる。

また、北上町内の集団移転についても、元の集落近くの移転地に集落の他の住民とともに移転する人と、にっこりの大規模な集団移転地に移転する人とに分かれる。

多くの人が「集団」移転するのだが、その「集団」はさまざまであり、必ずしももともとの集落とイコールではない。

そこから生じる問題の一つ目は、元の集落が解体される場合があることだ。

たとえば、立神集落では震災後契約講を解散することを決定した。また、吉浜集落では、すでに震災前に契約講を自治会に衣替えしていたが、震災後その自治会も解散した。

立神集落の人びとは、一部はにっこりの集団移転に参加、あとはそれぞれバラバラに転出することになった。吉浜集落は、一部がにっこりの集団移転に参加、あとは「がけ近」を使っての転出など、である。いずれも、元の集落全体で集団移転をするかどうかについての話し合いもとくになされないまま、それぞれの世帯がバラバラの選択をした。

地元での生業をもつ者が多い集落と違い、立神や吉浜は、外で働いている者が多い集落である。そのため、震災という有事の前に、コミュニティの維持はそれほど大きな課題として認識されず、あっさり解散してしまった。住民の選択としてはある意味合理的な選択だったと言えるだろう。

ただ、集落の離散がスムーズに進めばよいが、問題やコンフリクトを呼んでしまうこともある。

ある集落では、仮設に移った人と、半壊の住宅を修繕して住みつづけた人たちとの間で、感情的なもつれが生じた。どちらの方が行政からの支援が多いかなどについてさまざまな憶測を呼び、情報が共有されないままに、お互いに「不公平」感をもつなど、感情的なすれちがいが生まれた。

別の集落でも同様のことが起きたが、一方、そこでは、集落地に残った人たちの間での団結がかえって強まった。この人たちは最後には「がけ近」制度を利用して移転するのだが、それまで、情報を共有したり、不安を共有する重要なグループとして機能した。これも一種のコミュニティだ。

集団移転に参加する人たちの間にも「コミュニティ」問題はのしかかる。大きな問題は、集団移転後のコミュニティのあり方である。別々の集落から一つの集団移転地に集まる場合、そのコミュニティはどうなるのだろうか。どうすべきだろうか。

これには二つの意見が併存している。一つは「できるだけ元の集落のコミュニティを維持すべきだ」という意見、もう一つは「集団移転後の新しいコミュニティを早く形成すべきだ」という意見。

「できるだけ元の集落のコミュニティを維持すべきだ」という意見の背景には、神社やお祭りといった、長年維持してきたコミュニティの文化に対する思いや責任感がある。どの集落も、程度の差こそあれ、神社の維持、あるいは年間を通していくつもあるお祭りや儀礼を大事にしてきた。それは集団移転のなかで、安易に廃止したり、融合したりできるものではない。また、資源利用という点では、磯物の権利などが元の集落ごとであったのを移転後どうするかという難しい問題もある。しかし一方で、新しい移転地のコミュニティが必要になってくることは誰しもが認めるところで、それを形成する必要もまた多くの人が感じている。この二つの意見は必ずしも対立しているわけではないが、やはり両立はしにくいので、多くの人はこの二つの方向性の間で悩ましく思っている状態だ。

二つの集落の人たちが合流するある集団移転の参加者の一人は、「私たちの方の集落の方が人数が多いし、移転地はもともと私たちの集落の土地なので、他の集落から来る人たちには、必要に応じてうちの契約講に入ってもらいたい」と語ったが、同じ移転地の別の人は、「両方の集落からの人で新たに契約講を組み直すのがよいか、相談する必要がある」と、少し方向性が違う。大きな移転地である「にっこり」についても、ある集落からの移転者が多いので、その集落の氏神であるA神社を中心にしたいという意見があったり、元の集落の人たちが固まって住みたいという意見があったりもする。

とはいえ、多くの人は、地域リーダーの一人が語る次のような意見におおかた賛同している。

移転直後は、すぐに新しいコミュニティを作るのは難しいので、当面はそれぞれの元の地区単位で動くことになると思う。いずれは共通のテーマや趣味を持つ人々で交流していき、徐々に大きなつながりにして地域の会にしていくとよいのではないか。共通のテーマとしては、防災が良いと思う。今住んでいる所にかかわることだから協力しやすいだろう。また、お金を積み立てて旅行に行くのもよいだろう。神社やお祭りはしばらくは、一緒にするのは無理だろう。時間をかけて話し合いをする必要がある。

（SMさん、二〇一四年八月）

すでに元の集落について解散ないしそれに近い形をとっている人たちにとっても、集落の問題は残っている。神社やお祭り、あるいは墓地をどうするかという問題、そして、契約講がもっていた財産をどうするかという問題である。

北上町のほとんどの集落は「財産」をもっている。山林であったり、土地であったり、現金であったりする。現金は分ければ済むが、山林や土地については分けるのがたいへん難しく（主に登記などの手続きの難しさ）、しかし、そのままにしておくと毎年固定資産税がかかってくる。それを誰が払うのか、元の集落のメンバー全員か、北上町内に残った人かなどが、悩ましい問題として残っている。そもそも元の集落としての意思決定がすでに困難になっているから、下手をすると一部の人にその負担が行きかねない、と危惧されている。

B集落のCHさんはこう語った。

集落の共有財産の山林をどうしていくかが課題です。山林は自治会の財産管理組合が管理していて、固定資産税がかかるので処分できません。自分たちの世代では、もはやどこにあるかもわからないのです。市や弁護士に相談していますが方向性は見いだせていません。

（CHさん、二〇一四年八月）

集落が財産をもつことは、たいへん大事なことである。人びとの生活の安定や助け合い、あるいは文化の維持のために、これまで集落の財産は大きな役割を果たしてきたし、北上町の地域コミュニティの維持の秘けつは集落の財産にあったと言ってもよいくらいだ。しかし、皮肉なことに、そのことが、震災という有事を経てコミュニティが再編されようというときに重荷になっている。

6 コミュニティのゆくえ

被災前および復興のプロセスにおける北上町の「コミュニティ」をめぐる状況から、何が見えてきただろうか。

第一。北上町におけるコミュニティは、各集落の契約講を軸としながら、学校を媒介にしたコミュニティなど重層的に存在している。また、その形は、時代の中で変化を遂げてきた。個人ないし個々の世帯は、そうした複数のコミュニティを使いこなしながら生活を続けてきた。震災後、コミュニティのあり方は大きく変質せざるをえなくなり、また、その重層性はさらに増している。

第二。コミュニティの再生が大事だということは、北上町の被災者たちや行政の間では、共通認識である。しかし、求められている「コミュニティ」がどういう枠組みのものか、また、その中身はどういうものか、について一致しているわけではない。その方向性が違う場合、コミュニティをめぐってのコンフリクトが生じている。

第三。復興や地域再生の政策論として求められるのは、まず、住民にとってうまく使いこなせる複数の「コミュニティ」が再生され、用意されることだろう。コンフリクトが生じるのは、そもそも何らかのコミュニティが求められているからで、したがって、複数のコミュニティが重層的に存在する（存在すべき）ことをまず認識し、その間の連携がうまくいくようなしくみを作ることが必要である。そのことによって、多くの住民にとってコミュニティがスムーズかつ選択的に利用できるようになり、コミュニティが住民たちの生活に十分資することができるようになる。実のところ、伝統的なコミュニティは、長い時間をかけて課題を克服してきたし、ゆっくり変化してきた。震災という事態は、それを急がせてしまい、そこに無理が生じがちである。時間をかけて、ソフトランディングでそうした重層的なコミュニティの再生を遂げていくことが求められる。

〈文献〉

武中桂・庄司知恵子［二〇一五］「集落における女性の組織　観音講と念仏講　宮城県石巻市北上町を事例として」『女性学評論』二九、九一―一一八頁
平井京之介編［二〇一二］『実践としてのコミュニティ』京都大学学術出版会

第6章
復興とは何だったのか？

はじめに

西城戸誠

東日本大震災による津波被災地の復興が困難になった理由の一つは、過去の災害と比較したときに、地域の復興の拠点となる基礎自治体に甚大な被害があったことである。北上総合支所は災害時の避難指定所であったものの、大きな被害を受け、その場にいた五十数人の方が亡くなった。本章の聞き書きの一人目の今野照夫さんは、地震発生時、北上総合支所で被災し、その中で九死に一生を得た一人である。

本書の「はじめに」や第1章で詳述されているが、北上町は、二〇〇五年に石巻市と合併した。この広域合併によって北上町役場は、北上総合支所となり、地元出身の自治体職員数が減り、他の合併した自治体同様に、地元住民と行政の距離間が相対的に遠くなった。震災による北上総合支所の職員の人的被害は、九名死亡、八名行方不明（二〇一五年三月五日現在）にも及んだ。多くの被災地で、東日本大震災の復旧が困難であった理由の一つは、基礎自治体職員、特に地元出身の職員が相対的に減少している中、震災で多くの職員が亡くなり、基礎自治体が機能不全に陥ったことにある。その一方で、北上町のように、広域合併により他地域からの職員の補充が可能になったことは、市町村の広域合併の弊害がさまざま指摘される中で、皮肉な現象であるといえる。

さて、一人目の聞き書きの今野照夫さんは、震災前から本研究グループとも親交があり、そして震災以降の北上町の復興の中心人物である。聞き書きの内容の前半は、自身が津波に流されたことや、その後、自治体職員として震災直後の復旧にどのように関わり、復旧活動が展開されてきたのかが語られている。後半は、仮設住宅、集団高台移転など、住民の生活再建について語られている。地域住民の不満は、基礎自治体に投げかけられるが、基礎自治体の職員は、復旧・復興政策のなかで、国や宮城県、石巻市との関係に悩んでいたこともうかがえる。そして、役所だけでは地域の課題は解決できないことが語られ、震災によって多くの主体が地域の課題に関わるようになる、ガバナンスの重要性が指摘されている。

聞き書きの二人目は、日方里砂さんである。彼女は、東ティモール、スリランカ、マレーシアなどで、市民と市民との協力という意味での「民際協力」とフェアトレード（開発途上国の原料や製品を適正な価格で購入し、途上国の人びとの生活を支援する貿易）を行っている、NPO法人パルシックの職員として、震災直後から北上町に支援活動に関わった。

東日本大震災直後の復旧とその後の復興における民間の支援は、資金力や支援のノウハウがあった海外支援のNGOが多く担った。その一方で、東北地方の住民がボランティアに慣れていないという状況もあり、震災ボランティアによる支援、受け入れ等をめぐる課題が明らかになった。日方さんの語りからは、パルシックによる支援活動の利点と課題が指摘されている。具体的には、十三浜地区の漁業支援や、高台集団移転への支援、神楽などの文化支援のプロセスが語られている。また、パルシックを辞めて復興応援隊として支援活動に関わり、最終的に北上町を去るまでの経過も記されている。つまり、北上町の「外」の人間が、復興支援に関わり、一区切りつけるまでの過程が描かれている。そこからは復興支援のさまざまな論点、課題を読み取ることができるだろう。

そして最後に、復興支援員の役割に関する論考を置く。二〇〇四年の新潟県中越地震による被災地に対して、行政と地域住民の橋渡しと復興活動のサポートをする地域復興支援員という仕組みが採用された。総務省は、二〇〇四年の中越地震の際に、地域復興支援員を制度化したが、東日本大震災では、復興支援員事業を行っている（宮城県では復興応援隊と呼ばれている）。NPO法人パルシックの支援活動に関わっていた日方さんや、第5章の聞き書きで紹介した、佐藤尚美さんもこの復興支援員に関わっている。この論考では、中越地震における地域復興支援員について論じながら、北上町での復興支援員の活動の成果と課題をまとめている。

1　「自分は生かされた人間。今やらなければいつやるんだ」

〈語り〉今野照夫さん

大きな黒色の渦に巻かれ、真っ黒な滝へ吸い込まれました

　地震後、六メートル以上の大津波警報が発令されて、我々は災害対策支部を北上総合支所に設置しました。総合支所は、宮城県のハザードマップでもギリギリ安全をクリアしていた場所で、さらに安全を考えて非常用電源や通信機器、サーバーなどは二階フロアに設置していました。周辺の住宅地には被害が及んでも、この総合支所は大丈夫だと思っていました。しかし、周辺の住宅が津波で流され破壊されるのを目にし、驚いている矢先に、北上総合支所の駐車場に津波が迫り、公用車などすべてが流され始めました。

　その後、総合支所の一階の窓からダムの放水口のように、事務机やロッカーなどが吹っ飛んだ状況を目にしたとき、女子職員や警察・消防署員、警備員（セコム社員）などを小会議室に退避させました。そのとき、事務室に残っていたのは、消防担当の阿部清志、防災無線室で放送していた女子職員の武山敦子と私の三名のみでした。そのときの庁舎は、小刻みに揺れ、軋み、映画のシーンのように天井が剝がれ落ち、蛍光灯が割れるなど想像を絶する光景です。女性職員をロッカーの上にあげ、頑丈な柱にしがみつかせた

今野照夫さん

一九六一（昭和三十六）年、北上町本地集落生まれ。高校卒業後北上町役場に就職。石巻市合併前は『北上町史』編纂にたずさわる。震災当日は北上総合支所で津波にのまれるが奇跡的に助かる。震災後、総合支所で復興の陣頭指揮に当たる。二〇一四年、北上総合支所から石巻市本庁へ異動の際には、住民から北上に残ってほしいという声が上がった。

あと、かすかに見える海から真っ黒な塊が、庁舎の二階部分を襲い、まるでダムの放水口から出されるように私と阿部が庁舎外へ放り出されました。

その後、水圧で地面に押し付けられ、指すら動かすことができず、自分の死を覚悟しました。よく最期に走馬灯のように記憶が蘇ると言われていますが、まさにそのとおりでした。妻や子供たちの顔を鮮明に記憶しており、最後に家族に「ごめんね」と話しています。

その後、奇跡的に水面まで浮き上がるのですが、今度は、吉浜小学校から子供たちの悲鳴が耳に飛び込んできます。自分には何もできることなく、自分自身は北上川の方へ流されていきました。でも、同僚の阿部君は、大きな漂流物につかまり、こちらに手を挙げ山側（北）に流されていきます。私は、大きな黒色の渦に巻かれ、真っ黒な滝へと吸い込まれるなど、一時間くらい漂流し、屋根にたどりつきました。その屋根に上がった瞬間、吹雪となりました。その後、自分が生きようとたどり着いた屋根から脱出する方法を考えていました。津波が停滞する時間をカウントしていました。その時、自分の頭の中には、一九〇秒くらいのカウント数しか記憶にありません。北側の山までは二〇〇メートル、東側の山までは三〇〇メートルくらいの距離があり、体力的にその時は自分で泳いで行くことを諦めて、屋根の上にいることにしました。

偶然津波の流れが止まりました

そのころ、かなりの寒さで低体温症になってきたためか、眠気を感じていました。そのうちに屋根が引き波と一緒に東側の山の方へ流され、山際の二階建て家の二階の窓から「頑張れ！　頑張れ！」と声をかけられました。元役場の同僚で保育所長をしていた鈴木光子先生でした。そのとき、睡魔から解放され、先生のかけ声に導かれるように先生の玄関屋根先まで、屋根が流されました。先生からは、「小さな段差だから上がっておいで」と言われましたが、低体温の自分には、一メートルもないその段差を上がる体力・気力がありませんでした。先生がつかまるものを探しているうちに、次の津波で先生の家から引き離されはじめました。

その途中、垂れ下がった電線にからまるか、スルーするか、考えていましたが、自分の体がその電線にからんでいました。屋根を捨てることで、電線で津波の流れに耐えることになるのですが、そのときの体力ではそう長くはもたなかったようです。先生から「頑張れ！」と言われましたがもう限界で、先生から「照夫君」と言われたとき、偶然ちょうど津波の流れが止まりました。そのタイミングで自分の身体は、先生宅の玄関の隙間を潜り、二階の階段を必死で探しました。

階段に手をかけた時からその後の行動は、自分にはわかりません。ただ、自分の身体を黄金色した丸い柔らかい手（菩薩様）が摩（さす）っていたことを、自分で見ていたことが不思議です。夜の一〇時ごろ目が覚めたと思います。

災害対策支部に合流しました

翌早朝、鈴木先生のところから北上中学校へ向かいました。北上中学校は高台にあるので、災害対策支部が設置されている可能性が高いと考えたからです。向かうとき、車道脇のガードパイプにご遺体が三体ほどありましたが、布団等をかぶせることしかできませんでした。今でも思い出すと身体が震えます。

朝六時少し過ぎころ、北上中学校へ到着しました。やはり災害対策支部ができていて、到着後、一番に総合支所長へ震災の報告をしたのを覚えています。報告した内容も覚えています。三月十一日に車四台を派遣して各地区の現地調査と避難誘導をそれぞれに命令したこと（二人一組による現地調査班を浜の方に三班、うち一班は、相川保育所と相川小学校の避難誘導として、橋浦方面に一班）、北上総合支所には三一名が避難してきたこと、吉浜小学校に逃げ遅れた児童が何人かいることなどでした。

その日、北上中学校の体育館には一〇〇〇人くらいの被災者がいました。役場の人間は、総合支所長一人、課長たち二、三人しかいませんでした。

災害対策支部は、被災後すぐに捜索にシフトしていたはずです。捜索している間にも、ご遺体を数多く発見するのですが、死亡確認と死体検案の関係で搬送できないため、発見した場所に置いたままでした。対策支部に遺体の身元情報が入ってくるので、身元確認のため北上中学校体育館に避難していた人たちにアナウンスするということが数多くありました。その状況報告は、私が多く対応していました。少ない他の職員は、人命救助と避難して来た人たちへの食糧や水、生活必需品の確保に奔走していました。

徐々に状況がわかってきました

三月十二日の朝から建設業の人たちが自主的に「道路を確保しよう」とガレキ撤去作業を始めました。以前から災害協定を結んでいた北上地区建設業協会（山内組、武山興業など）がそれぞれの担当地区で責任をもって実施していました。石巻市全域でも建設業協会と災害対策協定を結んでおり、災害時には協会が自ら動いてもらうことになっていました。

十二日の夕方、十一日に現地調査に送り出した各メンバーが歩いて帰ってきました。四グループ全員無事でホッとしました。それぞれから各地区の災害報告があり、十三浜地区の避難所の開設場所やそれぞれの避難所に避難している大まかな人数などの報告がありました。相川子育て支援センターの避難所に三〇〇人くらいいるという情報はその時にわかりましたし、生命線の国道三九八号は、小滝から小指までは道路が高いから車が動かせたことや大指の避難状況なども把握できました。道路は、小指で通行不能、相川・小泊からは大室のところで通行不能、小室からは白浜トンネルで通行不能、といったこともその報告で分かりました。

十二日の夕方や十三日のころには、追分温泉に避難していた保健師たちが戻ってきたので、中学校の避難所では、エコノミー症候群対策で体を動かす体操を始めました。精神的に不安定な人もいましたし、持病で常備薬を切らした人、体調不良を訴える人などがいました。でも、橋浦診療所の只野光一医師を含め看護師たちが移動して来たため、北上中体育館に避難した人たちは安心したと思います。

ろうそくでのスタッフ会議でした

十五日の午前にはクラブハウスに安置されていた遺体を河北地区の石巻北高校飯野川校へ運び、午後から清掃して、夕方からはその場所を北上地区災害対策支部に変更しました。その夜からスタッフ会議（消防、警察、支所の人と自衛隊）が始まりました。

この日、北上出身で本庁に異動していた職員五名が北上に応援に来ました。それまでにいた役場メンバーは、自分の他に、佐藤直彦支所長、阿部喜弘次長、新藤喜越地域振興課長、土田利枝保健福祉課長、武山裕記市民生活課長、それに現地調査に行った八人、追分温泉に避難していた橋浦診療所の只野光一先生はじめ看護師ら五名（松田章、鈴木和夫、千葉由美、佐藤敦美、藤原明美）、保健センター三名（浅野友梨、高野由美、佐藤好美――彼女は本庁の会議からの帰り、宮城県東部土木事務所前で津波に遭遇、救助された後、北上には数日後に合流しました）、合計二一名でした。

にっこりサンパークは電気もないのでろうそくでのスタッフ会議でした。新聞もないし、ラジオもなく、何も情報が入ってきませんでした。十六日の段階でも口伝えしかなく、情報の正確性や北上地区外の情報が入ってこないので、かなり不安でした。過去を振り返る今では、原発のことも言えますが、当時は原発の「原」もわかりませんでした。また、石巻がどうなっているのか、どこまでこのような被害があるのかもわかりませんでした。ほんとうに情報がないのがすごく怖かったです。

スタッフ会議は夜の会議なので、一日の作業報告とその過程で発生している課題や問題をどのように解決していくのかということを協議しました。今日どんなことがあったか。どういう課題か。その解決のためにどうしたらいいのか。明日の目標を立ててやっていきましょう、というのをみんなで共有しました。

遺体捜索　自衛隊は、最初の山形の部隊が十二日の夕方に入ってきました。自衛隊はにっこりサンパークの現在応急仮設住宅がある場所の一番下（南側）にテントを設置しました。当時は北上川左岸堤防上の道路は通行不能で、内側（皿貝川（さらかいがわ）左岸）の道路だけが辛うじて通行可となっていました。北上地区に入るには河北（相野田（あいのだ））から山の方を通ってくるしかなく、自衛隊もそこを通ってきました。

この山形の部隊は、人命救助が目的でした。十四日までの七二時間リミットがあるので、山形の部隊が五日間くらい入っていた記憶があります。三日過ぎたあたりからは助かるような状態ではないためか、遺体捜索に切り替わり、山形の部隊は任務を終了し引き揚げました。その後は遺体捜索とガレキ撤去を目的とした部隊と入れ替わりました。その次は、避難者支援とガレキ撤去を目的とした四国の部隊に変わりました。

北上出張所の消防職員（二名が津波で犠牲となりました）と警察（十三浜駐在所長が津波で犠牲）は遺体捜索に当たっていました。自衛隊、消防、警察は連携しパーティを組み任務にあたりました。見つけたら無線で消防に連絡し棒にリボンを付けた目印をつけ、それを警察が現場確認し遺体安置場に搬送する。その作業が延々と続きました。

リーダー会議が始まりました

十六日の夕方、相川地区（大指から小室まで）の避難所のリーダー会議が始まりました。大指から小室まで、地区集会施設に入りきれない人たちは親類などの高台にあった民家に避難していました。避難所は、公共施設だけではなく、地区の集会所の他に民家が避難所となった箇所がかなりありました。それで、リーダー会議には、避難所の代表ではなく、地区からの代表で出席してもらいました。当初は五～六人くらいで、場所はにっこりサンパークのクラブハウスで、毎日朝七時から行われました。みなさんは、途中まで車で来て、あとは歩いて集まっていました。

十七日くらいはまだ、道路なども十分ではなく、ガソリンもないほか、動く車もあまりありませんでした。時間の経過とともにだんだん車でリーダー会議に参加できるようになってくると、物資のオーダーがあったら、その日の会議が終了して帰るときにあるものはすべて持ち帰り、ないものは次回まで用意するようにしました。

十三日か十四日かに、避難所の白浜荘から飲料水四トンのオーダーがありました。ちょうどそのころ、北上中の相川地区の生徒たちが「地域すべてなくなっていたとしても家に帰りたい」と言うので、学校の先生方と話し合って生徒たちを帰すことにしました。二〇人ぐらいの生徒たちは北上中から白浜荘までの約五キロを、一〇リットルの飲料水が入ったビニール袋を持って運びました。子供たちは地域に帰れるという思いから、手や腕が痛くなっても休みながら白浜荘まで運びました。

三月十七日に、ようやくクラブハウスでテレビが見られるようになりました。テレビはつけっぱなしで、震災でどの地域もすごい状態になっていることが初めてわかりました。

ライフラインの復旧

震災から一〇日も過ぎ、リーダー会議が軌道に乗ってくる一方で、各避難所のリーダーから上がってくる課題や問題も多岐にわたり、避難所設置に伴ういろいろな課題、水道、トイレ、パーティション、ライフラインの復旧、ご遺体の捜索や火葬・埋葬など、我々事務方が進行役をしてとりまとめることが難しくなってきました。それでこのころには、物資、避難所運営、保健医療、遺体捜索、ライフライン復旧などの担当職員及び、自衛隊、警察、消防・消防団などもテーブルを囲むようになっていました。

この時期いちばん大変な思いをしたのは、薬の処方がまったくわからず、何を出せばいいのかわからなかったことです。病院は津波でカルテもなく、被災者は津波で薬手帳が流されていたのです。しかし、北上地区は震災前に保健師たちが地域を細かく回っていた経緯や、地域医療機関（診療所）の看護師たちが「あの人はこういう薬だ」と記憶していたおかげで、大きな混乱にはなりませんでした。

物資は、北上地域で被災していない地域の方々や北上に縁のある方々などさまざまな人たちが持ってきてくれました。とくに、セコムに勤務し北上総合支所で津波の犠牲となった故石川拓真さん（当時二七歳）のご両親がとても献身的で、大衡（おおひら）村からほぼ毎日、おにぎりやじゃがいも料理などの差し入れやたくさんの物資を持ってきてくれました。

震災後二週間くらいになると、身元確認できたご遺体を火葬できないため埋葬（土葬）する場所探しを真剣に行っていました。また、職員の車が津波で流されたので、移動手段の確保をみんなでしていました。ツテを使って関東方面から車を何台か買うこともしました。

同じころ自衛隊が、避難所に避難している人びとへの入浴サービスを追分温泉の協力のもとで始めました。追分温泉のボイラー用タンクに、普通ドラム缶からA重油を手回しで一〇〇〇リットル補給しました。その結果、二十五日から無料入浴サービスが開始されました。各避難所から追分温泉まで自衛隊が送迎しました。

がれき撤去作業　このころのリーダー会議の主なテーマは物資と油、電気の復旧状況、食糧の確保が主でした。ご遺体の発見もかなり少なくなって、遺体捜索がほぼ終了したのは四月二日くらいでした。そのあとは、ガレキ部隊にシフトしていきました。ガレキは、有価物とゴミに分け、四月二日からすべてにっこりサンパークの野球場の上の市有地に運びました。

ガレキの撤去作業は地元の建設会社が当たりました。道路などの応急復旧作業がそろそろ終わりになり、次の業務は道路脇等の民地に積み重ねられたガレキの撤去作業に移っていきました。ガレキの量は想像を超えるものでした。分別したガレキごとに仮置きする場所を確保する必要がありました。被災車両は、長塩谷地区の共有地（震災前は防風林）に置くこととなりました。そのほかに、鉄はこの場所、木片はこの場所と決められていました。

さらにこのころは、被災したご遺族への対応が多くありました。北上総合支所（役所）で亡くなった人たちが多いこともあり、「どうしてあそこに役所を作ったのか、誰の責任なのか」、また、「川の水を全部抜いて捜索しろ」など、こたえるのが大変な要望が災害対策支部に持ち込まれました。ご家族が見つからない人たちの焦りはすごかったです。川（大沢川と吉浜沢川）の水を抜いて捜索もしました。大型土嚢で仕切って、水中ポンプで水を汲み出した後、警察が一列になって捜索しました。

このころの災害対策支部は、昼間はガレキの撤去やさまざまな要望への対応が主で、夜には補正予算の仕事などを行っていました。

医療チームやボランティアの交通整理がたいへんでした

また、ボランティア団体等支援の交通整理もそのころの大きな仕事でした。大きいものとしては災害医療チーム（DMAT）の調整がありました。また、県から派遣いただいた職員の調整もありました。DMATは、医療器具等すべて積み込んでくるためどうしても車両が大きくなり、避難所に行けないという問題もありました。大きな災害の時には、最初は看護師などでチームを作り、被災地に入り込んで状況を把握し、情報を的確に報告し、その情報を見て医師が必要かどうか判断することが大切ではないかと思います。

赤十字を通さないで来る医療チームもかなりいて、保健師たちがDMATなどの調整で苦労しました。すべて保健師たち二人で、先生たちの配置などのマネジメントをしていました。

専修大学にできたボランティア総合受付を通さずに直接来るボランティアの人たちの対応も大変でした。はじめのうちは遺体捜索などの関係でボランティアの活動ができる状況ではなく、断っていました。その後、ボランティアからの希望を聞き、地域のニーズとマッチングしました。四月五日ころから、ボランティアの人が来たら大須地区のガレキやヘドロの撤去に集中してもらいました。

四十九日が区切りでした

自分にとっては四十九日がひとつの区切りでした。その日初めて総合支所に行ったのです。かなりの人が集まっていました。四十九日間伸ばした髭も四十九日法要の終了後、剃りました。

そのころからですね、計画、防災、産業というように役所の体制がきちっとできたのは。それまでは手の空いている人(そのような人はいないけど、目があった者)がさまざまな業務を行うというものでした。震災で、三月退職者も二か月延長され五月三十一日がこれまでの事務等の引き継ぎでした。佐藤支所長も退職し新しい支所長の体制が出来てくると、役所的な体制で進んでいきます。今考えると、六月一日以降、仮設の総合支所が出来たこともあり、「復興」にシフトしていきました。

当初本庁との関係はほとんどなく、北上総合支所の支所長判断でした。四月下旬までは多分北上総合支所での判断だったと思います。ただ支所長は週に何回かは本庁に報告に行っていました。

仮設住宅入居が始まりました

北上で一番早く仮設住宅に入ったのは五月下旬でした。最初はにっこりで、たった一〇棟くらいでした。それから六月二十四日まで入居が続き、足りなくなって最後に増設したのが七月十四日でした。

私自身は、応急仮設建設にはかかわっておらず、二次避難の対応をしていました。六月でも長尾生活センター、白浜荘、相川の子育て支援センター、大指林業者生活改善センター、あと仮設住宅の集会場が避難場所になっていました。二次避難所からの退所については、何回も話し合いに行きました。六月末に応急仮設の建設が終わった時点で避難所は「閉鎖」ということに決めたのですが、どうしても追加申請などがあったので七月十四日までずれこみました。結局、仮設が全部完成した時点で、避難所は閉鎖になりました。

集団移転事業が動き始めました

集団移転の話は、たしか四月の下旬あたりだったと思うのですが、うちの副参事だった新藤喜悦さんが、今回の復興は防災集団移転促進事業（防集）でしかできないんだろうなあって話をしていました。六月に入るとほぼ復興事業の仕事になりました。私もほぼ防集に専念することになりました。そのころは低平地のことなんかまったく頭にありません。当初北上地区で防災集団移転事業として考えていたのは、にっこりサンパーク周辺と相川地区の二か所だけでした。石巻市全体の復興計画が出たのは六月ごろです。

七月に相川の説明会をして、八月に宮内先生たちに入っていただいて第二回目の相川地区での説明会を実施、そこを皮切りに、各地区で説明会を進めることになりました。

当初、極力集約し開発地区を少なくする考え方だったのですが、北上地区の全体的な説明会の回数を重ねるたび、集団移転はそれぞれの地区で、という話が出てきていました。最終的に十数か所くらい候補地が出てきました。

トップランナーの小室は早めに動き始めていました。七月ごろ小室では、自力で家を再建するという人と集団移転をという人が半々でした。そこで区長さんが一生懸命走り回ってまとめ、「小室は二十何軒揃ったから防集でやってください」ということになったのです。

説明会で八六回歩きました　防集では一世帯当たり一〇〇坪までしか認められないというのが北上では壁になっていました。養殖漁業を生業にしている北上地区の被災前の状況は、宅地に倉庫（大型冷凍冷蔵庫）、作業場のほか、大家族ですからトラックや自家用車など家族分の車両があるのが当たり前の状態でした。

国土交通省のガイドラインには「社会通念上妥当なものと判断されるのであれば」世帯分離をして二世帯分の敷地が分譲できる、とあります。この「社会通念上」という文言について、国の人たちがなぜこのように書いたのか、文字の陰に隠れた意味を取らないと、と考えました。社会通念上というのはずいぶんあいまいですが、あいまいにしなくちゃならないような内容なんですよね。それは私も山古志（中越地震の被災地）に行ってその意味を知りました。山古志へは二〇一一年十月に日帰りで行きました。JIA（日本建築家協会）の渡辺宏さん、手島浩之さんのご紹介で、当時中越を担当した渡辺斉さん（JIA会員）

を訪ねて行きました。そこで教えてもらったのが、コミュニティを形成するための施設は、いろいろな知恵を出すことで防集もいろいろやりようがあるんだということでした。

当初防集の担当は私一人でしたが、二〇一二年の三月までに八六回歩きました。自分なりによくやったと思います。しかし、何もつらくなかったです。北上総合支所で多くの同僚や知人、住民などが犠牲となり、自分は生かされたっていう思いしかありません。それ以外は何もありません。今やらなければいつやるんだ、と思っていました。

北海道大学の学生さんたちに助けられました

二〇一二年三月には、防集について一人ずつ意思確認しないと駄目だとなり、じゃあ世帯ごとのカルテを作ろうということになり、現在の復興応援隊の佐藤尚美さんたちにも手伝ってもらい、個別ヒアリングを行いました。

宮内先生や学生さんに手伝ってもらおうと思ったのは、担当が自分一人だったからです。自分一人ですべてに対応して記録をとり会議を進めることは、まったくできません。お手伝いしてくれると言われたので甘えました。

最初住民たちは北海道大学、JIA、NPOなどが入り込んだワークショップにはなじめませんでしたが、説明したりまとめたりするのが役所の人じゃなくて北海道大学の学生さんだったのがよかった。最後はきちっとまとめてくれて、今日の意見こうだったよね、役所の方にもっていってもらって次検討していきましょうね、って言うとみんなでうんうんとうなずき拍手もありましたね。震災とは思えないあのような雰囲気があったから北上では地域の合意形成が進みかなり早い段階でまとまったと思います。

空白の二〇一二年でした

しかし、二〇一二年度前半の半年は、防集について、動かない状態が続きました。実は防集は、二〇一一年度には国土交通省の直轄で、国が直接コンサルタント会社を雇っていたのですが、二〇一二年度は地方公共団体で事業実施することになったのです。そこであらためて補正予算を市議会に諮って、事業実施することになりました。北上地区では防集の合意形成が早かった地区もありましたが、地域住民からは、事業の動き自体が止まってしまったように感じたことは事実です。さらに巨額の測量設計業務の契約発注も数か月かかってしまいました。

そのころ復興事業担当は、「石巻復興まちづくり推進会議半島部ワーキンググループ」(「半島部」は石巻市の旧石巻市以外の地区)などでさまざまな課題を調整する会議が主でした。道路幅員をどうするか、一〇〇坪問題をどうするかなどの調整の話し合いをしていました。

あの半年は、今考えても空白の時期で、もったいなかったと思います。あれだけ早く合意形成が行われたのに、そのあと空白になってしまったのが、本当に残念です。

二〇一二年度の後半には石巻の先行九か所の設計が始まりました。北上だと小室、小指、釜谷崎の三か所が始まりました。

用地交渉で苦労しました

そのあと防集の計画は進むのですが、今度は用地交渉が難しい問題として出てきました。たとえば、ある地区では、用地買収に合意していた人がある日突然拒否します。その地区は大きく計画変更せざるをえませんでした。震災直後には用地買収に協力的で事業も進んでいたものが、ちょっとのことでひっくり返ることが多く、時間がかかってしまいました。また、白浜地区では、防集の用地の一部が四代前の登記のままだったため、六〇〇名以上の相続人が発生してしまい、これは役所ではお手伝いできませんので、結局これまで固定資産税を支払い続けていた方が裁判で解決しました。大きなお金がかかったようです。このようにしても事業に協力する方がいらっしゃることに敬服しました。

こうした用地の問題があって、設計変更を何度も行わなければなりませんでした。北上は土地が一番のネックでした。

役所に入ったころは何でもやりました　高校卒業後、本当は自分は北海道へ行って勉強したいなあと思っていたのですが、そう言うと親は黙りこんでしまいました。その一週間後親戚がみんな集まってきて、おまえここから出て行ったら帰ってこないんだから駄目だと言われました。それで公務員試験を受けることになりました。

北上町役場に入ったとき、建設に配属されたのです。建物の補償調査も道路・河川・漁港などの設計の測量も、皆わからないものでしたが、教えられながらやりました。当時の役場にはお金がないので、自分たちで測量し設計し、積算し、発注、契約など一通りのことをやりました。けっこう面白かったです。たった五年間ですが、その間にさまざまなものが蓄えられました。あの経験がなければ防集なんてできなかったと思います。

建設の次は総務企画で、次が財政、税務でした、そしてまた総務企画に戻って、公民館、そして町史編纂でした。町史の仕事は六年間でしたが、たいへんでした。六年で四冊発刊したのです。あの町史編纂のたいへんな経験があるから、復興の仕事に携わってもストレスを感じないと思えました。

昔からの自治の力を感じました

役所だけではできないと思うようになったきっかけはやはり震災でした。

地方公共団体はいずれだんだん税金が少なくなっていきますので、住民と役所の間に必ず何かクッションが必要になってくるのです。復興応援隊の人たちが大事だって思ったのはそこからです。それを、必要になったときに欲しいからつくろうって言っても、たぶん上手くいかないでしょう。こういうふうに震災を経験して、コミュニティをつくることを一から分かる人たちがその時にいるっていうのはすごく大きいと思います。

以前から石巻市は財源が少なくなってきていて、サービスをやめなくてはいけないという課題が出てきたのです。しかし、昔の自治、つまり集落って、自分たちのことは自分たちでやっていたわけです。北上地区では、道路の草刈りとか側溝掃除とかって自分たちでやっていました。ある地区では「草刈って」とか、役所に要望だけ言うようなところもあります。合併したことで他地区というものさしがひとつ増え、こんなに違うんだなって分かりました。昔からの自治の力なんだろうなあと北上地区のよさがすごくわかってきました。

白浜にしても大室にしても。公共施設は何もつくらないんですけど、今、自分たちで一生懸命やっています。役所が手をつけなければ自分たちでやる、あのやり方はすごくいいなあと思います。

復興応援隊の次のステージとしては、今の応援隊の人たちがこの地域で生活できるものにしたいと思います。要するに地域住民と役所の間を取り持つ「ミニ役場」をつくりたいと思っています。震災からこれまでのノウハウがあるのだから、ここから去っていくにはすごくもったいないです。地域の人たちも、役所へ言うよりあの人たちへ言った方が早いっていうのがあります。あの人たちに意見聞いて、彼らがオーソライズしたものを役所にあげてもらえれば、役所は楽じゃないですか。彼らがまとめてくれたものに対して役場がバックアップをするというのがいちばん早いのです。

交流人口が増えることが大事

人口が減ったから活性化しないっていうんじゃなくて、たとえば、地元の地引き網のイベントあるよって言うと、みんな集まってくるというように、震災で作り上げた交流人口が増えるということが大変重要だと思います。

人口減少する沿岸半島地区では「交流」が重要で、今後手放してはならない資源だと思います。一過性のイベントで終わってしまうんじゃなくて、白浜で海水浴場のイベントがあれば大室の人たちもみんな一緒に手伝ってくれる、大室でイベントがあれば大室へ、相川であれば相川へ、こういうのは今までなかったことで、かなりおもしろい動きだと思います。これからは、このような動きをいかに増やしていくかですね。小室は二十数戸しかないのに、獅子舞の時には、一〇〇人以上集まり、来た人全員にふるまいをします。何年かすると家族みたいになっています。行政単位としては人口は厳しいですし、高齢化も進みますが、ここでこれまでの動きをキラリと輝くものにしていかないと、と思います。

（構成／宮内泰介）

2 「北上に行って、私自身も変わったと思います」

〈語り〉 日方里砂さん

海の見える家で育つ

育った場所は京都の丹後町で、家から海が見えました。末っ子で二人の兄がいます。父は私が小学生の時に専業農家になって、営農をしていました。漁協の組合員でもあって、春には天然ワカメ、夏には小船で岩牡蠣やアワビをとっていました。農業は長兄が継いでいます。

高校のころは、大学では船舶の勉強をしたいと考えていました。とにかく船に乗って海外に行くチャンスはないだろうかと考えていたんです。でも物理が苦手でその道は諦めて、京都精華大学の環境社会学科に進学しました。精華大は南北問題を扱う人なども多いし、社会活動をライフワークみたいにしている人たちも普通にいて、おもしろかったですね。私は細川弘明（こうめい）さんのゼミに所属して、パレスチナの水資源問題を取り上げていました。

大学を卒業してからは、大阪で営業や制作の仕事をしました。その後横浜に移って広告制作会社にいたときに、細川さんからパルシック（NPO法人パルシック）が営業や広報ができる人を探している、という連絡を受けたんです。おもしろそうだったので応募したら採用されて、二〇一〇年の五月からパルシックで働くことになりました。淡路町にある東京事務所でフェアトレードなどを扱う部門を担当していました。

聞き書き

頭のなかが東北のことでいっぱいに

三月十一日はパルシックの事務所があるビルの三階にいました。急いで外に出たんですが、ビルがぐらぐら揺れて、今にも崩れそうでした。隣の立体駐車場がすごいきしみ方をして、電線も激しく揺れていました。

その晩は、自宅のある綾瀬まで三時間半かけて歩いて帰りました。東北って原発があるよね、とスタッフと話しながら、とにかく自宅に向かったのを覚えています。大勢の人がぞろぞろ歩いていたので、その流れに沿うような感じで足がぱんぱんになりながら歩きましたね。綾瀬まで歩いている人はけっこういました。

パルシックが東北事業を始めたのは三月末です。自分から願い出て、東京事務所の東北事業担当のようなことをさせてもらうことになりました。当時は現地入りした緊急スタッフのニーズを聞きながら物資調達を行っていました。物資は自分たちで購入したものもあれば、ＪＰＦ（国際人道支援ＮＧＯジャパン・プラットフォーム）から来るＪＰＦ加盟企業の物資リストを利用して調達したものもあります。五月になると北海道の酪農学園大学から学生ボランティアチームが来るようになって、そのボランティアのアレンジも担当しました。

現地スタッフと毎日すごい数のやりとりをしているうちに、どんどん東北のことだけで頭がいっぱいになっていくんです。そんな私を見かねて、五月末くらいに井上礼子代表から、あなた東北に行きたいんでしょう、という話を切り出されました。それまでは自覚的に行きたいと思っていたどうかは自信はありません。ただ、東京にいると状況がひとつも見えてこないので、不安や心配で現場に行けないイライラがつのっていましたね。東北入りが決まってからいちど丹後に戻って父の一周忌を終え、それからすぐに東京に戻って準備を整え、車で現地に入ったのが六月です。一年いるのか、三か月なのか、それすらも分からないままでした。

日方里砂さん
一九八三（昭和五十八）年、京都府旧丹後町（現・京丹後市）生まれ。震災の翌月、特定非営利活動法人パルシックの現地スタッフとして石巻に赴任し、その後北上町十三浜地区の漁業支援担当となる。二〇一二年より北上地区復興応援隊。現在は東京でタウンマネジメント会社に勤務。

父は、二〇一〇年の六月に亡くなりました。もう残り少ないと母から聞いたあと、実感がわかないようにしているうちに、亡くなったという知らせを受け取ったんです。それからはずっと、パルシックで働いてはいるけれども意識はそこに向いていない、という状態が続いていました。暗い日々でしたね。そうしているうちに三月十一日が来たんです。当時は、東京の人たちって異様だったじゃないですか。支援しないことは悪いこと、みたいな状況で、東北にものすごくセンシティブになっていましたよね。ですからどういう形にせよ東北には関わっていたとは思うのですが、父の死がなければ、現地にまでは行かなかったかもしれません。

十三浜通いのはじまり

最初の拠点は、当時パルシックの事務所があった石巻市内です。わけがわからないので、とにかく先に入ったスタッフがやっていることを見て現場チームの雰囲気や状況を知るしかない、というところからのスタートでした。当時パルシックは市街地での「おちゃっこ」事業の検討を始めていました。パルシックは早くから在宅避難者の支援に的を絞っていたのですが、ヒアリングをしてまわるうちに、在宅避難者には情報がほとんど入ってこないことが分かってきたんです。それで人や情報が集まる場所をつくろうと。東北ではそういう場所を「おちゃっこ」って言うんですよね。お茶をのみながら談笑することなんですけど。それで「おちゃっこ」事業です。当時は、そういった場所をつくろうとしていたのはパルシックだけでした。今はもっと他にやることがあるでしょう、みたいなことも言われましたね。でも、とにかく情報が公平に行き渡るようにしなくては、というのがありましたから。おちゃっこ事業はそのあと、市内三か所でのコミュニティカフェ運営に発展しました。

七月くらいから、中長期支援での漁業支援の話が出ました。おちゃっこ事業がなんとなくはじまりがみえてきていたので、自分は漁業の方をやらせてくれとアピールしたんです。石巻市沿岸部を対象にする、ということだけは決まっていたのですが、候補はまだ絞られてはいませんでした。そのうち井上代表と旧知の仲の宮内（泰介）先生が、震災前から北上を調査していることが分かって、七月末には十三浜に絞られていたと思います。

十三浜で最初に辿り着いたのは小室です。あ、残っている家がある、と思ったら鹿島電気さんという家でした。そこのおかあさんとおばあちゃんに、この辺で漁業だったら佐藤清吾さんという人がいる、あの人は頑張っているから会いにいったらいい、と電話番号を教えてもらったんです。当時、宮城県漁協十三浜支所の運営委員長をされていた方でした。

その翌日に、十三浜支所が一時避難していた仮設プレハブで初めて清吾さんにお会いしました。何か必要なことがありますか、とたずねたら、あれもこれも足りないけどねえ、って。でもまさか、こんな小娘から何千万規模の事業費が出てくるとは思わないじゃないですか。だから、うーん、どんなでもいいからカゴがいるかなあ、って、そんな感じでした（笑）。いろいろ聞いているうちに、ワカメの種付けまではなんとかこぎつけたい、みんなで使えるワカメの加工場が必要だ、という話が出たんです。その件を持ち帰って井上代表に相談をしたら、わりとすぐに事業申請の了承が出ました。

そのあと、申請内容を詰めるために清吾さん通いを始めました。八月に共同作業場を含んだ共同作業支援事業の申請をＪＰＦにかけて、通ったのが九月、事業がスタートしたのが十月です。コミュニティなどへの支援として、アメリカのアジア支援ＮＰＯ、Give2Asia の助成金もとれました。十三浜が拠点として正式に決定したのは、申請が通ってからです。そのときに浜通いをしながら申請に取り組んでいたのが私だったので、結果的に担当にあてがってもらえました。

はじめてで、ひとり。手探りの日々

そもそもどういうものが作業場として成立するのかが分からないし、本当に予算内で建てられるのかも不安でした。作業場がテントというのは最初から決まっていました。予算の問題ではなくて、本庁（石巻市役所）の漁業の担当部署から、土地のかさ上げの可能性があるので仮設で撤去できるものを、と言われたんです。市はたぶん、基礎も打ってほしくなかったのだろうと思います。浜の人たちに聞いたら基礎はきちんと打たれていないと困る、ということだったので、打っちゃったんですけどね。

作業場の建設地の決定は、十三浜支所に音頭をとってもらうようお願いしました。パルシックが建てた作業場は大指に二か所、小指、相川、小泊、白浜それぞれに一か所です。大室にあるのはうちではなく、水産庁の復興事業ですね。

水産庁の事業は、何割かが地元漁師さんの自己負担という決まりがあるんです。事業の最後も最後になって、JPFからうちも水産庁の規定に揃えないといけない、と言われました。それはいまさらひどいと思いましたし、どうしようかと困っていたときに、日本福音ルーテル協会の佐藤文敬(ふみたか)さんが協力を申し出てくれたんです。ルーテルから十三浜支所に寄付をして、自己負担分はその寄付から出す、という形でなんとか乗り切りました。作業台とイスは、生活クラブの荒井勇さんが手配をしてくれました。当時、十三浜に関わっていたその三団体で、お互いに手の足りないところを補うことができました。ありがたかったです。作業場が完成したのは次の年の二月です。業者さんへの依頼が多くて、なかなか作業が進まなかったので。

現地スタッフの経験は、それまでまったくありません。十月に石巻の事務所から小滝のはまなす荘に移ったんですが、翌年の三月に他のスタッフが来るまでそこにいたのは私ひとりでした。毎日井上代表に日報を送るという業務があって、誰に会ってどういう話をしました、というのを書いてメールで送っていたんですけど、相談先といえばそのくらい。毎日が手探りでした。

浜を歩き、立ち止まり、話を聞く

作業場の事業と並行して、高台移転のワークショップなどにも顔を出すようになっていました。まず、八月の終わりに防災集団移転の説明会に参加しました。最初はお門違いかもしれないと思っていたんですが、宮内さんにせっかくだから行ってきたら、と言われたので。十月後半から集落ごとの高台移転の住民ワークショップが本格的にはじまって、宮内さんと学生さんたちがそのワークショップに入りました。私もそこに混ぜてもらって高台移転の様子をつかんでいく、という感じでした。役場の人から毎回住民のみなさんに紹介されるので、なんとなく人の顔も分かってきたし、こちらの顔もみなさんに広まっていったんだと思います。浜めぐりをするときに、この間ワークショップでお会いしましたよね、って声をかけられるようになりました。

浜めぐりは、作業場以外のニーズをさぐるためです。フィールドワークを義務づけられていたわけではなかったですし、それが仕事として成立するのかはわかりませんでした。それに、はまなす荘に移ってからは、いろいろな団体さんが挨拶に来たり浜の様子を聞きにきたりするようになっていて、その対応などでも毎日が忙しくなってきていたんですよね。それでもとにかく浜を歩いて、人がいれば立ち止まって話を聞いていました。

浜めぐりをしていた理由は、そうですね、ひとりぼっちだったからじゃないですか。誰かと話さないま一日が終わるのはありえないし、しかも、せっかく現場にいる以上は。学生時代に学んだこととのつながりは、あったかもしれません。

自分が海育ちだということは、漁業支援担当になるときの井上代表への説得理由だったんですけど、実際はそんなには関係していませんでした。育った場所と十三浜とではコミュニティがまったく違うし、つながりは強いし、漁業の内容も全然違う。今でこそ仲良くさせてもらっていますが、大指の漁師さんたちの会社、鵜の助（すけ）の阿部慶昭（よしあき）さんとお話するのは当時はものすごく怖かったですよ。作業場の建設地は、他の集落ではどこも公民館の跡地だったり契約講の土地だったりと、公共性が高いんです。でも、大指だけが慶昭さんの自宅跡だった。そんな土地に建物を建てるって、言ったら土足で人の家にあがるようなものじゃないですか。だから絶対に失礼があってはいけないって、すごく緊張していたんです。

浜めぐりは楽しいですよ。とにかくひとりぼっちだったので、誰かと話すだけでもおもしろかったし、浜の様子も聞かないと分からないですし。あと、作業場をつくるのに地元の方に聞かなければ分からないことばかりでしたから、聞きまくっていましたね。その土地に水道管がどのように走っているのか、その場所ならどちら向きに建てると使いやすいのか。地元の方に聞いて回るのは、私が何も知らなかったからだと思います。現地スタッフになったことがないので、事業費を使って何かをするということについては分からないことだらけでした。ただやっぱり地元の、欲しい人たちの使いやすいようにやらなくてはいけない、という考えはもっていました。

文化支援をはじめる

文化支援をはじめたのは、十二月に小室の高台移転の話し合いに行ったときに、春祈禱という行事で行う獅子舞の話を聞いたのがきっかけです。佐藤久(ひさし)さんという方が、同席していた役場の今野照夫さんに獅子舞の復活を相談していたんです。興味がわいて、話を聞かせてもらいました。聞くと、小室の獅子頭は震災の翌日に子獅子と親獅子のふたつとも見つかっているんですね。港にあがってガレキの中にあったのを、久さんが見つけたそうです。だから絶対復活させたい、って。その場にいた他のみなさんも、なんとかならないかと話をしていたので、何か支援ができないかと思ったんです。

そのあとかな、清吾さんのところでも、神楽がなつかしい、という話を聞きました。こんな文化があるんだ、十三浜っていろいろあるんだ、と知って、すごくうれしかったのを覚えています。私は震災後にはじめて浜に来たので、十三浜イコールなにもかもなくしたところ、という印象が強かったんですね。だから、プラスアルファが増えていくのがうれしかった。

教育委員会に行ったのは、北海道大学の髙﨑優子さんの友人からの紹介で小室の件を相談していたアートNPOエイドから教わった、明治安田クオリティオブライフ文化財団の文化助成の申請に、教育委員会の推薦状が必要だったからです。そこで教育委員会の方から、石巻市の指定文化財で十三浜に神楽が三つあるんだけどあれはいまどうなっているんだろう、と聞かれたので、だったら助けてください、とお願いしたんです。相川と長塩谷は今もまだ復活できていないのですが、あのころの大室は若者たちの連携が早くて、声をかけたらすごい勢いで話が進んでいきました。きっとまだ、みなさん気を遣っている時期だったはずです。こんな大変なときにお神楽って言ってる場合じゃない、って。だけどもう教育委員会が動いてしまったので、やるしかないというか。大室の神楽の復活については、私はきっかけにはなったのかもしれないですけど、あとは何もしていません。一緒に心配して一緒に悩んだだけでした。

小室の獅子舞は二〇一二年には間に合わなかったんですが、その翌年には復活できました。獅子頭もかなり破損していましたが、アートNPOエイドの紹介で東北地方のつくり方を踏襲する職人さんが岩手に見つかったので、何とか直せたんです。他の集落の獅子は顔がずいぶん変わってしまいましたが、その点、小室はよかったなあと思います。復活の獅子舞はもちろん見に行きました。やっぱりみなさん感慨深そうでしたね。

文化支援をはじめたときはパルシックの事業ではありませんでしたから、業務の合間にやってしまおうと考えていました。はじめのうちは井上代表からは生業支援に集中するように言われましたけど、あとから文化支援もコミュニティ支援の一環として認められました。テント以外の支援は、この文化支援がはじまりです。とにかく叶えてあげたい、と思ったんです。

復興が進まない

二〇一二年に入って、ワカメの収穫にたどりついたのはすごいと思いました。でも、ワカメの収穫はうれしかったのに、なにかあまり変わらないなあって思ったんです。まだみなさん仮設にいて、自宅再建の目途も立たない。小室の高台移転も一度完全に止まってしまった。二月くらいにはもう集団移転の合意ができていたのに、その後半年以上なにも市から連絡がなかったんです。小室の人たちもいらいらしているし、あのときは復興って本当に進まないんだ、と思い知らされましたね。

二〇一二年はみなさんがだんだんと仮設の暮らしにも慣れてきて、なにか精神的に落ち込んでいる感じが出はじめた印象があります。仮設を訪問すると、けっこう泣いている人を見るようになりました。私が仮設に行く回数が増えていたのもあるとは思いますが。二〇一二年は地元の人たちにとってはつらい年だったんじゃないかと思います。

漁業支援は五月には収束していました。そのあとはお神楽の復活を見守りつつ、浜のおかあさんたちに聞きながらワカメやコンブのレシピ集をつくったりしていました。あとは「北上かわら版」の発行を始めました。二〇一一年の十一月に宮内さんたちが高台移転事業についてのQ&Aを載せたかわら版を発行していたので、それを引き継ぐ形で事業の進み具合や地域の情報、自然や歴史の話などを載せて、月に一度のペースで全戸配布することにしたんです。震災前にあった北上地域まちづくり委員会がその年の六月から再開することになったので、その記録を今野照夫さんに頼まれたりもしていました。照夫さんとの連携は二〇一一年の高台移転のワークショップの時から始まったのですが、その十月から十二月があまりにも濃厚だったので面識も深まりましたし、パルシックが害がなさそうな団体だというのも分かってもらえたと思うんです。役所の方で手が回らないこととか、役所がやりにくい支援などをふられるようになっていました。

八月からは日本建築家協会と北海道大学、法政大学、長崎大学等の研究者・学生チーム、国際環境NGOのFoE Japan、そしてパルシックの協働での集中調査が始まって、私はそのコーディネート役を担当しました。約二週間かけて、三〇名ほどの調査者が六〇名くらいの住民の方々から被災状況や従前地の様子、現状などを聞き取る調査でした（その後も研究者・学生チームによる調査は継続している）。これは国土交通省の事業費を使いました。調査はすごくしんどかったですね。まだ話の内容も生々しくて、けっこう泣きながら話す方もいて。聞き取りをする方は一集落三人と決めて、若手と女性を入れるようにしていました。その年は、他の団体や支援者に対してもコーディネーター状態になっていましたね。

復興応援隊になったわけ

二〇一二年十二月一日に、パルシックの正職員を辞めて復興応援隊になりました。九月くらいに（今野）照夫さんから応援隊の地域受託団体としてパルシックを、という話があったんです。照夫さんから応援隊の説明を聞いているうちに、自分がやりたいと思うようになりました。井上代表は私が漁業支援担当のままでパルシックの復興応援隊担当も兼務すると考えていたのに、本人が応援隊になるって言い出したんですから、すごい無茶ですよね（笑）。ただ、現場ではもう漁業支援ではなくなっているという認識がありました。東京事務所からいろいろ求められても、なんだかぴんとこない状況になっていたんですね。

十月に研究者チームとまちづくり委員会のメンバーとで、中越地震で被災した新潟県の山古志の視察に行ったのも大きかったかな。その時にいろいろ聞いて、たしかに一次産業も大事だけれど、地域がどう復興していくのかということを考えたらもうすこし自分は微妙な立ち位置にいた方がいいんじゃないか、と思うようになりました。パルシックでは生業支援を続けていく予定で、生業の確立から地域の盛りあがりをつくっていこうという考えだったのですが、私がそれに携わる必要はないと思ったんです。それよりもむしろ二〇一二年にやっていたような、現場でのいろいろな調整業務などのほうが、どちらかといえば私にしかできない部分なのじゃないか、と思ってしまった。せっかく北上の人たちをいろいろ知り得たからには、支援の手がきたときに間に入れるのは私くらいなんじゃないかと考えました。

復興応援隊というのは何をしてもいい、と照夫さんに言われたんですね。人件費も出るし、成果物を求められるのではなくてその地域の地域づくり、復興のまちづくりをしようとしている地域の人たちを助けるのが役割だし、ベースに地域おこし協力隊があるというのも分かって。自分が主体なのではなくて、地域の人たちの背中を押したり、歩く道を掃除したりするような立ち位置だと分かったので、だったらますいいな、と思ったんです。まして、山古志でお会いした中越防災安全推進機構の稲垣文彦さんや、同行していたれんぷく（みやぎ連携復興センター）の石塚直樹さんは、私がそれまでやってきたことをすごく評価してくれようとするんですね。文化芸能の復興だったり、いろんな人とおちゃっこ話をしながらニーズを汲むという活動だったり。それは当時はどちらかといえばパルシックの事業外のことで、私の立場だと担当業務以外に熱を入れすぎているところがあったんです。そこが評価されたので、すごく嬉しかったというのもあります。

井上代表には、あなたのわがままばっかりだわ、と笑われますけど、私からしたらニーズを拾っているつもりでした。ただ、地域のニーズとか現場の空気感とかって、伝えるのがすごくむずかしい。東北行きのときも漁業支援担当になったときもそうでしたが、井上代表は結局は私のやりたいことを全部やらせてくれました。感謝しています。

やりたいことを思いきり

復興応援隊になっても、やることはそんなに変わりませんでした。ただ、業務のしばりがなくなったので、二〇一三年は思いっきりやりたいことをやれました。困った、と言われればすぐに応えに行っていいし、地域の人たちに話を聞きに行くのだって業務になる。こんなに楽しいことがあるのか、と思いましたね。かわら版の取材や地域のイベントの手伝い、子ども向けの事業など、いろいろやりました。応援隊の初年度でもあったので、みんなでわいわいとおもしろくやっていましたね。

応援隊の仕事分担というのは、基本的には私と佐藤尚美さんは独立でそれまでやってきたことを継続し、成田昌子（しょうこ）さんたちはかなり寛容に私たちのことを見守りつつ、そこにかみ合った活動をしてくれた、というのが実質だったと思います（応援隊の活動については第6章3を参照）。それぞれが自分の活動を生かすことができる場になっていました。

応援隊になってからは、れんぷくの石塚さんを頼りにしていました。直接的なサポートもしてくれるし、相談相手にもなってくれる。石塚さんは現場寄りの方でした。レスポンスも早くて、北上の応援隊は他の応援隊にくらべるとけっこう何でもかんでも相談していましたね。石塚さんが事務局長になられたあとは中沢峻（しゅん）さんに担当が変わりました。れんぷくは本当に中間支援という立ち位置を見事にみせてくれたと思います。中間支援というのが何を指すのかはよく分からないけど、私たちにとってはとてもよかった。どこまで信頼していいかどうかはこちらが慎重に判断しますよね。すごく微妙な問題でもれんぷくさんにはこっそり相談ができる。とても信頼できました。

北上を出る時期が来た

二〇一四年の三月十一日が過ぎたころから、そろそろ北上を出ることを考え始めました。ただ、その年の四月にそれまで北上の復興をひっぱってくれていた今野照夫さんが北上支所から石巻市本庁に異動になったんです。私たちはよく照夫さんの描く未来像を「照夫ワールド」と呼んでいましたが、それがなくなってしまったんですね。照夫さんがいない北上はどうなってしまうんだろうというのもあって、まだ言えないなあと思いながらも、そろそろ引き際なのかな、とも思い始めていたんです。

その年の三月十一日が来るまでは、北上に固執していたところがあったと思います。自分でも気がついていませんでした。北上は好きだし、出たとしても仙台あたりから通いながら、復興やまちづくりを見守りつつ自分も成長していけたらいい、そのくらいのことを考えていました。でも、それは違うなと。結局、楽だからなんです。ボランティアってなんかちやほやされるじゃないですか、よそから来て、なんでも頼んでもらって、助かった、って言われて。そんな楽なことはない。でも、宮城県で過ごす三月十一日というのは、すごく重いんですよね。あらためて一度立ち止まって考える、そういう日なんです。そこで、北上にいたいと思い続けるのはぬるま湯に浸かっている状態なのかもしれない、と気がついたんです。北上の人たちにくらべると、私は震災後、自分自身の時間を歩めていないんじゃないかとも思いました。

それに、自分がいること自体が復興を止めてしまっている、というか。もとのまちに戻るには、復興という名の下に居座っている人がいるのは違和感があるじゃないですか。復興支援で行っている私は、どこかで消えなくてはいけないんです。そのころ、石巻でボランティア活動をしていた中村真奈美さんとよく話すようになっていて、石巻でもやっぱり初期のころにいたメンバーが同じような気持ちになっていると聞きました。初期に入った私たちは、真っ黒で灰色になっている、その一番大変な時期を見てしまったんですよね。その前を知らずに。私たちの根本がその灰色の風景だから、そこから先を見るときにはどうしても足をひっぱってしまう。たしかに、やることはまだいくらでもありました。でも、居つづけるということ自体が自分にとっても甘えになっているし、向こうにとっても甘えになるだろうし。それは居心地はいいだろうけど悪循環にしかならない。もしここから先も残るとしたら、それはまちづくりという段階に入っていくし、それはずっとここに住み続ける覚悟のある人じゃないと意味がない。もしくはまったく新しい人、震災直後の大変な時期を引きずっていない人が必要なんじゃないか、そんな話をずっと中村さんと話し合っていました。

そのころは、北上の人たち自身がもうよその人間を頼っていないことが分かったのもあります。もうよその人に頼るのはいやだ、自分たちで楽しく生きていくことを考えたい、という声も聞いていましたし、ああ、そういう段階だよな、って。そうやって、地域の人たち自身が一度自分たちの地域のことを考える段階に来ているのなら、よその人間は一回引いてもいいんじゃないかと、そう思ったんです。

五月のゴールデンウィーク明けに、井上代表に北上を出るつもりでいることを伝えました。代表には、これから先に北上にいることが大事だと言われましたが、こういうのは私の現場感から来たものだったので、伝えることはできないだろうと思っていました。現場感って、そうですね、震災後に支援に入った人たちは、自分たちの立ち位置みたいなものをずっと疑問視しながらそこにいるんです。今自分がここにいる必要があるのか、本当にこの支援は必要なのか。そうやって自分の活動を自分で審判するしかないんです。その感じってうまく伝えられないんですけど。

もう自分がいなくなると思うと、意識していなくても仕事が消極的なスタンスになっていきました。中身にはあまり手をつけずに、頑張ってくださいね、くらいにとどめておく。北上の人たちには出ることを言っていなかったので、みなさんにとっては少し冷たくなったように感じられたかもしれません。ほんとうはもっとたくさんのことをやりたいのに、今手をつけると終わりがないことばかりで、手をつけられない。何もやらないようにするのもしんどくて、悩むというか苦しむというか、自分はなにをやっているんだろうって、最後はそういう一年でした。そのころ、大室出身の佐藤梨恵さん（第5章3に登場する佐藤満利さんの姉）の家に同居していたのですが、梨恵さん家族と暮らすことですごく精神的に助けられました。子どもたちと大笑いしたり、みんなでだらだらテレビをみたり。そういうなんでもない時間を過ごすことで救われていたんだと思います。佐藤家は本当に優しくて温かくて面白くて、私の心の支えでした。

これまでのこと、これからのこと

二〇一五年の二月に北上を出ました。全体をみるのは他の人たちよりはやっていたつもりでしたけど、どうかなあ。私が出たことは、北上にとっても一区切りと感じてもらえるかもしれない、と思いました。いい節目になればいいいな。私自身も変わったと思います。父の死をひきずっていた部分もずいぶん変わりました。現場ではそれ以上のことが起きていましたから。もっと傷ついている人たちがいて、メンタル的なケアなんてなにもできないけれど、とにかく話を聞いて。一年目なんてずっと一緒に泣いていました。ひとりぼっちで十三浜に行ったというのが一番大きなことだったと思います。自分でなんとかしなくてはいけないし、させてもらえる立場だったし。事業をうごかす立場になったのは初めてでした。大変だったなとは思いますけど、できることがあることに救われました。

途中でやめたいと思ったことはあります。よそ者で、支援者で、という立場を共有できる場がなかったですから。宮内さんたち研究者チームが来てくれるようになってから、いろいろ相談ができる方たちなので、そういう意味でもとても助けられました。地域のことを分かっているし、通い続けてくれているし、役場からも信頼があるし。

今後の北上はまちづくりの方へ進みますから、全体のバランスをみながら調整するような人がいたらいいと思いますね。佐藤尚美さんたちだけではなくて、いろいろな人たちの活動があちらこちらで生まれているし、移住組も出てきたし。なにかのタイミングで、そういういろいろな活動を横断的にみてくれる人が出てくれれば。しがらみのない、よその人が向いているのではないかと思います。北上はもともと、それぞれで動くのがいいところじゃないですか。それが北上のあり方ならそれでいい。そのそれぞれのがんばりをいい方向に向けていくためには、全体をゆるく調整できるような場や人があるかどうか、それが今後の北上の鍵になってくると思います。

まあ、もう少し経つと思うこともまた変わるでしょうけど。ワカメの最盛期には一度行かなければいけないですね。北上を出るときには、いろいろな方から餞別を頂きました。それは全部、北上への渡航費にしようと思っています。

（構成／高﨑優子）

3 北上町の復興応援隊からみる、地域サポート人材の役割と課題

図司直也
西城戸誠

1 北上町の復興応援隊に着目する理由

東日本大震災では、揺れの程度だけでなく、津波や原発による被害なども含めると被災地の状況はきわめて多様であった。よって各地の復旧・復興のプロセスも決して一様ではなく、各地で苦労が続いている。このような状況で地域住民に寄り添いながら、復旧・復興の前進を手助けする「地域サポート人材」によるかかわりが模索されている。石巻市北上町でも、宮城県が設置した復興応援隊が活動している。この地域サポート人材の被災地への導入は、二〇〇四年に新潟県で発生した中越地震以降のことである。中越地震での地域復興支援員は、発災後三年を経て、居住地域が固まり、コミュニティの再建・再生が目指された時期に、中山間地域の農山村集落に入って活動を展開してきた。それに対し、東日本大震災での復興支援員の場合は、活動地域の多くが津波被害を受けた沿岸部、あるいは原発事故の避難地域とその様相が多

岐にわたり、発災後一年を経ないうちに設置されている。このように導入のタイミングも活動地域も異なるため、地域サポート人材に期待される役割なども異なっている。ここでは新潟県中越地震の経験を参照しながら、北上町の復興応援隊の活動実態を概観する。そして復興プロセスのなかで直面している課題を共有し、今後のサポート人材のあり方についての検討につなげたい。

2　被災地における地域サポート人材導入への流れ

前述したように、被災地への地域サポート人材導入のきっかけは、二〇〇四年の中越地震にさかのぼる。中越地震は、地滑りで全村避難を強いられた山古志村が象徴的なように、農山村地域における地盤災害であった。このような中山間地域では、もともと過疎化、高齢化が進行していたが、震災がその傾向を加速させることになった。復旧・復興プロセスのなかで集落の人口が急激に減少し、さまざまな地域課題が各方面で急速に顕在化することになった。

このような被災地では、集落・地区ベースでの復興ビジョンづくりが急務とされたが、一方で、長岡市をはじめ市町村合併が進んでいた中越地域では、自治体の範域が広域化するなかで、周縁部の集落や地区にまで目配りできるほどの十分な人員を割くことが難しい状況にあった。そこで、外部からかかわってくれている災害支援のボランティアや、地元の役場や県、JA職員のOBといった地域の事情に精通している人などから、行政と住民の間に立って活動してもらう人材を募集し、地域復興支援員として復興に向けたサポート役を担ってもらうことにした。地域復興支援員のサポートを続けてきた中越防災安全推進機構

（当時）の稲垣文彦氏は、このような人材の役割を次のように表現している。「彼らは、足湯ボランティアや笹団子づくりなどを通して、被災者の日常の暮らしぶりに思いを寄せ、本来もっていた顔を引き出していく役割を果たしていった。その中で彼らと被災者との出会いは、支援する－支援されるという立場を超えて、個人と個人が互いに心を開いて笑顔で交流し、互いのエネルギーを交換するかのように元気を生み出すものになった。私はここから「開くこと」の大切さに気づいた。閉じていてはエネルギー交換は生まれないのだ」。

震災から十年を経た中越地域では、復旧・復興から平時の地域づくりに活動がようやく移りつつあるが、現在も、地域復興支援員をはじめとする地域サポート人材が各地で大きな役割を果たしている。十日町市の池谷・入山集落は、震災前の段階で八世帯二二人と小規模化が進み、震災直後には一時、六世帯一六人にまで減少し、集落の存続も危ぶまれた。しかし、現在では子育て世代や若い女性の移住が見られるまでになり、九世帯二二人という状況にまで回復している。稲垣氏は、このような中越地域の復興について「開くことを繰り返してきたにすぎない」と述べ、開く単位を個人から集落へ、集落から地域へと、少しずつ大きくしていく積み重ねこそが一〇年間の復興プロセスだった、と強調している。(1)

このようにして、意義や可能性が見出された地域サポート人材の導入を、二〇〇〇年代後半からは国が本格的に検討するようになった。過疎地域対策として「集落支援員」が、定住自立圏構想のなかで「地域おこし協力隊」が設置された。また、東日本大震災の被災地に対しては、被災者の見守りやケア、地域おこし活動の支援など「復興に伴う地域協力活動」を通じ、コミュニティの再構築を図る目的で「復興支援員」を設置することが制度化されている。そこには、従来のハコモノをつくる目的での「補助金」だけで

図1　北上地区における復興応援隊を取り巻く主体

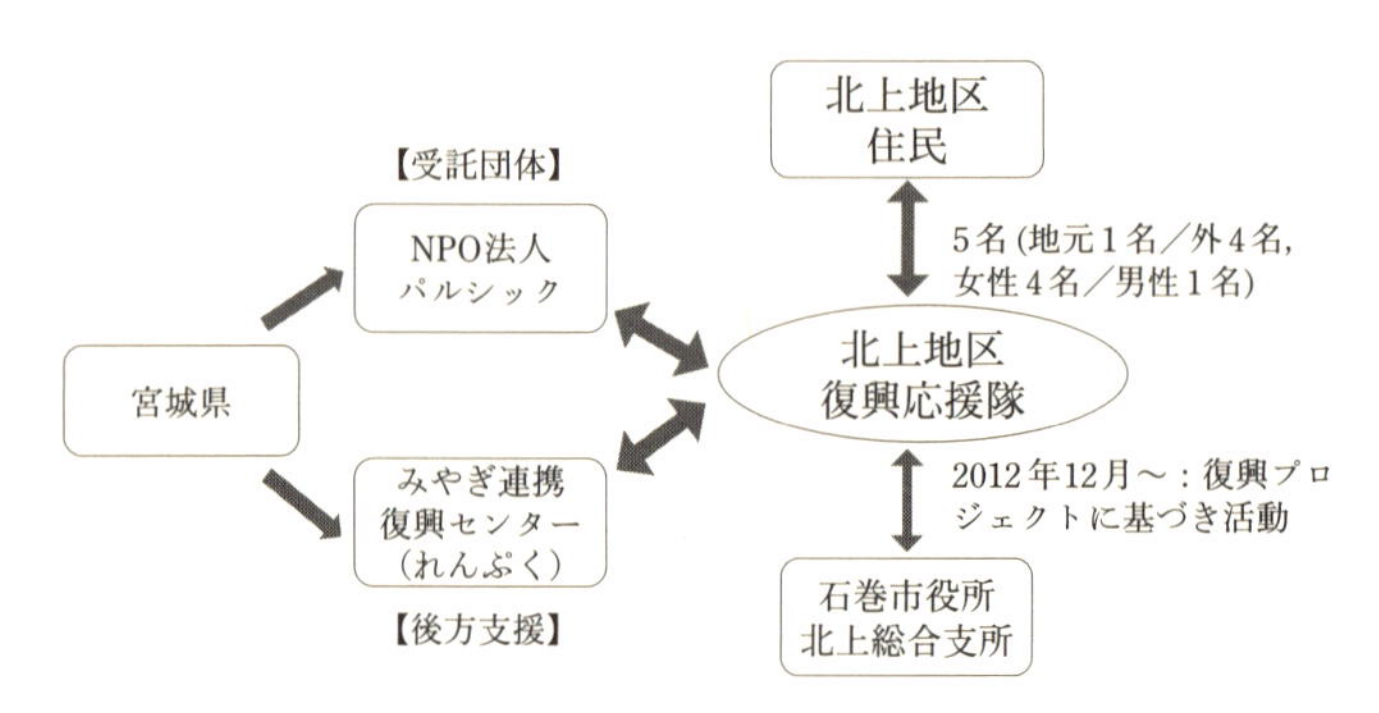

出典：ヒアリング調査をもとに筆者作成

なく、それとセットにして地域住民の志に働きかけ、取り組みへの機運を高めていくための「補助人」をも施策に取り込んでいこうとする、地域政策に対する発想の転換が見出せる。

3　北上町における復興応援隊の展開——関係主体の構図

次に北上町における復興応援隊の活動の概要を確認するために、復興応援隊をめぐる主体の関係を見ていこう。一般的に県が事業主体となっている事業では、宮城県―石巻市―北上総合支所―復興応援隊という枠組みが想定される。しかし今回の東日本大震災の場合は、津波により行政機能も大きく被災し、受入自治体ベースでの即時的な対応が難しい状況にあったことから、県と現地との間に二つの主体が関わっている点が特徴的である。一つは、応援隊事業の受託団体として、民間のＮＧＯ・ＮＰＯ、あるいは地域で活動している既存の団体が、応援隊のマネジメントを担っている点である。北上町の場合は、フェアトレードや国際協力に関する活動を重ねてきたＮＧＯの「パルシック」が、これまでの被災地支援での関わりから、受託団体となっている。もう一つの主体は、みやぎ連携復興センター（れんぷく）の存在である。れんぷくは、県内のＮＰＯのネットワークづくりを支援する団体から派生的に立ち上がった組織であり、県内の受託団体や現場の復興応援隊に対する後方支援の役割を担っている。

北上町の復興応援隊は、基本的には、北上総合支所が作った復興プロジェクトに基づいて活動を進めている。二〇一四年度は、地元の北上町から一名、地区外から四名の計五名が活動してきた。特徴的なのは男女比であり、女性が四名とその大半を占めている。その後、隊員の任期三年の最終年度に入った二〇一五年度当初に異動があり、現在は四名で活動を展開している。

4　復興応援隊の活動プロセス——主要隊員三名の実践

まず復興応援隊の活動の様子を、主要な女性隊員三名の現場での奮闘ぶりから描き出してみたい。

Ａさんは、結婚を機に地区内の漁村に嫁いだ地元出身の応援隊である。住んでいた集落が津波で被災したことから、石巻市内の実家に戻っていた。そこで、震災前には当たり前だった北上の人と無駄話をする機会さえ失われてしまったことに気づき、お母さんたちのたまり場を作りたいという思いで、二〇一一年六月に「ＷＥ ＡＲＥ ＯＮＥ北上」を立ち上げた。女性たちが中心となった活動を始めており、地元の海水浴場の再開などを目指しながら、海岸清掃や海開き、ツール・ド・東北での茶碗蒸し提供など、イベントを通じて集う場を作り、応援隊着任後はこれらの活動を直接サポートする役割を担っている。

また、行政が設置した「北上まちづくり委員会」に参加する機会を得たＡさんは、そこで、年配者中心のメンバー構成や、「浜の人」の意見が反映されていない現状に違和感を抱くようになった。そこで、委員会とは別に、もう少し若い世代で北上町全体について議論できる場を、と考え、市のソフト事業を活用して、「住民による住民のための地域づくり」をスローガンにして、住民主体での復興計画書「住民がつくる北上地域復興計画書プロジェクト」を立ち上げ、近隣への視察や議論を精力的に進めている。

これまでの応援隊活動の手応えとしては、「当初は、津波があって急にものが無くなった状況で、失われた建物や場所を取り戻そうと、復興が何かも分からないままに動いてきた」が、最近になって「そう（ハードを作るだけ）ではなく、人のつながりなどにも関心が持てるようになってきた」という。また、「震災後、がむしゃらに一人で突っ走ってきて、このままいつまで一人で走るのか。応援隊の任期も半ばを過ぎ、終わった後の不安もあった。それでも最近は、若い人たちで議論できる場も出てきて、何とかなると考えられるようになった」という。実際に、北上町での計画書プロジェクトを通じて、地元の住民でいろいろできることを実感し、「「地域」を意識するようになった」と語っている。

また、復興応援隊に着任後まもなく、中越地震の被災地である山古志村に視察に赴いたことを挙げ、現地で聞いた「復興は自分がそこで安心して死ねること」という言葉が活動の原点になり、「地域も大事にしながらも、最近は自分のために活動することも大事、と感じられるようになった」と話す。その他にも、れんぷくによる研修をはじめ、いろいろ勉強できる機会が、実践のスピードを上げてくれていることを実感している。

一方、関西出身のBさんは、震災から一か月後に、NPOの一員として北上町の漁村集落を踏査するなかで、住民との縁ができたことが、支援活動のきっかけになっている。その後、まずNPOのスタッフとして、十三浜集落の漁業を中心とする生業支援や、集落で続けられてきた小室の獅子舞や大室南部神楽といった文化復興の支援を軸に活動を進めていった。しかし被災直後は、集落の様子がそれぞれ異なり、さらに避難所生活でのしこりもあって、みんなで一緒に何かを行える雰囲気ではなく、生業支援を進めるにも、震災以前のような人手を確保できないなかで、支援活動の難しさに直面していた。

そのような折に、「応援隊としてやらないか」と声をかけられたBさんは、「応援隊」という肩書を持つことで、地域の人のところに入って行きやすくなったり、チームとして活動できたりと、さまざまな展開ができるようになった、という。北上まちづくり委員会の活動内容が住民に伝わっていかない状況を見て、「北上かわらばん」を発行し情報発信を始めたり、仮設住宅を回ってお茶飲みの中から活動のヒントを見つけたりしている。

最後に、Cさんは、北上川の河口を挟んで北上町の対岸、旧河北町の出身者である。被災をしたCさんは、前職を辞めようと考えていた際にハローワークで隊員募集を見つけて応募した。その動機として、収入確保の側面もあったが、周囲から支援をしてもらうばかりでなく、自分から何かやれることはないか、と探ってみたかったからだという。ちょうど仮設住宅から高台移転に移る際の住宅支援を担当する募集枠で、近隣で被災した立場から採用に至ったものの、Cさん自身はそこまでの専門知識を持っていなかったことから、試行錯誤の連続だったという。応援隊主催で住宅金融支援機構の説明会と相談会を開催するも人が集まらず、後方支援を担っている「れんぷく」に進め方を相談しながら、住宅相談会を開催したり、普段からBさんと一緒に行動しながら住民の声を拾う活動を続けている。

5　北上町における復興応援隊の役割

このように三名の復興応援隊は、それぞれ震災の受け止め方やその後の北上町への関わり方に違いを見せながら、二年をかけてさまざまな取り組みを進めてきたことが分かる。その取り組みは、中越モデルと称すべき地域サポートの仕組みづくりに関わってきた稲垣氏が表現する「〈足し算〉のサポートから〈掛け算〉のサポートへ」という二種類のサポートをつないでいく形を借りて整理できそうだ。まずは住民の日常に寄り添い、さまざまな体験を積み重ね、外部とのつながりや小さな成功体験を得ていく〈足し算〉の段階があって、ようやく住民間での共通認識ができ、自分たちで動き始める段階に達する。そこから集落の将来ビジョンを創り出していこうとする〈掛け算〉の展開に進んでいく。このような段階的なサポート活動が中越地震の被災集落では心がけられてきた。

北上町にあてはめて考えてみると、津波で住居や生業を失い、この先どうなるだろうという漠然とした不安や、先々の住まいや暮らしが手探りの地域住民に対し、応援隊はお茶飲みをしながら住民の声に耳を傾けた。そこでの気づきを、Bさんがかわら版の発行や地域のお祭りの再開を模索し、Cさんが相談会の開催に結びつけていくといった〈守り〉への支えが、〈足し算〉のサポートとして地道に進められてきたと言える。そこから、Aさんが仲間と一緒に始めた復興計画づくりのように、これからどうしようか、と将来のことを考え始める場ができてきたところに、〈攻め〉への足がかり＝〈掛け算〉のサポートへの兆しが感じられる。このようにして中越モデルを照らし合わせると、北上町では応援隊による現場への寄り添いと自立した活動が一歩ずつ展開していることが読み取れる。

図２　地域力創造曲線

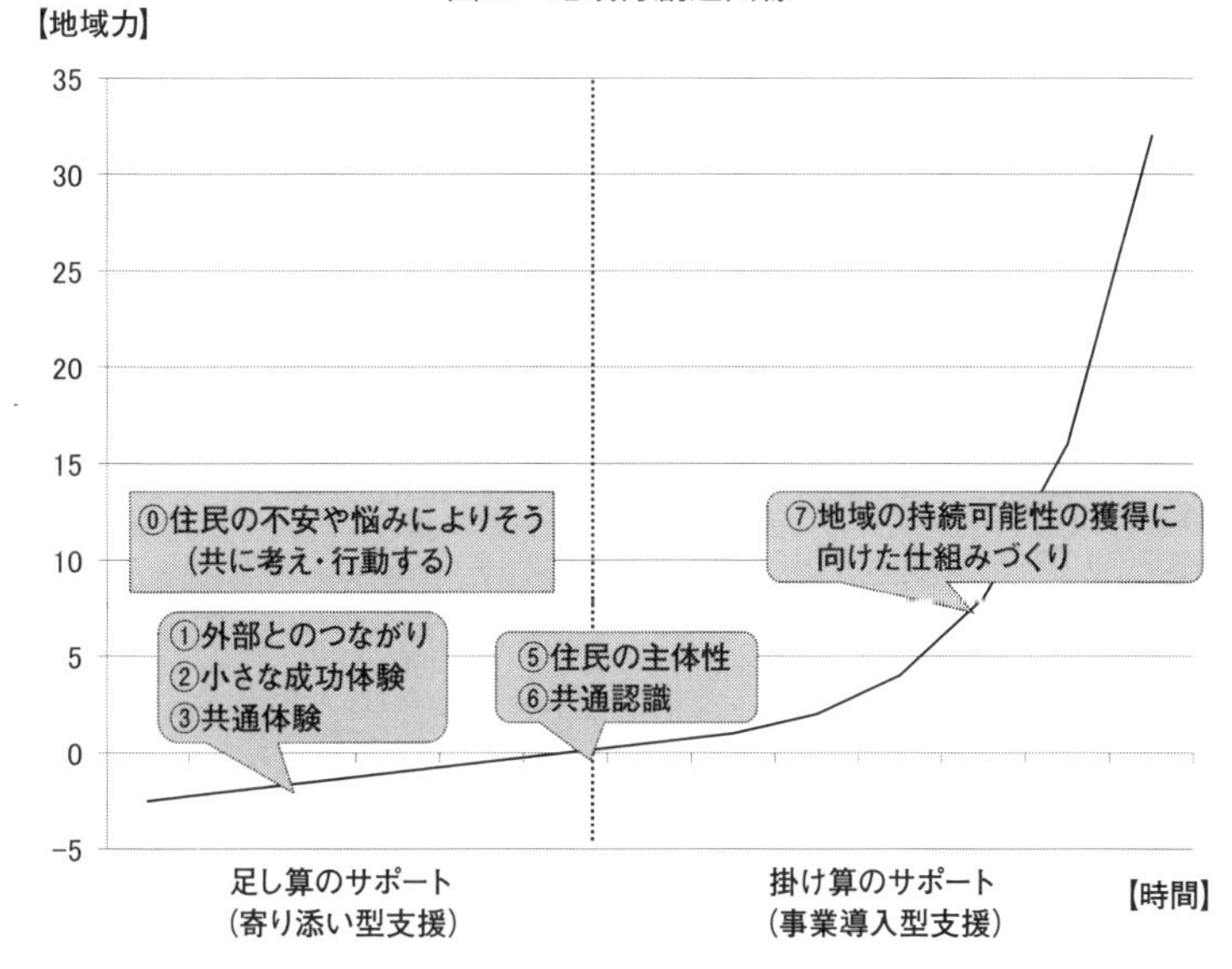

出典：稲垣文彦「中越地震における地域復興支援員に学ぶ」
『農村計画学会誌』32–3，2013年，pp. 356

筆者（図司）も、これまで地域おこし協力隊をはじめ地域サポート人材の活動プロセスを分析してきた。(2) 彼らの活動は、攻めの「価値創造活動」「生活支援活動」、守りの「コミュニティ支援活動」の三つに大きく分類できる。そして、うまく農山漁村の地域社会や住民たちと縁を紡いでいる若者たちには、住民の身の回りの困りごとに関わっていく「生活支援」や、むらの共同作業や相互扶助の活動に参加していく「コミュニティ支援」をベースとして地域住民と信頼関係を丁寧に築いている。そこから、地域の特徴を活かして、身の丈にあった良さを作り上げて「価値創造活動」へと展開させている。

北上町ではこれらの三種類の活動を、主要な三名の隊員がお互いの性格を見ながら役割分担できているようだ。北上町を地元

図3　北上地区における復興応援隊の役割

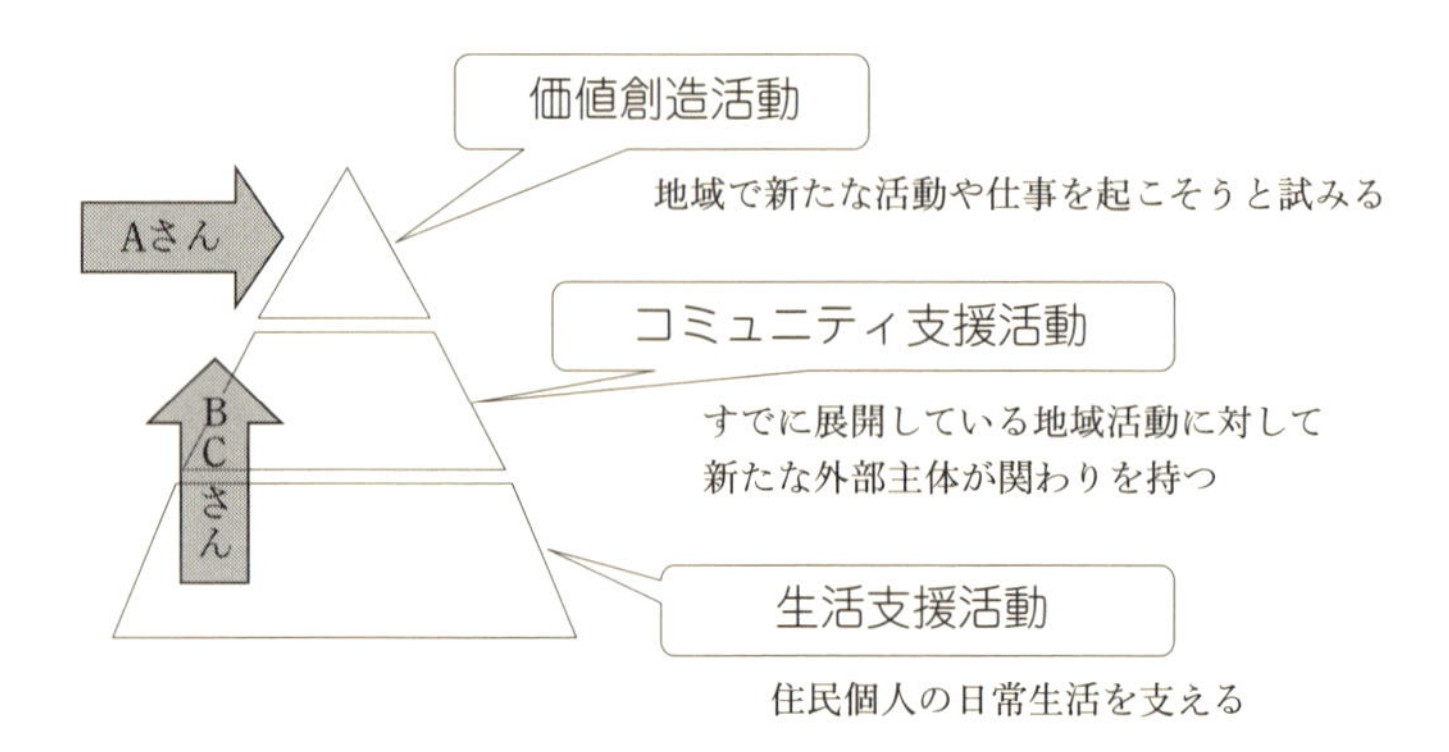

出典：ヒアリング調査をもとに筆者作成

とするAさんは、イベントに取り組んだり、計画を作っていくような新しいことを生み出す「価値創造活動」に力を注ぐ志向が見受けられる。現実に、そのテンポについていけない地域の人も出てきてしまうなかで、地区外出身のBさんやCさんがお茶飲みなどを通して地域住民と頻繁に関わり合い、今何が起きているか情報を伝えて共有できる場を作るような、生活支援やコミュニティ支援の役割を担っている。このように北上町の応援隊は、地元出身者とよそ者の絶妙な組み合わせによって相互補完がなされ、チームとしてサポート活動を積み上げている点が特徴的であろう。

後方支援を担うれんぷくとしても、他地域では概して、隊員の活動が仮設住宅支援が中心となったり、隊員同士がバラバラに活動するケースが多いなかで、北上町では隊員がうまくコンビネーションを取りながら活動できていると評価している。それが結果的に、橋浦地区と十三浜地区といったコミュニティや住民のつながりを取り戻したり、若者世代や女性といった新たな主体の関わりから何かを生み出すきっかけを作っているのではないか。このような北上町の応援隊の活動には、さまざまな切り口から地域住民の活力を生み出していくエンパワメントの要素が強い、という見方も示している。

北上町でこのように隊員の活動が展開できている背景には、隊員が関係するさまざまな主体と適度な距離感を保って活動できている点も見逃せないだろう。事業の受託団体であるNPO法人パルシックは、当初は隊員の活動の進め方に介入する場面も多かったようだが、今では現場のスピード感に合わせて隊員の活動を見守っている。また、れんぷくも、平均すると週一回は顔を合わせて情報交換を図り、必要に応じて情報と人的ネットワークを投げかけながら、活動が展開するきっかけを作り出している。行政の北上総合支所は、応援隊導入時以降に担当者の異動もあったが、日報による連絡程度での情報共有を図っている。

6 復興応援隊が抱いている今後の展望

このような環境の下で、北上町の応援隊は二年間の活動に少なからず手応えを感じられているようであるが、今後についてどのような展望を描いているのだろうか。

Aさんは、自らの活動も含めて、北上町で復旧・復興にさまざまな形で取り組んできた人たちが、息切れし始めていると感じている。これまで、個別に地区外とのパイプを作って支援を受けてきたものの、助けてもらっている立場でそのパイプを無下にもできず、次第に疲れが見えつつある。そのような状況だからこそ、お互いに頼って地区のなかで横につながっていく時期になっているのではないか、と感じている。また、先を見据えたときに、「地元の人が地元で働ける場所を作りたい」とも考えている。自分が五〇代

きたかみインボルブの長期活動計画のワークショップ
(2015年5月，みやぎ連携復興センター・中沢峻氏提供)

になったとき、北上から石巻市街まで毎日車で往復して二時間を要する通勤は大変になってくるはずで、石巻市街に出なくても済むように今から働ける場を作って、十年後に、活動を若い人に渡せるのがよい。まちづくりは生活の一部であるが、だからと言って、自分が応援隊の立場で続けていくと、やらないといけない仕事になってしまうのでつらいものがある、と率直に語っている。このような想いを抱きながらAさんが北上町の若手住民と一緒に進めてきた「住民がつくる北上地域づくり計画書プロジェクト」は、「きたかみインボルブ」というチームの立ち上げにつながり、今度は仲間とともに実践的な一歩を踏み出したところである。

一方、BさんもAさんと同様に、「北上の人たちには「自分のやっていることこそすべて」という感じがあり、各々取り組んでいるが横につながらない。そうかと言って、安易につないで事業化しても嫌がるところもあり、安易に立ち入れない。それでも、頑張っているところから、一本でもいいので線をつなぎたい。観光、地域発信など外向けの部分を担当する人がやがて出てきて、ハブ機能を持つようになるといいのでは」と客観的に現場を捉えている。そして、「住民それぞれが、自分の時間を歩み始めている。そこに閉じこもらずに広げていく必要がある」と、よそから来た自分が引き立て役として何かできればと思っている。

一方で、「自分は震災の後から地域に入っている。地域の人はその前からの営みがあるが、自分の場合は、その前の地域の雰囲気を知らず、「何とかしなきゃ」という大変だった時で時間が止まっている」という。高台移転が決まってまちづくりが本格的に始まる前に、「一回そろそろ区切りを付けないといけないのでは」と感じ、外部から応援隊として地域に入って活動していくスタンスの悩みも語っている。その後、Bさんは、二〇一五年三月をもって復興応援隊を退任し、北上町を離れ、「外から」北上を見守る立場を選んでいる。

最後に、Cさんは、素人であったものの、住宅支援の活動は自らも被災している立場として学ぶ機会になり、よかったと感じている。今までは公営住宅希望だったが、息子が働き始めたこともあり、「家を建てたい、安定した職につきたい」と思うようになったという。そうなれば資金面で生活の安定を考えなくてはならず、応援隊の任期三年という不安定な要素に身を委ねるのは難しい、というのが本音だが、Aさんと一緒に現在も隊員として活動を継続している。

7　北上町における復興応援隊の課題

まず、地域サポート人材としての復興応援隊ではあるが、隊員が支援する対象を「地域」と単純に捉えてよいのか、という論点がある。中越地震の場合は、先にも触れたように、震災から三年を経て居住地域が固まり、コミュニティの再建・再生が目指された時期から、サポート活動が本格化した。それゆえに、集落再生のような形で「地域」を捉えることが可能であった。

それに対し北上町では、津波被害が居住地に広く及んでおり、亡くなった方や地区外に移った方、また、北上町に住み続けているなかでも、仮設住宅に移った方もいれば、持ち家に住み続けている方もいる。このように震災前の「地域」がその姿を大きく変えてしまっているなかで、隊員からも「サポート活動で関わっている住民はあくまで仮設住宅入居の人たちであり、持ち家にそのまま住み続けている人には会うきっかけがない」という声も寄せられている。応援隊の活動も北上町の一部分での展開にすぎない点には、あらためて留意しておく必要があろう。

またそれゆえに、今後、高台移転先が決まり、住む場所が定まれば、集落やコミュニティの再編の議論が現実のものとなる。その段階で、仮設住宅支援からコミュニティ支援への橋渡しをどうするか、応援隊の活動内容や役割も大きな転換点に直面することになろう。そうなると、北上町の応援隊には、これまで個々の住民と向き合ってきた信頼関係を下地にして、コミュニティ支援の段階まで継続して関わってもらいたい、という期待が寄せられて当然であろう。他方で、応援隊としてサポートする側の心持ちとしては、三人の率直な語りが示しているように、各々の人生のなかで、活動が一定の区切りを迎えている様子も垣間見えている。北上町の応援隊に求められる役割と、隊員それぞれの暮らしや人生との兼ね合いをどう受け止めるのか。隊員の高い志に支えられてこれまでの復旧プロセスを歩んできた地域住民や行政の側に、サポート人材の位置づけをあらためて問い直す姿勢が求められている。

宮城県における復興応援隊は、冒頭で示したように行政が作った復興プロジェクトを遂行することに目的が据えられている。応援隊着任当時の北上町では、復興プロジェクトの内容は総花的なものであり、当時の担当者が必要なことに何でも関われるよう裁量の余地を残してまとめられていた。それが結果として、これまでの応援隊の活動の前向きな手応えにもつながってきたと言えよう。それも今後は、Aさんをはじめとするきたかみインボルブでの計画づくりやまちづくり委員会の動きのなかから、復興プロジェクトに必要な内容が具体化していくことになり、その動きと応援隊の役割がリンクすることにもなるだろう。

その際には、中越地域での地域復興ビジョンづくりの経験から、二つの視点が大事になってくる。第一には、「復興感」という地域住民が実感する手応えである。復旧・復興から平時の地域づくりに進んでいくには時間を要するが、そこへのシフトチェンジを考えたときに、「復興してよかった」という手応え、いわば「復興感」をどこで感じられるかを、プロジェクトのなかで意識していく姿勢が欠かせない。第二に、震災を機に再び「地域を開けるか」という点である。応援隊のみならず、震災を通じて多くのボランティアや学生、研究者らが北上町の住民と関わりを新たに築いてきたはずである。震災後に人口減少が進んでも、このような主体とつながって一緒に活動できる場の組織が、その後の地域力の支えにつながっていることを、「開くこと」を繰り返し続けてきた中越モデルが先行して教えてくれている。北上町での復旧・復興活動を牽引してきたメンバーに疲れが垣間見える今、北上町として地域外との接点の活かし方がまさに問われている。

北上町の状況も、復興応援隊の活動や意向も、刻々と変化していく。中越地震の場合が十年間をかけて地域復興支援員の役割が可視化されたものになったとすれば、今回はそれ以上に地道に経過を見守っていく必要がある。宮城県が主導してきた北上町の復興応援隊事業は、二〇一五年度で区切りを迎える。その際には、地域サポート人材事業のなかで関わり合う三つの主体――サポート人材、活動地域や集落（とその住民）、そして受入自治体担当者――それぞれが地域サポート人材の必要性を見極めながら、事業の継続のあり方についても議論を重ねていく必要が生じるだろう。東日本大震災の被災地における復興支援員の役割については、引き続き現場の展開を見届けていく姿勢が求められている。

〈注〉

（1）新潟県中越地域における地域復興支援員の詳細については、稲垣文彦ほか『震災復興が語る農山村再生』（コモンズ、二〇一四年）を参照されたい。

（2）地域おこし協力隊をはじめとする地域サポート人材を活かした取り組みについては、図司直也『地域サポート人材による農山村再生』（筑波書房、二〇一四年）を参照されたい。

〈追記〉

本節のAさんは佐藤尚美さん（第5章1の聞き書き）、Bさんは日方里砂さん（第6章2の聞き書き）、Cさんは成田昌子さん（聞き書き中に登場）をそれぞれ指している。

まとめにかえて――北上町の復興プロセスの現状と今後の展開

西城戸誠

1　はじめに――本書を振り返って

本書では、宮城県石巻市北上町における津波被害からの復興プロセスを、集団高台移転を中心とした住まいの復興、十三浜地区の漁業と橋浦地区の農業を中心とした生業の復興、そして地域コミュニティの再生という観点から、それぞれ主体となる方々の聞き書きを中心に、復興のあり方を考えてきた。この住まいの復興、生業の復興、地域コミュニティの再生は、それぞれが連関し、そして現在進行形で変化している。したがって、本書の内容はおもに、震災後から四年半にかけた北上町の動向を捉えるものであり、ある限定された時期における一つの地域の記録に過ぎない。だが、本書の記録は、北上町だけにとどまらない津波被災地の復興に関する課題や、北上町の今後の復興の方向性を示唆するものだと考えている。本書を総括するにあたって、北上町の復興プロセスの現状と課題に関して、四つの論点（復興プロセス全体の構造的な課題、復興制度と個人の生活の時間とのズレ、生業の復興における「強いられた主体化」の意味、復興に向けた主体性の醸成とその支援）を指摘したい。最後に本書の研究アプローチを再度検討し、今後の研究課題を整理する。

2　復興メニューと地域住民の関係性――住民不在の復興プロセス

東日本大震災の復興は、巨大な防潮堤の建設計画、防災集団高台移転、道路のかさ上げなどを代表とした「基盤整備」を中心とした計画が先行している。こうしたハード中心の復興計画は、北上町だけではなく、多くの被災地でなされている。実際に、本書の執筆者が震災後、二〇一一年六月に初めて北上町を訪れた時と、現在（二〇一五年夏）とを比較すると、北上川の堤防工事と沿岸の道路整備は着実に進行している。例えば、集団高台移転用の土地の造成も進み、一部では新築されている場所もある。そして、沿岸住民のなかで意見が分かれた防潮堤の建設も着実に進んでいる。もちろん、第2章の論考3で詳述されているように、用地取得の遅れにより集団移転が遅れ、その遅れが住民の流出を生み、その状況を受けて集団移転の計画が練り直されるために、さらに計画が遅れるという悪循環が存在した。集団移転に参加する北上町の住民からすれば、「やっと移転ができるという思い」のうちに、当初想像していた集団移転の姿とは違う展開に戸惑うさまも見て取れる。

また、巨大防潮堤によって、津波の到達時間を遅らせることができたという指摘があるものの、「海が見える生活」から切り離されること自体への反発は多く、海が見えなくなることによって、逆に津波の危機意識が希薄になるという防災上の問題点も指摘されている。北上町の住民は「復興を早く進める」という点で、巨大防潮堤の建設を認めたことになるが、心中は複雑であろう。

したがって、「国土強靱化計画」によるこうしたハード事業先行の整備計画は、地域住民にとって必ずしも望ましい結果をもたらしたわけではない。復興予算、意思決定のあり方は、国―宮城県―石巻市―北上総合支所というヒエラルキー関係があるため、北上総合支所が、県や国に直接交渉をすることは難しく、さらに石巻市での調整に時間がかかることで、集団移転の事例が典型的であるように、地域住民からすれば「復興はなかなか進まない」という苛立ちが生じた。もちろん、第6章の聞き書きにあるように、震災直後からの復旧・復興に関する北上総合支所の過酷な活動は筆舌に尽くしがたいものであり、ここでも単なる行政批判をすべきではない。

北上町が石巻市と合併したことによって、犠牲になった北上総合支所の職員（四八名）の補充が比較的スムーズになされたという側面はある。だが、市町村合併によって、復興に関する行政機関の意思決定が遅くなったことは否めず、それは住民と基礎自治体との間に不信の構図を生むことになる。例えば、集団高台移転事業の開始の遅さに対する地域住民の不満は、北上総合支所の職員に投げかけられるが、自らの判断ができない支所の職員は国や

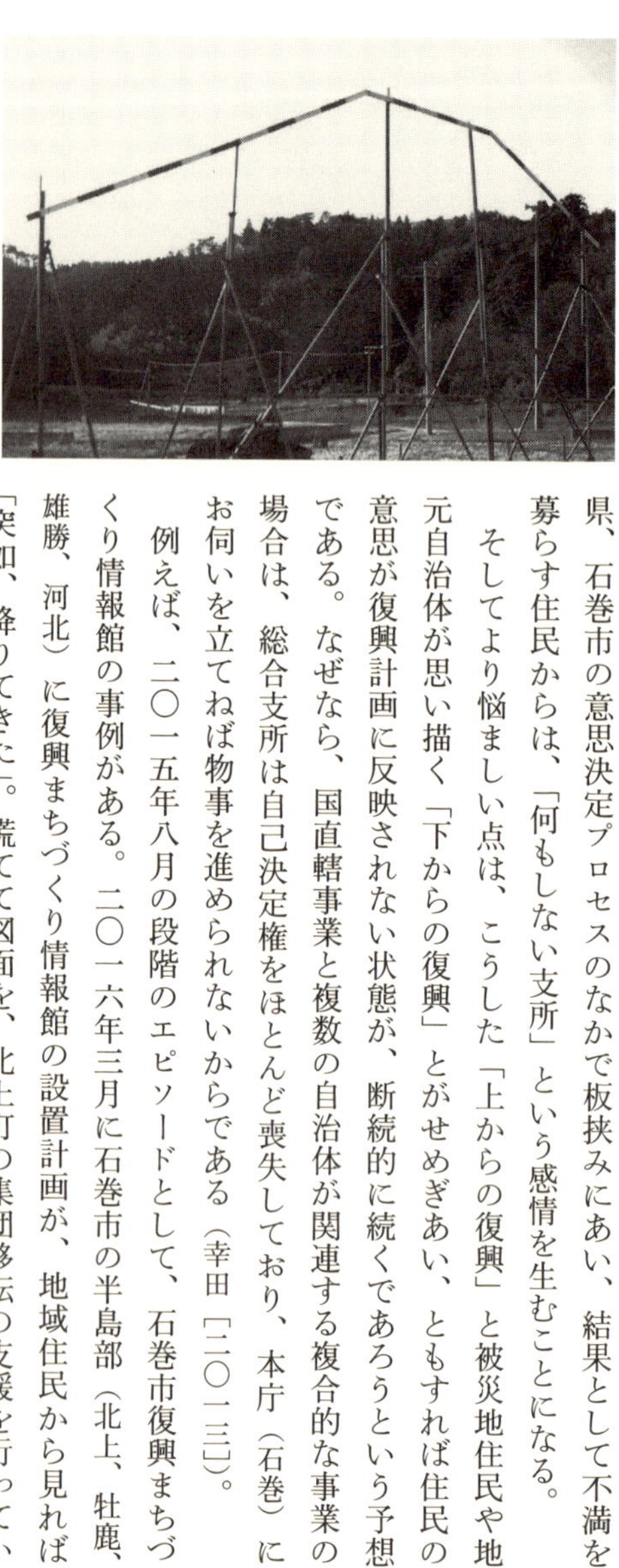

県、石巻市の意思決定プロセスのなかで板挟みにあい、結果として不満を募らす住民からは、「何もしない支所」という感情を生むことになる。

そしてより悩ましい点は、こうした「上からの復興」と被災地住民や地元自治体が思い描く「下からの復興」とがせめぎあい、ともすれば住民の意思が復興計画に反映されない状態が、断続的に続くであろうという予想である。なぜなら、国直轄事業と複数の自治体が関連する複合的な事業の場合は、総合支所は自己決定権をほとんど喪失しており、本庁（石巻）にお伺いを立てねば物事を進められないからである（幸田［二〇一三］）。

例えば、二〇一五年八月の段階のエピソードとして、石巻市復興まちづくり情報館の事例がある。二〇一六年三月に石巻市の半島部（北上、牡鹿、雄勝、河北）に復興まちづくり情報館の設置計画が、地域住民から見れば「突如、降りてきた」。慌てて図面を、北上町の集団移転の支援を行っているＪＩＡ（日本建築家協会）東北支部宮城地域会が作成し、北上町まちづくり委員会の分科会で展示内容に関する議論を同時並行的に進めている。つまり、どのような中身を展示するべきかというソフトの議論が二の次となっており、地域の施設の計画にどのように住民が関わるべきかという基本的な視点が、結果的に後回しになっている。このような状況を打破するためには、地域住民の主体性とそれを担保するしくみが重要となってくるが、この点については後で述べることにしよう。

3　制度に翻弄される個人――制度と生活の時間のズレ

さて、第2章で議論した集団移転については、集落の合意形成と集団高台移転事業の進展に多くの時間が費やされるなかで、住民個人や世帯の生活戦略と、高台移転用の用地取得の遅れから当該事業のタイミングが合わず、結果として、集団高台移転事業に参入しない場合が数多く見られた。その中には、本来は北上町に住みたいと考えていたにもかかわらず残ることができなかった場合もあれば、被災地から離れるという選択肢も持つことができた人びと――社会経済的な地位という観点では、経済的に恵まれ、震災前からも当該の地域で相対的に力を持っていた人びと――が、他の地域に生活拠点を移し、新たな生活をいち早く始めた場合もある。そしてこの場合、コミュニティの再生に不可欠なリーダー層が流出するという帰結も生むことになる。もちろん、両者とも北上の元の集落に住むことができなかった無念な思いを胸に秘めているにちがいない。だが、逆に、やっと集団高台移転によって住む場所が決まったと思いきや、住民の流出によって当初考えていたような「新しい集落」ではないことが再認識され、待ち焦がれていたはずの高台への転居に、逆に戸惑いを持つ場合もある。

第2章の集団移転の論考3および第5章のコミュニティの再生（回復）に関する論考6でも指摘されているように、移転先において、複数の伝統

的なコミュニティのあり方と、実際に住む住民のなかで新たなコミュニティを作り上げていくプロセスにコンフリクトが生じる可能性はある。特に集団移転事業が進むと、集落の共有財産や共有資源をどのように維持・管理するのか、神社や祭りなどそれぞれの集落独自の行事が集団移転による新しいコミュニティにおいてどのように扱われるのかなどの課題が出てくる。この点については、細かいコンフリクトを一つ一つ解決するしかなく、そのプロセスのなかで、ゆっくりと新たなコミュニティが再生されることになるだろう。

なお、集団移転をめぐっては、複数の制度の適用を提供し、多様な選択肢が提示された。だが、その選択肢の多さと提供されるタイミングのずれが、地元住民にとっては選択を迷わす結果にもなったことも重要な論点である。住まいの復興に関する制度が、個人や世帯の生活、生業のあり方、地域社会のあり方を規定するという、制度と個人や世帯の時間のタイミングのズレが復興のプロセスの現実的な問題になる。北上町の事例では、防災集団移転促進事業における一〇〇坪の制限の問題、災害危険区域内の修繕居住者に対する対応、防災集団移転促進事業とがけ地近接等危険住宅移転事業（がけ近）の選択をめぐる問題などが挙げられるが、次の大規模災害に向けて制度の見直しが求められるといえるだろう。

4　生業の復興における「強いられた主体化」の意味

本書の第3章、第4章では、北上町の生業である漁業と農業の復興についても議論してきた。過疎化と高齢化、それと並行した生業の衰退は震災前から進行しており、東日本大震災がそのスピードを加速させたという論調は多く聞かれる。北上町の場合は該当する箇所もあるが、やや違う側面も存在した。

第3章では北上町十三浜地区の漁業の復興を見てきた。震災前、地域全体では高齢化により人口減少の傾向が見られるが、ワカメ・昆布・ホタテといった養殖漁業が定着してきてからは、漁業生産は上昇傾向にあり、後継者のいる世帯が増えていた。だが東日本大震災によって壊滅的な被害を受け、漁業の復興の際に、従来のような一人で行う漁業ではなく、「協業化」という動きが見られるようになった。協業化の形はさまざまであり、ある程度の復興が進んだ段階で協業化を解消する場合もあれば、今後も継続的に協業化する漁業を営む場合もある。だが、復興に関するさまざまな支援制度や制約のなかで、漁業者がこれまでの漁業のかたちを変えて「協業化」を進めようとしたことは、震災復興のなかでの主体性の発芽として注目されるべき現象であろう。

ただし、漁業の協業化は漁業者が自ら進んで行ったわけではなく、震災の復旧のなかで迫られた形で行われたものである。第3章の聞き書き1でも記されているように、漁業は一人で行う方がリスクが少ないという理由で、従前のやり方で漁業を再開した人も多い。だが、その一方で、協業化を介した積極的な制度利用戦略には、震災復興にかかわる制度やしくみを巧みに利用している様子も確認できる。また、協業化というかたちが重要なのではなく、必ずしも生産的な合理性のみに回収されない「協業関係」の萌芽や、協業化をしたことによって得られた積極的な意味づけ――協業化の模索のなかで復興に向けた前向きな姿勢を獲得したこと――も確認できる。それは、「強いられた主体化」が、震災復興に向けた前向きな主体化へ転化したと考えることができる。

一方、第4章で見てきた橋浦地区の農業については、北上川沿いの低湿地帯の新田開拓に苦労した歴史があり、「水田だけで食べていくのは難しかった」ため、従来から、集落ごとに山、川、湿地でさまざまな資源利用を組み合わせて生業複合がなされてきた。震災前から農家の戸数は減少していたため、農地を集約化し（結果として農業は大規模化する）、地域ぐるみの営農体制を作ることを目指す「集落営農」の動きは進んでいた。そして、東日本大震災によって、特に高齢の農家は比較的年齢が若い農家に耕作を委託する動きが加速した。皮肉なことに、農地そのものは、震災前からの圃場整備事業があり、震災後はこの事業の延長上に復旧事業が加わったため、順調に復旧することになった。しかしながら、震災を契機に地域を離れ、離農する人びとが増加したため、復旧された農地を使って農業をする担い手が不足しているのである。

だが、少数ではあるが北上町で農業をする人びとの存在も確認することができた。農地の集積に対応する「受け皿」として、北上町の農業を受け継ぐために農事組合法人をつくったり、津波による塩害を克服してできた農産物をブランド化したりする農家や、震災復興の助成金を用いて、新たな農業に取り組もうとする人もいる。こうした取り組みは、震災以前からの延長に位置づけられつつも、東日本大震災の被害を受けて、主体的に取り組まれたものだと考えられる。つまり、震災以前から北上町の農業に突きつけられた問題が先鋭化したことを受けて、数は少ないものの、北上町の農業の復興に主体的に取り組む動きとして捉えることができるだろう。

以上のように、北上町の漁業と農業の協業化は、その背景や形態は異なるものの、震災による構造的・制度的な制約によって「強いられた」選択をした所産であることは共通している。そして、強いられた主体化そのものを、主体自らが捉え直し、震災復興へ向けたモチベーションとして機能させていることも、数は限られているが確認できた。生業の復興の起点は、こうした強いられた主体化を、震災復興に向けたポジティブな取り組みへと反転するプロセスを経た諸主体である。そして、こうした主体をサポートすることは、復興に向けた一元的なプログラムを強いて「強い漁業」に仕向けることではなく、また復興に向けた選択の可能性や選択肢を主体的に選ぶという選択の主体化を阻むものであってはならないのである。

5 復興に向けた主体性の醸成とその支援

被災地のハード面を中心とした「上からの復興」が先行していたが、それに対して地域住民の生活のニーズや、震災前にあった地元住民の集いの場や楽しみの場を作り出すなどといった、地元住民による「下からの復興」も見いだすことができた。例えば、仮設住宅近くの食料品店と子どもの学習場所の提供の活動からスタートしたWE ARE ONE北上は、その後、白浜地区の海水浴場の再開を目指す活動や、ツール・ド・東北など、震災復興に関連した地域のイベントを担うようになっている。また、一時期中断していた大室南部神楽を復活させた保存会の活動は、WE ARE ONE北上の活動メンバーとともに、きたかみインボルブというまちづくり活動（自主的な北上地域復興計画を作るなど）を担うようになってきている。

このまちづくりの活動は、三〇～四〇代の北上町の住民（十三浜地区が多い）によるものであるが、震災によって地元を離れた／離れざるをえなかった人にとっても、「北上に集まる・帰ってくる」という結節点の役割を果たしている。さらに、震災前から同じ北上町でも十三浜地区と橋浦地区の住民は交流がなかったが、その垣根を越える交流を行っている。つまり、震災によって北上町は一つの町としてのまちづくりを、若い世代が行っており、その意味で北上町の震災復興の中心的な担い手になると考えられるだろう。

なお、きたかみインボルブの今後の課題として、活動メンバーをより広げていくことができるのかという点が挙げられる。働き盛りかつ育児をしないといけない世代であるがゆえに、会合は平日の夜に行われることが多く、必ずしもすべての人が参加できるわけではない（特に子どもを持つ女性）。また、北上町での活動の実績から、行政から地域活動の主力として、委託事業などのオファーが殺到している。つまり、北上町のまちづくり活動に「上から動員」される対象となっていることから、中心メンバーが疲弊してしまうことと、同時にさまざまな活動が集中することによって、逆に地域の中で浮いた存在になってしまう危険性も孕んでいる。これらの課題は、過疎地域におけるまちづくり活動に共通した課題である。

一方で、以上のようなまちづくり活動とは別に、本書では育児をしている女性にも焦点を当てた。cocomaという育児サークルが、女性個人の被災経験を共有する場を提供しており、それは制度的な対応や従来の地域組織、コミュニティでは満たすことができないものであったことが明らかになった。さらに育児サークルが、育児を中心的に担う女性の生活を立て直す際に、新たな人間関係や活動を生み出す場として機能していたことも見いだせた。

以上のような北上の人びとの活動は、組織的であれ個人的であれ、北上町という町を主体的に見つめ直し、直接的／間接的に、住民主体の復興に関わっていたのを確認することができる。そして、先に述べたような「上からの復興」と「下からの復興」が拮抗し合うなかで、地域住民に資する復興のかたちに近づけるためには、復興に向けた主体性の醸成が重要になってくるといえる。

さて、これらの住民の活動をサポートしてきたのが、北上町の復興応援隊である。第6章で新潟県・中越地震における復興支援員の役割と比較しながら、北上町での復興支援員の活動と今後の課題が考察されている。宮城県の復興応援隊全体の活動を後方支援しているみやぎ連携復興センターから見ると、北上町の復興応援隊のこれまでの活動はアクティブなものだと評価されている。だが、その一方で、復興支援員にやや疲労感が見られるのも事実である。

二〇一五年度で三年間の復興応援隊活動が終わるが、現時点（二〇一五年八月）では、石巻市が新たに復興支援員制度を活用する予定である。その際に重要になってくるのが、復興支援員の受け入れ自治体担当者（石巻市や北上総合支所）が、どのような目的を持って復興支援員（サポート人材）を導入し、復興支援員の活動によって北上町の住民に対してどのように復興感を持たせることができるのかという点である。例えば、北上町の復興応援隊の素案を描いた今野照夫さん（第6章1）の言葉を使えば、行政と住民をつなぐ「ミニ行政」として、経済的にも自立できる組織を目指すというのは一つのアイデアであろう。また、第6章3の論考で指摘されているように、住民間での共通認識をもとに、集落の将来ビジョンを創り出していこうとする〈掛け算〉のサポートを目指す活動も期待されるであろう。もっとも、十三浜地区と橋浦地区のそれぞれの歴史を考えたとき、「北上町」というくくりで共通の認識を住民が持つことはそれほどたやすいわけではない。その一方で、本書の複数の聞き書きにも示されているように、これからの北上町に住み続け、北上町の未来に対する語りには、不安もうかがえるが、希望も語られている。

したがって、中越地震の経験が示しているように、集中復興期間後に北上町の未来のことを語る住民の声に対してどのようなサポートができるのか、その内実と体制――基礎自治体と復興支援員をマネージメントする組織、そして主体的な活動を担う地域住民の関係性の構築――が、震災後五年を迎えようとしている今、問われているといえるだろう。

6　実践的な社会調査の帰結と課題

最後に本プロジェクトが心がけた「実践的な社会調査」について、反省的に振り返っておきたい。私たちが北上町の方々の聞き書きとそこから導き出した論点提示を行うことができたのは、震災前から北上町との接点を持っていたことと、その後、継続的に北上の人びとに「寄り添う」ことを心がけてきたからだと考えている。

序章でも述べたように、私たちは地域調査の知見を地域に還元する活動（地域のかわら版の発行や、聞き書き集の発行など）だけではなく、高台移転のワークショップへのファシリテーターとしての参加をしてきた。[1] それは、社会調査の経験を生かした形で実践的に関わることを心がけていたからである。この他にも、地域資源の発掘と地域観光のための学習会の開催、北上町での大学生向け被災地ツアー企画の実施、北上町で復興活動に関わる方と一緒に別の被災地（旧山古志村）や別の支援活動（中越における復興支援員）を視察に行くことなどを通じて、震災復興プロセスの方向性を議論してきた。

こうした試みは、調査のための観察という側面を薄くした「参与観察的なかかわり」として捉えることができる。さらに、本調査プロジェクトのメンバーは、継続してボランティアの派遣や、学習会やモデルツアーの企画をしてきた。だが、これは従来の社会学的な調査では「客観性を損なう」という意味で忌避されるような、現場への「介入」（社会実践）であるかもしれない。

この「介入」（社会実践）は、当事者にとって受容され、結果的に意図されたように展開する場合もあれば、逆の場合もある。例えば、先に述べたように、私たちは北上町で復興活動に関わる方々と一緒に、別の被災地や支援活動の視察に行き、震災復興プロセスの方向性を議論した。その結果は、WE ARE ONE北上やきたかみインボルブ、北上町の復興応援隊による、まちづくり活動に生かされるようになった。一方で、地域資源の発掘と地域観光のための学習会、大学生向け被災地ツアー（二〇一三年夏）は、参加者である学生には好評で、またツアー自体の内容に対して関心を持ってくれた北上町民もいたものの、

「時期が少し早かった。今（二〇一五年春）だったら何でもできそうな気がする」という評価もある。少なくともこの時期に、上記のような現場に「介入」することは、現場の当事者からは評価されなかったことを私たちは認識し、反省をしている。復興応援隊の論考（第6章3）の内容を踏まえれば、「かけ算のサポート」の時期が早かったということにつきる。正直にいえば、このような社会的実践のための予算がこの時期にしか使えなかったという「いいわけ」もあるのだが、それは、国が復興予算の用途や時期を限定することで、現場の復興のタイミングと合わなくなっている構図と同じである。私たちの「現場に資する」という気持ちの焦りが、結果として現場に負担をかけた事例であろう。研究であれ、実践であれ、自らの社会実践を再帰的に自己反省することは、現場に資する調査研究の基本姿勢ではないだろうか。[2]

ただし、本書のような調査プロジェクトに対しては、「地域の実践報告は学術的ではない」とか、「学術研究を貫き「学術的に」有意義な発見ができれば、それが復興支援や実践になるのだ」という指摘が投げかけられるかもしれない。確かに、震災復興の実態や支援の実践のみの記述だけでは、たとえば「大震災に対して、学問（社会学）は何ができるのか」というアカデミックな問いかけに対しては十分に回答することができないであろう。だが、いわゆる「震災研究」を管見したとき、「被災地」を「外」から眺めて、または「被災地巡り」をしながら、現地の表層部を繰り抜き、大きな視点に回収して論じようとしたり、既存のあるいは新奇の学術的な概念にトレースして分析したりする議論も散見される。このような「つまみ喰いのような調査研究」とは一線を画し、この調査プロジェクトでは、「大震災の現場に対して、学問（社会学）は何をするのか」ということをあらためて徹底的に問う姿勢を貫いてきた。

確かに、震災直後から「批判を受けながら」もしくは「非難を受けても受け流して」被災者の記録を続けた研究があり、その記録自体は、震災後の現在からすれば「貴重なデータ」ではある。その一方で、「現時点において、被災した役所から統計データを集めたり、選挙人名簿から集票調査を行ったり、地域・対象者を層別抽出して突然話を聞きに行くことが現実的でも人間的でもないことは、被害が特に深刻な三陸を知っている社会学者ならば理解できると思う」（中澤［二〇一三］、一七頁）という指摘があるように、調査研究が被調査者の負担を前提としたもので、その負担を強いてはいけないという主張も納得できる。

だが、震災に対する調査研究は、震災直後は調査をしてはいけなくて、震災後、ほとぼりが冷めた頃の調査がよいといった、タイミングの問題には決して還元できない。調査のための調査を行うスタンス自体に、震災研究では特にセンシティブにならないといけないのではないか。話を聞き、記録に残す、その過程で学問的な議論を展開する以上のものを私たちは作り出さなければならないのではないか。そういう思いが、本書の執筆者の北上町に対するスタンスであった。

本書の多くの執筆者は社会学者である。私たちは「実学系としての社会学」であることをめざそうとしているのだが、一般的には社会学は実学ではないという評価がある。では、社会学には、何ができるのだろうか。実際の具体的な政策を提示することまではできない。その理由は、現時点の私たちが実際の政策立案者とのコラボレーションをできていないことに尽きるし、「実践的な研究」としては不十分ではないかという指摘もあろう。しかしながら、現在の政策の問題点を指摘することや、あるべき政策の方向性を示すような「思想」を示すことはできるのではないかと考えている。地元住民のさまざまな多様な思い、考えを記録にまとめ、それを（学術的な）記録としてだけではなく、それが「上からの」復興政策への批判的な検討の材料として、そして地元住民が必要としている復興政策を「下から」突き上げることを促し、政策の方向性の前提となる考え方を示すことが、一つの役目なのではないか。そして、それは本書が行ってきた「聞き書き」に直接的、間接的に示されていると考えている。

つまり、地域住民とともに復興について考え、調査研究による失敗例やその先を予想し、今後の復興のシナリオを描くこと。また、時には控えめな態度で現場への介入（社会実践）を、再帰的・反省的なスタンスで行っていくこと。ただしそれを専門家・研究者として住民に押しつけはしないこと。こうした住民への「寄り添い」が、私たちの北上町、住民へのスタンスであり、今後も継続しなければならない姿勢だと考えている。

〈注〉

（1）第2章でも述べられているように、高台移転の住民ワークショップには、私たちの他に、日本建築家協会（JIA）東北支部宮城地域会が関わった。JIA東北支部宮城地域会の活動は、震災初期は、応急危険度判定、罹災度証明判定などを行い、その後、「閖上まちカフェ」などの被災者・復興支援者等の交流拠点づくりや、災害公営住宅等の検討、被災者住宅相談支援、被災文化財建造物復旧支援事業への参加など、建築を中心とした活動を行ってきた（鈴木［二〇一五］：三）。また、復興支援関係者とのプラットフォームづくりを目指す「みやぎボイス」の企画運営を行い、現在も活発に活動している（活動内容については、http://www.jia-tohoku.org/blog/miyagi/ を参照）。

（2）もう一つ重要な点は、このような実践的な活動が可能になったのは、研究用の資金に限定した助成金ではなく、幅広く実践にも使用可能だった研究資金の提供があったからである。本書の調査研究を全面的にサポートしていただいた、ニッセイ財団に対して深く感謝したい。

〈文献〉

幸田雅治［二〇一三］「市町村合併による震災対応力への影響――石巻市にみる大震災と大合併」、室崎益輝・幸田雅治編『市町村合併による防災力空洞化――東日本大震災で露呈した弊害』ミネルヴァ書房、五七―九二頁

鈴木弘二［二〇一五］「はじめに」、日本建築家協会東北支部宮城地域会編『［二〇一四年度］「北上地域まちづくり委員会」支援活動報告書』日本建築家協会東北支部宮城地域会

中澤秀雄［二〇一三］「東日本大震災二年後のソーシャル・ケアとレジリエンス――気仙沼市面瀬中学校仮設住宅の事例を踏まえて」『年報社会学論集』二六、一七―二七頁

Nishikido, Makoto, Satoru Kuroda and Zenki Hirakawa, 2014, "Reconstruction from the Great East Japan Earthquake and the Development of Resilience in Regional Communities", *Sociology in the Post-Disaster Society* (Grant-in-Aid for Scientific Research（A）Reconstruction from the Disaster Project) pp. 50–64.

あとがき

東日本大震災と福島第一原発事故から五年が経とうとしています。

大切なひとを失ったことへの悲しみは、五年経ったからといって、決してなくなることはありません。一方で、被災の悲惨な出来事を忘れたいという思う人もいるでしょう。しかし他方で、震災が起きたことを忘れて欲しくないと、〈風化〉に懸念を示す人が多いことも事実です。

北上町は、この五年間で、その姿を大きく変えました。瓦礫がなくなった後の土地を、初めて北上町に訪れる人が見れば、そこに何があったのか、そもそも何もなかった場所のように思ってしまうかもしれません。しかし、そこには家や庭があり、人びとが住み、農業や漁業などの生業の場がありました。そして、この北上町という場から、生業の復興や地域の再生が、さまざまな困難や課題があるなかで、進みつつあります。

震災前から北上町にかかわり、また震災後、北上町の復興の活動にささやかながらかかわってきた私たちは、北上町のさまざまな方の「記録」を綴ってきました。特効薬のようにすぐには役立たないかもしれませんが、北上町の復興のいわば漢方薬としての役割が担えれば、と考えています。そして、今後もゆっくりかもしれませんが、北上町とかかわっていきたいと思っています。

本書は、ニッセイ財団の環境問題研究助成を得て出版することができました。この研究助成から、単に研究のための費用だけではなく、被災地の方々と共に学び、悩み、被災地の復興に資するさまざまな活動を試みる機会をいただきました。記して感謝いたします。

また、本書の刊行に関して、法政大学出版局の郷間雅俊さんから、的確なコメントと編集をしていただきました。感謝いたします。

最後になりましたが、北上町のすべてのみなさま、関係したすべてのみなさまにお礼申し上げます。

二〇一五年十二月

西城戸誠
宮内泰介
黒田　暁

［編著者］

西城戸誠（にしきど・まこと）
北海道大学大学院文学研究科博士課程修了。博士（行動科学）。法政大学人間環境学部教授。社会運動論，環境社会学，地域社会学。著書：『再生可能エネルギーのリスクとガバナンス』（共編著，ミネルヴァ書房），『用水のあるまち』（共編著，法政大学出版局），『抗いの条件』（人文書院）など。

宮内泰介（みやうち・たいすけ）
東京大学大学院社会学研究科博士課程単位取得退学。博士（社会学）。北海道大学大学院文学研究科教授。環境社会学。著書:『かつお節と日本人』（共著，岩波書店），『なぜ環境保全はうまくいかないのか』（編著，新泉社），『開発と生活戦略の民族誌』（新曜社），『半栽培の環境社会学』（編著，昭和堂）など。

黒田　暁（くろだ・さとる）
北海道大学大学院文学研究科博士課程修了。博士（文学）。長崎大学大学院水産・環境科学総合研究科准教授。環境社会学，自然の合意形成論，地域資源論。著書:『用水のあるまち』（共編著，法政大学出版局），『半栽培の環境社会学』（共著，昭和堂），論文：「河川改修をめぐる不合意からの合意形成」（『環境社会学研究』13号）など。

［著者］（章順）

平川全機（ひらかわ・ぜんき）
北海道大学大学院文学研究科博士課程修了。博士（文学）。北海道大学大学院農学研究院札幌サテライト研究員。環境社会学，リスクコミュニケーション。論文:「継続的な市民参加における公共性の担保」（『環境社会学研究』11号）など。

髙﨑優子（たかさき・ゆうこ）
北海道大学大学院文学研究科博士後期課程在籍。環境社会学，資源管理論。論文：「自然資源管理のゆらぎを許容する地域社会」（『環境社会学研究』19号），「自然を楽しむ作法」（『北海道大学大学院文学研究科研究論集』13号）など。

庄司知恵子（しょうじ・ちえこ）
北海道大学大学院文学研究科博士課程修了。博士（文学）。岩手県立大学社会福祉学部講師。農村社会学，地域社会学。著書：『防災の社会学〔第二版〕』（共著，東信堂），『防災コミュニティの基層』（共著，御茶の水書房）など。

武中　桂（たけなか・かつら）
北海道大学大学院文学研究科博士課程修了。博士（文学）。北海道大学大学院文学研究科専門研究員。環境社会学。論文に「「実践」としての環境保全政策」（『環境社会学研究』14号），「環境保全政策における「歴史」の再構成」（『社会学年報』37号）。

図司直也（ずし・なおや）
東京大学大学院農学生命科学研究科博士課程単位取得退学。博士（農学）。法政大学現代福祉学部准教授。農業経済学，農山村政策論。著書：『地域サポート人材による農山村再生』（筑波書房），『人口減少時代の地域づくり読本』（共著，公職研）など。

震災と地域再生

石巻市北上町に生きる人びと

2016年2月25日　初版第1刷発行

編著者　西城戸誠・宮内泰介・黒田 暁

発行所　一般財団法人 法政大学出版局

〒102-0071　東京都千代田区富士見 2-17-1

電話 03（5214）5540　振替 00160-6-95814

組版：HUP　印刷：三和印刷　製本：誠製本

ISBN978-4-588-61301-2